国家社会科学基金项目
赵必振翻译日文版社会主义著作的搜集、整理与研究

赵必振译文集

历史卷

中共常德市鼎城区委党史研究室
常德市鼎城区赵必振研究会 编

主编：曾长秋

辑注：应国斌

　　　翦　甜

校审：曾世平

九州出版社
JIUZHOUPRESS

图书在版编目（CIP）数据

赵必振译文集. 历史卷 / 中共常德市鼎城区委党史研究室，常德市鼎城区赵必振研究会编. -- 北京：九州出版社，2020.10

ISBN 978 - 7 - 5108 - 9676 - 7

Ⅰ.①赵… Ⅱ.①中…②常… Ⅲ.①赵必振—译文—文集②世界史—文集 Ⅳ.①C53

中国版本图书馆 CIP 数据核字（2020）第 203112 号

赵必振译文集. 历史卷

作　　者　中共常德市鼎城区委党史研究室　常德市鼎城区赵必振研究会　编
出版发行　九州出版社
地　　址　北京市西城区阜外大街甲 35 号（100037）
发行电话　（010）68992190/3/5/6
网　　址　www.jiuzhoupress.com
电子信箱　jiuzhou@ jiuzhoupress.com
印　　刷　三河市华东印刷有限公司
开　　本　710 毫米 ×1000 毫米　16 开
印　　张　22.5
字　　数　288 千字
版　　次　2021 年 1 月第 1 版
印　　次　2021 年 1 月第 1 次印刷
书　　号　ISBN 978 - 7 - 5108 - 9676 - 7
定　　价　99.00 元

出版说明

　　《赵必振译文集·历史卷》，收入的九本历史著作，有七本是 1902 年至 1903 年间由广智书局推出的日本人北村三郎著、赵必振译的"史学小丛书"中的亡国史，包括《西里西亚巴比伦史》《土耳机史》《亚剌伯史》《埃及史》《犹太史》《腓尼西亚史》和《波斯史》。

　　19 世纪末 20 世纪初的改良派和革命派都非常重视历史著作的翻译。梁启超在《西学书目表》和《史学书目提要》中推荐了几十种世界史和国别史的西书，在编"西政丛书"中也把"史志"居首，视史学为"四民与知之业"。清末中国人的"天朝中心主义"天下观随着日益增强的"世界意识"而逐渐走向解体，但展现在中国人面前的"世界"并非《圣经》故事中的伊甸园，而是一幅充满着刀光剑影和血雨腥风的民族搏杀图。康有为在 1898 年的《京师保国会演说》中形象地描述了迫在眉睫的亡国之祸："吾中国四万万人，无贵无贱，当今一日在覆屋之下，漏舟之中，薪火之上，如笼中小鸟，釜底之鱼，牢中之囚，为奴隶，为牛马，为犬羊，听人驱使，听人宰割，此四千年中二十朝未有之奇变。"戊戌变法之后，亡国史的译述日渐增多。赵必振的译著，符合民众拯溺救亡的心理需要，当时颇引起读书界的重视。加之出版商广智书局是梁启超弟子、广东香山人何澄一（天柱）等创办的，该书局先后推出过梁启超《戊戌政变记》《十五小豪杰》；林琴南译《巴黎茶花女遗事》也由该书局一版再版，因此"颇为三十年来文人所景仰"。（见张静庐辑注《中国近代出版史料二编》）销路颇好的亡国史译本，为一些书商带来了利益，于是，不少史书甚至纷纷挂上"亡国史"或"兴亡史"的招牌。

"历史卷"收入的另外两本书是赵必振翻译的日本人持地六三郎著《东亚将来大势论》和国府犀东著《最近扬子江之大势》。前者，原名《支那问题与日本国民之觉悟》，赵必振"嫌其太冗"，仅"意译"，并且易名。重点译述的是中国当时的发展状况、在东亚所处的地位，以及列强对中国关注的目的及动向等有关内容。译者慨叹，持地六三郎所处的日本国，属于"方兴者"，尚且"哀哀而鸣之，如救焚，如拯溺"，"而吾国泰然，欢于槛，呴于牢，而不知屠者将至！"后者，《最近扬子江之大势》介绍分析的是中国母亲河长江的现状及未来发展。正如中译本汤钊的"序"所说："一国文明进步之迟速，恒视其河流通达运输便利为转移。"作者国府犀东是日本人，于"最近"长江大势言之慕详，"可见东邦人士又斤斤此土也，赵必振译而述之，其有心于吾国者，意至深矣！"

官府关于"不准翻印"的公告二则^①

钦命二品顶戴、江南分巡苏、松、太兵备道袁为给示论谕禁事：

本年二月十二日，接英总领事霍来函，以"香港人冯镜如在上海开设广智书局，翻译西书，刊印出售，请出禁止翻刻印售，并行县廓一体示禁。附具切结，声明局中刊刻各书均系自译之本"等情。函致到道。除分行县委，随时查禁外，合亟出示谕禁。为此示仰书贾人等一体遵照，毋得任意翻印渔利。倘有前项情弊，定行提究不贷。其各凛遵毋违，切切特示。

光绪二十八年三月初二日示

钦命加三品衔、赏戴花翎、在任候选道、特授江苏上海县正堂汪为出示谕禁事：

奉道宪札："接英总领事霍来函，以'香港人冯镜如在上海开设广智书局，翻译西书，刊印出售，请出禁止翻刻印售，并行县廓一体示禁'等

---

① 说明：几乎在每一本译著的正文之前，广智书局都印有这二则官府公告，以示"不准翻印，保护知识产权"。因为每一本译著之前都印了，内容重复，故统一移出置前。苏、松、太兵备道，为清朝江苏省下属的道级行政区划之一，辖管苏州府、松江府和太仓直隶州，署理上海县。广智书局由香港人冯镜如在上海开设，以出版历史书、政治书为主。

由到道札县示禁等因"到县，奉此合行出示谕禁。为此示仰书业人等知悉，嗣后不准将广智书局刊印各种新书翻刻出售。如敢故违，定干查究。其各凛遵，切切特示。

光绪二十八年三月十七日示

Contents

目 录

亚西里亚巴比伦史

［日］北村三郎　编述

赵必振　译

应国斌　翦甜　校注

第一章　历史以前之时代

　　世界开辟之说，旧代之史家，无论东西古今，大都荒唐诡怪之寓言，附会支离，不可究诘。如中国及印度之开辟说，固不必言；而为欧洲文明之先导者，试一考亚细亚①古国之历史，亦何莫不然也?! 如彼《旧约》创世记之说，与人间之灵魂史，神国之开化史，冥谟无稽，固难征信。而于历史以前之题目，史家究未能别开生面，而容其置喙也。盖世界开辟之说，至于今日，尚为未定之问题。然欲从而研究之，则史学界之区域领地，举凡《人种学》《言语学》《地质学》《古生物学》《史前古物学》《神学》即灵魂学等，属于史学之范围者，皆不容轻视也其无关于史学者不论。

　　《旧约》之历史，其述开辟之说曰："地乃虚旷，渊面晦冥，神之灵，覆育乎水面。"② 其注释之曰：混沌未分之景况，杳冥空旷。地未成形，苍穹上下，浑沦一水。非谓成形之地球，乃总指全世界之本质。其质量之景况，在活动及生命未显以前，太阳之世界及行星未成以前，浑浑噩噩，有非常之镕解，遍满此物质于全世界之中。一若有无量之中枢，无量之周围。缘之而自回转，于诸世界之中，渐为成形之物质。是哲学家列布拉尼

---

　　① 亚细亚：亚洲的简称，意思是东方日出的地方。
　　② 见《圣经·创世记》第1章第2节："地是空虚混沌。渊面黑暗。神的灵运行在水面上。"

及韩国之立论，而那度聂露，科利制那露麻及其余之学者，多从此说。又曰："神曰宜有光，即有光焉。"①据希伯来之原文译之。而注释之曰：世界创造之前，凭创造者之意旨，预画循法作用之命令。此命令者，为进动之元始。包含平称之破坏，以显"温素""重力""引力""化学的亲和力""电气"等之力，且含有作用之命令，而成有形视之现象焉。初光者，非力也，即为力之作用之成果。常偕力之作用，为世界之力最初之进动。如电光之入暗中，普照世界之美境，而剖判其混沌界。是等创造天地之说，皆本于神学而言天学者。文辞诡奥，虽极玄妙，而自史学言之，决无关涉，以其非史学界之领地故也。

又《旧约》之历史，其述人民之种族曰"挪亚之于闪、含、雅弗，洪水后生子。其世系如左。"②而注释之曰：源出一人之传说。上古亚利亚人种之圣诗，则谓出于列利耶之梭贺义雅。婆罗门教徒之说，则自和墨耳而契洛度托，而科克堤，而倍罗斯，而马渥和，而孔意伊。宗教家虽多守之，然欲统括人间种种族类之所传，果于何处见之乎？其所信据者，不过往昔荒渺之记录。如《旧约》书则言种种之人民，皆源出于挪亚之三子，而为人间之三族，自契度科斯而繁殖于地球。今取《创世记》十章之系表，其论种种之民族者，而记载其大致焉。雅弗族者，出自帕古达及那科特耶那。而周回于里海，北至印度河口，西达小亚细亚之滨岸。其先出发者，是为雅弗族托拉人，北自乌拉尔至利列提山，占其旷阔之地，更远而西，遂定其居于欧罗巴③。其民族之面貌，皆短而圆，其头骨吾辈曾于欧洲大陆之洞窟及冲积之地见之。若度拉枯度之人种，即额特列陆之所谓伊

① 同上书，第3节："神说，要有光，就有了光。"
② 《圣经·创世记》第6章第10节："挪亚生了三个儿子，就是闪、含、雅弗。"另，第10章第1节："挪亚的儿子闪、含、雅弗的后代，记在下面，洪水以后他们都生了儿子。"
③ 欧罗巴：欧洲的简称。

度斯契列者。当摩西之时，占领印度。有闪族者，领亚西里亚与加尔底亚之一部，及巴勒斯坦与亚刺比亚之大半。有含族者，居米所波太米亚，领亚细亚亚刺比亚之北岸，埃堤阿百，埃及吕彼里，腓尼西亚，嘉特耶，及革里底岛。其言如此，人种分殖之说，其关系于史学者不小。如是等之说，而欲求详确精明，则必以《地质学》《人种学》《言语学》《古物学》等为主。但其人种分散之时代，迁徙之期，以至地理言语等，其说亦无一定。欲于史学而研究，亦大难之事矣。而况当时之社会，不过一家族一亲戚之开化史，而非国民时代之开化史也。

要而论之，必求开辟世界创造人类之说，舍《言语学》《人种学》《地质学》《古生物学》等，则必无从着手。若《神学》之领地，本无史学界而不相关，故凡巨眼之史家，决不附会开化说，决不捏造鬼神说，但以阔大之眼光，卓越之识见，叙述国民开化之程路耳。故吾人今日而述亚细亚古国史_{即小亚细亚}，凡涉《旧约》之经典者，概删除之，一洗东西古今之旧习，而为史学界开一生面也。

第二章　亚西里亚及巴比伦之住民

　　上古之文明，沿于四大河流之源地而起，渐次而布于地球。中国之文明，发源于黄河扬子江之流域。印度之文明，发源于身毒河、恒河①之流域。埃及之文明，发源于尼罗河②之流域。一时璨然，为灵秀之所钟，风化渐被于四表。古亚西里亚及巴比伦之文明者，亦以幼发拉的河与低格里河③为起点。文化日开，通商日广，一时皆为之震动，令人神游于草昧初开之时代也。

　　亚西里亚④、巴比伦之二国者，位于幼发拉的河与低格里河中间之沃地。丘壑蔚然，声于其北；沮洳沼泽，布于其南。二河接近之所，即为二国之境界，自波斯湾头至三百五十哩而至河上。然此二河者，近年之泛滥愈甚，其地位亦愈膏腴。人民共设堤防，各勉其生产。其丰饶固不必言，

---

　　① 身毒河：今译印度河，流经巴基斯坦、印度、中国，今天是巴基斯坦的主要河流；恒河，印度北部的大河，自远古以来一直是印度教徒的圣河。

　　② 尼罗河：是一条流经非洲东部与北部的河流，自南向北注入地中海。与中非地区的刚果河以及西非地区的尼日尔河并列非洲最大的三个河流系统。尼罗河长6670公里，是世界上最长的河流。

　　③ 幼发拉的河与低格里河：今译幼发拉底河和底格里斯河，称"两河流域"，在古代亚西里亚（即西亚的亚述帝国）和巴比伦王国境内，为西南亚最大的河流体系。两河的源头在土耳其东部山间，相距不到80公里（50哩），沿东南方向流经叙利亚北部和伊拉克，注入波斯湾。这一地区的下游，以美索不达米亚最知名，为世界文明的摇篮之一。

　　④ 亚西里亚：指亚述帝国，位于亚洲西部。

枣、椰子、葡萄之类，郁郁森森，布列原野，其繁茂与小麦而无殊。其国之厚产，有无量之收获，诚亚细亚之富国也。人民之增殖，社会之组织，开化最早，不亦宜哉。

米所波太米亚^①<small>此地之总称</small>，其人民出于同一种族。幼发拉的河之南岸，斯沙利耶人住之，阿加兹耶人住之。低格里河之东岸，可兹亚人住之。其南者，由拉马托人住之。其首府称为素沙。斯沙利耶人、阿加兹耶人，初自此而移于巴比伦尼亚^②。其人民才智敏捷，利用堤防及开凿，以耕作土地为业。楔形文字之发明，亦由此种人之力云。

纪元前自三千年至二千年之顷，加尔底亚人<small>西米兹科派之人种</small>得势^③，次第逞其侵略，终为斯沙利耶人及阿加兹耶人所征服，而占领其全国，而采用加尔底亚人旧来之文物及习惯，遂为开化之基础。其后又移于北方，乃开亚西里亚帝国之基。已而加尔底亚人，又大振其威力，而驱逐当时栖于南方之斯沙利耶人。于是加尔底亚之诸王，总用阿加兹耶人之国语，无敢用其方语者，既而"西米兹科"派之国语大行。是国之国语，渐次衰废，国力亦同时而萎靡云。

---

① 米所波太米亚：今译美索不达米亚，是古希腊对两河流域的称谓，意为"（两条）河流之间的地方"，这两条河指的是幼发拉底河和底格里斯河。

② 美索不达米亚地处平原，周围缺少天然屏障，在几千年的历史中有多个民族在此经历了接触、入侵、融合的过程。苏美尔人、阿卡德人、阿摩利人、亚述人、埃兰人、喀西特人、胡里特人、迦勒底人等民族先后进入美索不达米亚，先经历了史前的欧贝德、早期的乌鲁克、苏美尔和阿卡德时代，后来建立起先进的古巴比伦和庞大的亚述帝国。迦勒底人建立的新巴比伦，将美索不达米亚古文明推向鼎盛时期。该河流域分别为南部的巴比伦人、中部的阿拉米人和北部的赫梯人所据，阿拉米地区后来成为亚述帝国的一部分。

③ 加尔底亚人，今译阿卡德人；西米兹科派之人，今译闪米特人，也称闪族。

第三章　旧巴比伦王国

　　关于巴比伦古史之事迹，暧昧模糊，虚实相半，仅据《旧约》[①] 书之创世记而纪之。开此王国之基者，称宁绿[②]，为当时之英杰。约当纪元前二千三百年之顷，宁绿于幼发拉的河边波斯湾头之地，而开巴比伦府，统合四邻之种族，以建设王国，乃更联络四府。其四府者，巴比伦，埃列克，亚加特，加尔尼等。

　　《旧约书》曰：古实亦生宁绿[③]，始雄于地，在主前为勇于猎者。谚云，似宁绿在主前，为勇于猎者，其国始于示拿地之巴列别、以力、亚甲

---

　　① 《旧约》：《旧约》是基督教徒对《圣经》前一部分的常用称呼（后一部分称为《新约》），是用希伯来语写成的。《圣经》的前一部分，与伊斯兰教的《古兰经》很多内容相同。该书从摩西（梅瑟）带领以色列人出埃及时开始撰写，直到耶稣降生前大约500年才完成，前后经历了1000年左右。

　　② 宁绿：今译宁录，世上英雄之首，人间第一王者。妻森美拉密斯，亦为巴比伦女王。子塔模斯，太阳神。宁录事迹散见于《旧约》《古兰经》《塔木德》《亚伯拉罕启示录》、史书《两个巴比伦》等古籍中。宁录对后世影响巨大，无人可及。

　　③ 据本纪，宁录世系："元帝，先古第一王者，号宁录。出希伯来语：马拉德，为叛逆者也，谥为元帝。曾祖曰诺亚，祖曰含，父曰古实。帝后，曰森美拉密斯，亦为巴比伦女帝。帝子，曰塔模斯。"

甲尼、亚述。由此地出建尼尼微、哩河伯、加拉间之大邑①，名哩鲜云。据此一说，则宁绿之事迹，颇难征信。建设巴比伦者，又为沙路科第一世云。其真伪如何，未容轻判。姑附于此，以俟再考。

其后数世之间，国势益盛。及王殂落，国中分裂而为数国。未几，又为由拉马托族所征服，遂在其羁轭之中。已而由拉马托之王朝渐衰。可兹阿王朝代之，而掌政权。至数百年，终始以巴比伦为其首府。当此王朝之末叶，巴比伦之威不振，终至见胁于邻国，而亚西里亚夺其主权。

先是，巴比伦王国之下，自亚西亚人不服其压制，相率而至低格里河边，滨其中流之东岸，而建设都府。次第隆盛繁衍，隐然兴为一国，是为巴比伦人与亚西里亚人冲突之起点。葛藤渐生，争战无已。至纪元前十三世纪，巴比伦亡，而亚西里亚遂勃兴。后世之史家，称此时代为巴比伦王国与旧巴比伦王国②。

亚西里亚之与巴比伦，于地理上，其国土既相接近，其人民又属同一之人种。此两国之一胜一负，互争其霸，固无足怪者。而其历史于其或直接或间接之关系，每混同而为一焉。亦当然之势理，而最难分析之也。

---

① 这段引文见《圣经·创世记》第 10 章第 8 至 12 节。尼尼微，古亚述帝国都城，圣经中曾提到尼尼微城名。其址位于伊拉克的北部，底格里斯河的东岸，隔河与今天的摩苏尔城相望。最早提到尼尼微城的文献是公元前 18 世纪的亚述泥板文书。汉穆拉比时期，巴比伦王国统治尼尼微。公元前 14 世纪，该城被米坦尼人占领，不久又重新落入亚述人之手。一个世纪以后，尼尼微成为亚述夏都。亚述王西拿基立（公元前 704—前 681 年在位）时，正式成为帝国的新都城。公元前 612 年，该城被米底和巴比伦联军毁灭。
② 旧巴比伦王国：也称古巴比伦王国，一般指起于公元前十九世纪，阿摩利人灭掉苏美尔人的第三王朝后建立的巴比伦王国，公元前 729 年为亚述人所灭。古巴比伦王国与中国、埃及、印度为世界的四大文明古国。

第四章　亚西里亚之隆盛

亚西里亚帝国者，于西方之亚细亚，为最初雄武之强国。然古代之战胜功名，未叮遽信，亦虚实相半云 [据古代纪，建设亚西里亚王者称尼弩①，为当时之英杰。其皇后色密拉米，有才武。迁都巴比伦，攻波斯②，灭之。破伊西亚比，又攻印度。其事颇过于文饰，殊难窥其真相。且所称尼弩之名，征之古代之纪念碑，殊无可考。然则尼弩及色密拉米者，是殆所谓古代战胜的假形人，非其本相欤。姑记于此，以俟再考。]。亚西里亚之独立，大约纪元前千九百年之顷，当时尚未进强盛之势。及纪元前千三百年，兹额拉司阿达露即位，遂征服巴比伦。一时之权势大振，西自地中海至于里海，南至波斯湾头，皆大扩张其领地。然是等之征服，不过一时暂且之间耳。

当是时，诸侯各据一方，互逞其吞噬，战乱无止时。而太马革与巴勒斯坦互相争权。亚西里亚王国乘其虚，以为扩张领地之机会，而得亚兹野

---

① 尼弩：今译尼努尔塔，既是古巴比伦神话诸神中一位一般神祇，名叫尼努尔塔（Ninurta）；又名宁吉尔苏（Ningirsu），拉格什主神，军神，战神，掌管暴风。涅伽的兄弟（一说为恩利尔之子，又说为恩奇之子），曾镇压了安祖发动的叛乱。在记时概念中，尼努尔塔神代表星期六。也是一位历史人物尼努尔塔一世（约前1294—前1208年），他击败赫梯帝国和巴比伦，占领整个两河流域，并把首都从阿淑尔迁往图库尔蒂－尼努尔塔镇。
② 波斯：波斯是伊朗在欧洲的古希腊语和拉丁语的旧称译音，波斯帝国是第一个地跨亚欧非三洲的大帝国。

阿那路卫路。初有名沙露达那卫拉斯者①，其即位之时，先服腓尼西之推罗府。更进远征之军，散在西里亚之海岸。而降其殷富之诸都府，以纳其贡税。王又进军而征服西里亚，以辉威武于四方。及至亚西里亚国渐倾衰运，乃于纪元前七百四十七年，巴比伦之领国，始独立云。

未几，亚西里亚之哈兹古拉斯·列拉沙陆第二世②即位，为不世出之英主。回复其势威，国运蔚然，再振勃兴之势。先是，以色列之王国，欲脱西里亚之羁绊。亚里西亚王联合太马革而与犹太之王国开战争。犹太王河哈斯，不听贤臣以赛亚之谏，而请援兵于亚西里亚兹古拉斯·列拉沙陆王。不但不容其请，且于幼发拉的河之近傍，而邀击以色列之军，联合军乃大鏖战。王因亚西里亚之惯例，虏无数敌兵，自沙马利耶及太马革凯旋。是时犹太王阿哈斯于太马革而献供物，于兹古拉斯·列拉沙陆，卑屈足恭。且命耶路撒冷之僧侣，背其本国之教义而不顾，恬然屡献供物于亚西里亚之神祇。未几，犹太果为亚西里亚之管辖。是时亚西里亚之全国，"固不必言，而无数分裂之小国，自巴比伦尼亚西部以兰，及亚尔米尼亚诸国，皆归亚西里亚之版图。"于是兹古拉斯列拉沙陆，傲然而行即位之式，自称巴比伦王，以居其尊号矣。

至纪元前七百二十七年，沙路马那沙路第四世③，益益注意外征。其新反背之诸都府，皆尽降服。西略布齐拉岛，而至推罗府。攻围五年，极

---

① 沙露达那卫拉斯：今译阿达德尼拉里一世，亚述中王国的国王，在位时间为公元前1307—前1275或前1295—前1263年，是最早的可以得知其在位时代具体编年的亚述君主之一。阿达德尼拉里一世是一个好战的国王，他为亚述国家带来了一系列军事成果。在他的统治下，亚述王国开始在美索不达米亚地区扮演重要角色。一些保存下来的记载提到，他在卡尔－伊什塔尔战役中打败了加喜特人的国王纳齐马鲁塔什。在与西亚另一重要国家米坦尼的战争中，阿达德尼拉里一世彻底击败了米坦尼国王沙图瓦拉一世，迫使米坦尼臣服于亚述；由于这一胜利，他实际上已经控制了整个美索不达米亚。但是，在与赫梯的战争中，阿达德尼拉里一世又失掉了大部分获得的地盘。在东方，阿达德尼拉里一世成功地防御了山地部落的侵袭。

② 列拉沙陆第二世：今译提格拉·帕拉萨三世，亚述国王，公元前745—前727年在位。

③ 沙路马那沙路第四世：今译萨尔玛那萨尔五世，公元前727年至前722年在位。

力抗拒，力尽乃屈服之。此时以色列王贺希亚窃通谋于埃及王，欲脱亚里西亚之羁绊。沙路马那沙路侦知之，乃攻以色列，围之三年。至沙路马那沙路之嗣王沙路可，乃攻拔其首府沙马利耶。以色列王国乃覆灭。至纪元前七百二十年，沙路可与希耶卫科战于南部巴勒斯坦之拉列阿，大破之。寻而埃及入贡。又征亚剌比亚之一部，而召其那罗王于伊西亚比，命其行跪拜礼。纪元前七百五年，希拉兹尼布①即位。亚西里亚帝国之威名益振。是时，犹太王海西阿得埃及之援，而谋其独立。王觉之，率大军而围耶路撒冷，与埃及而开战。又讨巴比伦之叛民，屡奏其功。纪元前八十一年，耶沙路哈度即位，征略西里亚、腓尼西、齐布拉、犹太，及亚剌比亚之一部。诸国皆入亚西里亚之版图。又征埃及，归其管下。亚西里亚帝国最隆盛之极点，以此时代为最高也。

纪元前六百六十八年，阿希耶卫意拍陆又称沙路达耶拍拉斯之治世②，埃及脱羁绊而独立。小亚细亚之西境，有吕地亚者，每年朝贡，威名弥盛。是时亚西里亚之文学美术，得王之奖励而益盛。建筑之宫殿，宏壮华丽，前无其比。王又搜集书籍，藏于库中。竟至二千五百余年，埋没土中，未传于世者，至近年乃掘出云。

---

① 希拉兹尼布：今译辛那赫里布，新亚述王国国王，公元前705—前681年在位。
② 阿希耶卫意拍陆：今译亚述·把你拔，或者阿舒尔·巴尼帕尔，公元前668—前627年在位。

第五章　亚西里亚之覆灭

　　亚西里亚帝国者，以英主明君之辈出，国势勃勃，如旭日之中天。其广大之版图，亚剌伯①及埃及之一部，皆伏屈于其膝下，位置为百王中之王。然盛极而衰，渐现衰微之兆。初，亚西里亚之对属国，单责其献朝贡，负兵赋。其法律，其宗教，其风俗习惯，依然存之，未尝以其法律、宗教、风俗、习惯等，而强其征略之国也。其团结统合，颇甚散漫。其属国数数分裂，由合而离，由离而合，极其错杂。亚西里亚帝国之初，攻击最甚者为马太亚人。西亚里亚人防战百年，终复却之。自后百年之间，马太亚人终归其管下。纪元前六百四十一年，马太亚人奉其酋长列拉渥露特斯犹言才武绝伦也而起兵。列拉渥露特斯战没于军中，其子沙耶西列斯，奉其父之遗训，极力而抵抗之。纪元前六百二十三年，沙希耶人种，突自他方而侵入，其计画②又全破裂云。

　　沙希耶人种者，初漂泊于各地，出于亚细亚地方之种族。时率其种而侵入小亚细亚。当沙耶西列斯与尼微对战之时，一时进击，其人民之一队，自哈利斯河而南，而侵西里亚。耶路撒冷及其余之都府，始准备而防

————————————

　　① 亚剌伯：今译阿拉伯，位于西亚和北非。
　　② 计画：即计划、企划。

御，其未准备之都府，皆为其夺掠埃及王赠贿赂以求其退阵云。其一队转入巴比伦。巴比伦之副王那贺贺拉沙陆王，尽力防御，乃保其巴比伦府。而沙耶西列斯又与其一队战。大破之。自黑海之南方，此人种为其所灭。此纪元前六百五年以后之事云。而吕地亚之王国，于此时亦于西部亚细亚占其重要之地位，崭然而露其头角矣。

沙耶西列斯因沙希耶人种之袭击，不能脱沙路达那拍路而独立。又与巴比伦之副王那贺贺拉沙陆谋，而攻亚西里亚。先是，沙耶列已服亚米尼亚，远至哈陆斯河而逞其侵略。与吕地亚订结条约，将与亚西里亚大开战端。纪元前六百六年，尼尼微城，遂为沙耶西列斯及渥布加度沙那贺贺拉沙陆之子所陷。沙陆达兹拍路战殁于阵中，遂为亚西里亚帝国之终运。其余低格里河之境界，皆为马太亚人及巴比伦尼亚人所分领云。

据《古代记》，亚西里亚王沙陆达兹拍路①，见大事已去，以金银财宝缠其身，自焚而死。又据一说则云，沙陆达兹拍路抗敌马太亚及巴比伦，展转三年，力竭战死。其后一说，似为近真。其焚死云，大抵后人捏造之说。存之于此，以志疑案云。

尼尼微城既陷②，马太亚、吕地亚及巴比伦三国，互相联合，威势大振。埃及王之势力，早已不能抗拒巴比伦。先是，埃及王渥可因攻亚西里亚，遂破犹太人于斯度厘罗之野。杀其王希幼阿，且废其子西贺哈兹斯，而立西贺阿契摩。其后渥可又与渥布加度沙战而败绩，遂返本国。于是拔克土里亚及波斯始得独立。

---

① 沙陆达兹拍路：今译辛沙里施昆，约公元前626—前612年在位。

② 公元前612年，亚述首都尼尼微被米底和新巴比伦联军攻陷，一般称亚述帝国灭亡。实际上，一名亚述将领在埃及的支持下，在哈尔兰以亚述的名义继续其统治，他自称亚述乌巴立特二世。

第六章　新巴比伦王国①

巴比伦既恢复其独立，渥布加度沙②之威力，振于四邻。其武略绝伦，震烁一世。又出师而讨耶路撒冷。未几，又解其围，专与西特耶及埃及之法老阿拍厘斯二世奋战。遂陷耶路撒冷府。抉其王之目，尽蹂躏其市街③。又纪元前五百八十五年，攻推罗府④，亦极形其蹂躏。

---

① 新巴比伦王国：存在时间为公元前 626—前 539 年，古代西亚两河流域的奴隶制国家。因由居住在两河流域南部的迦勒底人首领那波帕拉萨尔于公元前 626 年所建，所以又称迦勒底王国，大约处于古代美索不达米亚南部，全盛时期统治整个新月沃土，于公元前 539 年被波斯帝国灭亡。

② 渥布加度沙：今译那波帕拉萨尔，前公元 658—前 605 年在世，是新巴比伦王国的开国君主，在位时期为前 626—前 605 年。那波帕拉萨是迦勒底人（闪米特人的一支），曾任亚述帝国的巴比伦尼亚总督，前 626 年摆脱亚述统治，在巴比伦城建国，史称新巴比伦王国。那波帕拉萨与米底国王奇阿克萨结盟，前 614 年，在米底军攻占亚述城后会师。前 612 年经激战攻陷亚述首都尼尼微。前 605 年，新巴比伦军队在卡赫美什战役中打败亚述、埃及联军，亚述灭亡。那波帕拉萨是反抗亚述战争中的英雄人物，在攻陷尼尼微，灭亡亚述中起了重要作用。

③ 尼布甲尼撒二世于公元前 587 年进军巴勒斯坦，包围耶路撒冷。18 个月后，由于饥荒和内部分裂，耶路撒冷于前 586 年陷落。他将耶路撒冷全城洗劫一空，拆毁城墙、神庙、王宫和民居，并当着犹大国王齐德启亚（即西底家）的面，杀死他的几个儿子，然后剜去西底家的眼睛，用铜链锁着带到巴比伦去示众。全城居民则被俘往巴比伦尼亚，史称"巴比伦之囚"。三千多犹太人被俘往巴比伦尼亚，谢德基被扶上犹太国王宝座。

④ 推罗：或译提尔，又名苏尔，是一座位于黎巴嫩南部的古代腓尼基城市，距以色列边界 12 英里。推罗是建造在大陆和邻近海岛上的城市，大约在公元前 2700 年由来自西顿的殖民者所建，这座城市很快变得竞争力十足，并最终作为腓尼基渔业与交易中心超越了它的姐妹城邦西顿。公元前 9 世纪，来自推罗的殖民者在北非建立了迦太基王国。

渥布加度沙威武既辉于远近，乃大兴土木。巴比伦宏大之规模，为宇内之美观者，实始于此。其改筑之市府，大于英京伦敦五倍。为方形之都城，跨幼发拉的河之西岸而围绕之。高三百三十八呎，厚八十五呎。以黄铜饰其门扉，备宏大之城楼，以为壁垒。中建数层之楼阁，而设飞舞园 Hanging Guiden 于其中。炫目褫魂，如入仙境。其帑藏之充溢，可以想其富盛矣。

其后四世至那贺那兹斯与其子海路沙共执国政[①]。然自前代诸王以来，民力已竭，且多耽于骄奢。其结果也，遂贻祸于其父子。文武废弛，威权衰坠，偷安逸乐之习惯，几不能挽回。时波斯王齐鲁士乘灭马太业之余威，遂出兵于米所波太米亚，而围巴比伦，遂果为其覆没。实纪元前五百三十八年。初齐鲁士之围巴比伦也，未拔。一夜，那贺那兹斯设盛宴，缓歌漫舞。其乐方酣，齐鲁士知之，急作大沟渠，转遏幼发拉的河流以灌其城。遂出兵突入其城内，由是乃占全胜。其军入城之时，那贺那兹耶沉醉蹒跚，瞑然不觉。噫！苟安之误国，其弊至于此极哉。

其军于米所波太米亚之地，大振其威武。昔日开化最早之诸国，全陷于王国之域。至三百余年间，常陷波斯王之羁勒。至纪元前三百三十一年，亚历山大[②]征略波斯，又再归其管下。时亚历山大欲据巴比伦为帝国之首都，将大修筑。不幸而殂。其计画遂成画饼。自后亦无复谋其再筑者，遂使千古世界之奇观，沦为荒漠平野。试问巴比伦之造墟，徒供行人

---

① 新巴比伦王国自公元前626—前539年，经历6个国王，尼布甲尼萨二世之后为四个国王。那贺那兹斯，今译那波尼德斯；海路沙，今译伯沙撒，二人为父子。

② 亚历山大：亚历山大大帝是古代四大军事统帅之首（其他三人为汉尼拔·巴卡、恺撒大帝、拿破仑）。曾师从古希腊著名学者亚里士多德，以其雄才大略统一希腊全境，进而横扫中东地区，不费一兵一卒占领埃及，荡平波斯帝国，大军还开到印度河流域，世界四大文明古国占据其三，征服面积约500万平方公里。

之凭吊而已矣。

　　自后米所波太米之地，并亚西里亚、巴比伦西里亚之地，于中世纪初，皆为土耳机①之领地。

---

① 　土耳机：今译土耳其，地跨欧亚两洲的国家。

第七章 亚西里亚之文明

政治

亚西里亚之社会，如埃及之阶级的制度，分"土人""外人""国民"三者。以上皆归皇帝之管下，有同一之权利。其皇帝之威权，绝对无限。悉人民之身体精神，皆所以支配其威权。皇帝之下，重执国政者为宦官。然其进退黜陟，惟帝意之所向。然帝王之威权，虽如此之非常，而其人民，若于政治上有害恶者，及其过失，皆不待宦官，得自诉于皇帝，而有此自由权。

文学

亚西里亚人，其文学虽远不及埃及及巴比伦二国之人民。然其热心学事，如阿沙卫意拍路者，诚不易得。王之于亚西里亚，亦犹六百年前拉墨塞第二世之于埃及。其大奖励亚西里亚之文学，于尼尼微宫殿之内，创设广大文库①，备庋书籍，借于巴比伦而誊写之。虽间有成于亚西里亚人之手者，然亦绝少。举其书籍之种类，若《地理书》《历史书》《法律》《数学》《天文》《动物》《植物》等，诸书皆备。又其宗教书，就中部数最富者，为文法之书籍楔形文字之用法极其错杂，欲说明之以此为必要品云为多。阿沙卫意拍路竭毕生之心力，贮蓄而至数万卷。至其子拉撒古时，并其宫殿，皆罹于火。今所传于世者，仅其零篇断简云。

美术

美术者，亚西里亚人为稍长之技。如其建筑，能显最熟练之才能。尼尼微之都市，极其壮丽，其雕刻与希腊人之精粹高妙者比，几与之齐。而与埃及人相比较，其气韵之隽逸，精神之活动，究出其上云。其余诸般之工艺，亦极熟练。如制造玻璃眼镜，建筑穹窿，通隧道，穿沟渠等。又于使用滑车、木梃、辕辗器。或以金银铸物，或镀物，或覆物等。又如玉器之琢磨等。凡制造日用之器物，皆为后人珍赏不措者。

---

① 文库：即亚述巴尼拔图书馆，1849 年，英国业余考古学家莱尔德在古都尼尼微发掘亚述王宫遗址，发现了该图书馆。亚述巴尼拔是新亚述时期的最后一位君主，公元前 668—前 627 年在位。他自称"伟大英明及世界之王"，不仅使亚述帝国的疆域达到了极限，而且也是一位尊崇文化、博学多才、爱书入迷的国王。他统治期间，修建了著名的亚述巴尼拔图书馆。他在图书馆遗址的一块泥版上自述："我，亚述巴尼拔，受到纳布智慧神的启发，觉得有博览群书的必要。我可以从它学到射、御以及治国平天下的本领。……读书不但可以扩充知识和技艺，而且还可养成一种高贵的气度。"

第八章　巴比伦之文明

政治

巴比伦之社会，亦阶级的之制度，以加尔底亚之故家旧族为最上等。是等之人士，主观断天象，判断梦兆之吉凶，监督宗教之仪式。又复参与政治上之机务，掌行军之指挥。故高位贵官等，皆为此等人士之所占。其君主如亚西里亚，亦有擅制之权。臣民一失其意，可以决其生死。加尔亚底之贵绅次之。"商人""工人""农夫"，皆各为一阶级。而其最下等者，则为渔夫。

文学

用于巴比伦及亚西里亚之文字，即所称楔形文字者①，其形颇类尖木。

---

①　楔形文字：源于底格里斯河和幼发拉底河流域的古老文字，约公元前 3200 年左右由苏美尔人所发明，是世界上最早的文字之一。已被发现的楔形文字多写于泥板上，少数写于石头、金属或蜡板上。书吏使用削尖的芦苇秆或木棒在软泥板上刻写，软泥板经过晒或烤后变得坚硬，不易变形。由于多在泥板上刻画，所以线条笔直形同楔形，使用芦苇秆或木棒来压印在泥板上来方便书写，因此文字笔画大都为具三角形的线条，而字形也随着文明演变，逐渐由多变的象形文字统一固定为音节符号。在两千年间，楔形文字一直是美索不达米亚唯一的文字体系。到前 500 年左右，这种文字甚至成了西亚大部分地区通用的商业交往媒介。考古学家发现大批各种楔形文字泥版或铭刻，19 世纪以来被陆续译解，从而形成一门研究古史的学科——亚述学。

其一端大而一端小，如长式之三角形，其点皆锐。又书文字于材料，如粘土为之者，或置平板，以铁笔而镌字形。惟棋形文字，尤难翻译。埃及之画字，更为甚焉。巴比伦之人，多通天文学及算数。其人民于至纪元前三百三十一年，亚历山大略取巴比伦之时，巴比伦人从事于此者，至今已千九百三年，亦多有所发见。古代人民长于天文算学者，除支那国人民之外，实以巴比伦之国民为巨擘云。

美术

巴比伦人于美术，在古代之进步甚显。如其建筑术，所用炼瓦及燃土之材料，以造宏大伟丽之神堂及宫殿，惊人耳目。其余之技艺，如建筑王国所使用之瓦，其表面悉雕刻楔形之文字，以志之。又如宝石之雕琢，金银之细工，纺织之术，其精妙非后世所能几及云。

宗教

巴比伦及亚西里亚之宗教，亦如埃及，以原神为基本，而奉多神教。其多数之神，称其自生自支配其领地。又诸神之中，其最著者，为日月星之三神。

第九章　亚西里亚及巴比伦之贸易

　　亚西里亚及巴比伦之开化，沿于幼发拉的河及低格里河而起。故其贸易之发达为最速。其向世界亦最早，久博商国之名誉。

　　其在古代，内地贸易之都会，无如巴比伦。盖其都府，位于幼发拉的河两岸之平地。其府内为亚细亚四方交易之大道，东通巴达拉及印度，北至亚尔尼尼亚，西达腓尼西，南及亚剌比亚。故巴比伦者，为亚细亚无尽之产物，辐辏之都会也。其货物，以金、银、宝石、绢帛、石棉、象牙、香料、辛料及香油、真珠等为主。绢帛出于支那，宝玉类出于印度，香料类出于亚剌比亚，真珠出于锡兰，皆输运于亚西里亚巴比伦。支那与西洋之交通，在纪元前二千六百九十八年之顷。其于纪元前二千三百五十三年，有派遣使节于西洋之某国及支那等语。是其证据。所谓某国者，为加尔底亚，即巴比伦云。是说本于英国炮兵测量部总长陆军大佐希达布路可葵陆梭氏。

　　亚尔米尼亚人，常浮筏而下于幼发拉的河，以输入葡萄酒及大角于巴比伦。共其筏而皆卖之与自国之商族，结队而归本国。故巴比伦之筑造，悉用此料云。巴比伦人，颇长于工艺。其纺织之布，染采之色，及琢磨之精巧，皆为世所称赏。其余之制造品，亦多可观。又巴比伦常蓄殖印度种之犬，用以田猎，能猎猛狮云。

　　当时巴比伦府，殷富旺盛，达其极点，以通商路，专擅商业之利益，专注于此府。然富盛之极，风俗又陷于奢侈。国家由此而亡，贸易亦归于衰废，可不惧哉。

光绪二十八年十月二十五日印刷
光绪二十八年十一月二十日发行

土耳机史

［日］北村三郎　编述

赵必振　翻译

应国斌　蒯甜　校注

土耳机史序 *原系汉文，直录*

往日土耳机之所以致强盛者三。其一曰，君主刚健，以躬行率先臣民，有事则其王躬亲为元帅，以效力于国防进略之事焉。是也。其二曰，君主军人之间，交互亲密。相结如亲族，加之以恩威并行。是也。其三曰，可意沙厘兵队之组织，坚牢整简。兹陆度庐贡进选拔之方法，与宗教学艺教育之方法。交利用之。以为可意沙厘亲兵队焉。此兵也，虽寡必精。为君尽力，不避水火，所谓三河武士者一般。用此精忠勇悍之兵，以拓四疆，是土耳机祖宗之所以展雄略也。虽然，及其子孙，则不然。偷安苟且，残虐暴行。内则其宫中空气腐败，贿赂大行，女谒炽盛。外则兵制坏乱，将校乏人。加之以外国交际，纷议葛藤，频频踵起焉。当此时，虽有名君英相，亦将不堪其处分之困难也。而况上无英君，次无良相良帅其人乎哉。昔日兴隆之要素，皆减皆灭。呜呼！土耳机之末世，所以不振者，非偶然也。紫山此著，为东洋作焉。其寓意之深，亦可以想矣。

明治二十二年（1889）十二月三十一日　米峰小山正武　谨识于廉仓客舍

世无万年之天子，国无不朽之雄邦。今日赳赳百万之猛兵，百年之后，皆成枯骨，又谁共余生存此世者。是非我亚细亚波斯大王①，振军励武，超欧亚之洲境，而欲席卷欧洲之时，所感慨而太息者乎。往昔罗马之盛旺，建东都于要处，城市跨于亚洲，睥睨东洋，自以为子孙帝王万世之业。讵料土耳机人起于我之亚细亚，西向而陷东都，蹂躏中原，所向无敌，一国瓦解。其势如悍狮猛虎而不可遏，乃大笑曰："奉耶稣教者，何其弱如群羊也。"又观夫土国旧都武流佐，非我亚细亚之英雄帖木儿马首所瞻之地乎？昔者帖木儿远征千里，而至于此，乃喟然叹曰："天下之广，未属于我旗下者尚多。英雄遂不能统一宇内乎！"呜呼！古代东洋之振兴如此。土国限于欧亚管键之地又如此。而今日亚细亚之形势，果何如耶？土耳机之国势，果何如耶？古英雄之雄图，空存于遗民父老之口碑，相与感叹而不能措。散士往年，侵风雪，经波澜，航黑海，入欧亚之洲境。时则天朗气清，恰如三月，仰见两岸，丘陵起伏，炮垒相接，兵马出没于山谷之间。从而渐进，则见寺院宫殿，壮丽轮奂。古城废塞，首尾数里，遥遥相连，极望于亚细亚之尽边，若兵营，若病院，隐见出没于林树之间，历历在目。夫东接亚细亚，西控欧罗巴，南扼东西洋之咽喉，北枕黑海，所谓形胜依然，金城汤池者。散士曾目击之。欧洲之政事家谓："俄国迁都于土京，跨宇内之要地，据黑海东南财库之无尽藏，占天和之气候，浮舰队于全角湾，振其政教一致独自专制之政策，以横行于世界。虽六国合纵，亦将无如秦何矣。"为此言者，决非偶然而妄道，后见土耳机之名将，而问以东洋之存亡安危，其言曰"土国未亡，东洋岂难维持乎？"其语至今，犹在吾耳。呜呼！土耳机帝国者，非亚细亚之屏藩耶。土国灭亡，与鸟折一翼，车折一轮，何以异也。嗟我同洲，苟有忧帝国之前途，抱远大

---

① 波斯帝国是位于西亚伊朗高原地区以古波斯人为中心形成的君主制帝国，始于公元前550年居鲁士大帝开创阿契美尼德王朝，终于1935年巴列维王朝礼萨·汗改国名为伊朗。

之宏志者，则此欧亚管键之一帝国之大势，不可不详也。紫山北村君之此著，盖欲警醒于邦人而共振发志气也欤！

明治二十三年一月　风雪之夜　东海散士　柴四郎①识

---

① 柴四郎（1852—1922 年），日本明治时期的政治家、作家，因写作"政治幻想"小说《佳人奇遇》而名噪一时。明治二十三年即 1890 年。

首　篇

第一章　论土耳机之形势

苏洵①论六国灭亡之原因，曰："秦以攻取之外，小则获邑，大则得城。较秦之所得，与战胜而得者，其实百倍。诸侯之所亡，与战争而亡者，其实亦百倍。则秦之所大欲，诸侯之所大患，固不在战矣。思厥先祖父，暴霜露，斩荆棘，以有尺寸之地。子孙视之不甚惜，举以予人，如弃草芥。今日割五城，明日割十城，然后得一夕安寝。起视四境，而秦兵又至矣。"叙六国灭亡之情态，咄咄逼真。今日土耳机帝国之形势，若合符节也。

往昔土耳机之盛，其版图跨亚细亚、亚非利加、欧罗巴三大洲。其威力之雄大，殆有席卷宇内之势。当是时，欧洲各国仰土耳机之鼻息，卜其安危。天下之英王猛将，见土耳机之运动，战战兢兢，不知所为。然而形

---

① 苏洵（1009—1066），字明允，自号老泉，眉州眉山人。北宋文学家，与其子苏轼、苏辙并以文学著称于世，世称"三苏"，均被列入"唐宋八大家"。下文引自《六国论》，是苏洵政论文的代表作品。

势一变，盛衰顿异。今日之贫弱，达其极点，竟至日用要品，如炮铳弹药之类，亦无购求之余力。兹耶列司寄路科曰，经济家之所谓日用要品者指衣食住之事。现时欧洲之形势，水雷火及新发明之炮铳弹药等皆为生活之必要品。彼之祖先，百艰千苦，所获之山河，日削月割，仅留昔日雄丽宏大之名都之只影于君士但丁堡。一念至此，吾人虽非土耳机之遗民，而一吟"自从淮水干枯后，不见王家更有人"① 之句。不禁感慨系之。

土耳机之衰久矣。然至今日，孤残之势，尚能介立于强鸷贪狮之间，而维持其一线之运命者何欤？岂土耳机之武力，果足以拮抗俄国乎？岂回回教之信仰，足凝结人心乎？抑亦金谷富裕，果足以贿彼而有余乎？勿论武力也，宗教也，金谷也，其能维持今日之运命与否，而其一最大之原因，则曰土耳机帝国之首都君士但丁堡者，其位置关系不浅矣。

俄国图南之志，非一朝一夕之故也。彼得大帝②之遗训曰："先据君士但丁堡，而及其近畿。苟得定帝都于此，则有南面而临全球之势矣。"此俄国之英主猛将，日夜锐意，砺其锋，磨其刃，而欲使强鸷之旗影，翩翻于君士但丁堡之名都也。君士但丁堡一旦而折入于俄，则与昔日强秦驱驰于韩魏之野，燕赵齐楚，俯首降心，甘心而受其钳制，何以异乎？虽英墺法德，其将奈之何矣！是以自千八百五十三年以来，英法两国，左提右挈，以拥土耳机而遏俄国之雄志。其欲存土耳机之苦心，非爱土耳机，为恐俄国兼并之势也。

---

① 此句出自《全唐诗》之《陈·淮水》："文物衣冠尽入秦，六朝繁盛忽埃尘。自从淮水干枯后，不见王家更有人。"作者为孙元晏。

② 彼得大帝：即彼得一世（1672—1725 年），1682—1725 年在位，原名彼得·阿列克谢耶维奇·罗曼诺夫，俄罗斯罗曼诺夫王朝第四代沙皇，俄罗斯帝国皇帝（1721—1725 年）、著名统帅，沙皇阿列克谢一世之子。他继位后，积极兴办工厂，发展贸易，发展文化、教育和科研事业，同时改革军事，建立正规的陆海军，加强封建专制的中央集权制。继而发动了战争，夺得波罗的海出海口，给俄罗斯帝国打下坚实基础。可以说，近代俄国的政治、经济、文化、教育、科技等方面的发展，无不源于彼得大帝时代。

　　然则英法二国果可以抗俄国而扶持土耳机乎？吾恐其未必然也。盖大陆之势，有以存之也。日耳曼联邦之统合，意大利帝国之建立，其所由来也。

　　距今三四十年以前，日耳曼联邦之势，涣而不集，茕茕孤立，弹丸黑子，各自相保，呼吸不相应，手足不相接。而法国之英雄豪杰，视普鲁士如孤豚，视墺大利如赘疣，将冲柏林而压维也纳。与北方之强鹜相连衡，与之敌而制其野心而压其自由。而其时意大利建国之业亦未成也，亦无以善其后也。故法国乘之，而称霸于大陆世界。然亦不过过去之幻像，未来之空想。而孰知后来之势一变也。其势既变，而俄法之连衡，因之而解。俄法之君相，遂有咫尺天涯之感，鞭长莫及之虞。狂志野心，大拂所欲。盖日耳曼之联邦，意大利之建国，而俄法直接之势，遂变而为一大鸿沟矣。故法国如千八百五十三年之役，则与英国同盟而抗之。是盖拿破仑第一世与俄帝历山太第二世驰聚中原之势，自有不能相下者。此俄法连衡之所以不成也。

　　法国之势已孤，而英国之势又何如乎？英国之于海上，遂若余勇可贾，而尚存跋扈之虚声。然其对大陆之外交世界，已无出人头地之思。其政略则支离。一沉一浮，任潮势之如何缓急，唯随其游泳而上下之。故俄国一破巴黎条约之盟，而屯艨艟于黑海，再逾柏林条约之盟，而占领马豆港。而彼英国，果能激发义气以抗强鹜之勇气否乎？质而言之，英人唯知讲求本国防御之策，而决不暇运动进攻远取之谋。党派分歧，悍不可制，国权日蹙，仅以自存。于外交上，苟起一纷议，一葛藤，则战战兢兢，临深履薄。其兵士战卒，当时有"所谓俳优兵"之讥。开战之事，所不敢言。而其外交政略，常坠于云烟模糊之中，或进或退，绝无一定之主义。其情事如此，安能建雄图以制大陆之势乎？

　　且也日耳曼之统合成，伊大利①建国之事业毕，法国大陆之外交上，进取之势顿失矣。而英国则内顾汲汲，于大陆之关系，亦顿失其余力矣。故当时兵力上之称最强国者，于外交上，已不能左右欧洲之大势，则其事可知。而德意志帝国，是时指挥政略者，为何人乎？则铁血宰相卑斯麦②公是也。然卑斯麦公之于此时也，果忍傍观俄国之并吞斯拉仆人种之诸小国乎？果忍坐视俄国之占领君士但丁堡乎？其意中之秘诀，虽不可知。然其于德意志之参谋本部，于国境东西之俄法二大帝国，无一息而不防之。此欧洲识者之所共忍也。若谓卑斯麦公不欲制俄国之侵略，而忘其东西之二大敌国。以彼之慧根，岂出如斯之拙策乎？盖彼虽以平和之手段而防俄国之侵略，然至万不得已之时，则宁承诺俄国实行其主义，以自暗施其斡旋焉。故罗度普布撒陆于千八百七十五年柏林会议之前，尝论俄土之形势，呈于当时之大宰相皮多司扑维路普。其文略云：

　　盖卑斯麦所恐者，在俄与法。然俄也，法也，固不能以独力抗德国矣，故其所最恐者，在俄法合纵之机会及影响也。而有关系于此合纵者，土耳机也。然土耳机之兴亡，不过为目前之问题也已。今日土国之不幸，果有何等感觉于卑斯麦乎？卑斯麦盖谓东方论再然。英国则将为印度之防御，断行非常之目的。当此时，其重要者在保运输之便利。苟失此便利，岂能得保印度哉？何谓保运输之便利，曰管理埃及苏士运河及幼弗拉的河畔之全权是也。而英国所最患者，在法则欲举地中海握其全权，俄则于远

---

　　① 伊大利：今译意大利。

　　② 铁血宰相卑斯麦：俾斯麦，全称奥托·爱德华·利奥波德·冯·俾斯麦（1815—1898 年），德意志帝国首任宰相（1871—1890 年），人称"铁血宰相"。俾斯麦担任普鲁士王国首相期间，在 1866 年发动了普奥战争并取得胜利。1870 又进行普法战争，打败了法军。年底南德四邦加入了德意志联邦，成立了德意志帝国，俾斯麦任德意志帝国宰相兼普鲁士首相。俾斯麦靠"铁血政策"自上而下地统一了德国，还帮助法国凡尔赛政府镇压巴黎公社。他对内颁布《反社会党人非常法》，残酷镇压工人运动；对外力图运用联盟政策，确立德国在欧洲的霸权。1890 年 3 月被德皇威廉二世解职。俾斯麦下台时被封为劳恩堡公爵。

东为其劲敌焉。英国为达其目的，以兵力退俄法乎？将可与之求连衡乎？若夫法国为恢复亚尔沙斯、罗来内二州，俄国为占领君士但丁堡，相合纵而举事，则英国所必不得不取者有二策焉。曰与德墺结同盟，以防俄国陷君士但丁堡，又挫法国使不得干涉埃及之内治，一也；曰假令不与，于俄国之合纵，与两国以局外中立之恩惠，而已则占领埃及苏士运河幼弗拉的河畔之全权，二也。此二者，英国将何出乎？出于第一策乎？则于欧洲诸海，不得不与法国战焉。于土耳机及亚细亚地力，不得不与俄国战焉。全洲骚乱，军资莫大，古今无其比矣。出于第二策乎？则虽不可不守兵备中立，亦无战争之劳。一面则俄法，一面则德墺，皆应殊死战斗也。德墺虽衔英国之中立，亦不能奈之何。而俄法"德"_{感其德也}，英国之中立，而诺其让与。故第二策，实为英国之长计矣。然欲实行此长计，则断不可不放任土耳其之存亡。

而今也，英国掷传世之政略而弃土耳机，是岂英国军民之所忍欤？但是其不忍之心即我德人之所赖以安眠也。盖俄法之合纵，所以未达其志者，由英国之防御土耳机，而卑斯麦之所以安心者，亦实在乎此矣。然卑斯麦之真正政策，岂如此乎？彼谓君士但丁堡之防卫，不足为印度之屏藩，土耳机之保全，亦不足为英国之利益。苟欲保印度，使俄国恣君士但丁堡之吞噬，以抑遏印度进向之势耳。而英国宜占领埃及苏士运河及幼弗拉的河畔之全权，以保运输之便利矣。使卑斯麦为英相，则必出此画策。何也？曰，不要费用也。又曰，虽然，英德不同其利害，故英国之善策，则德国之恶策也。若俄国而扼波斯福拉斯峡之险，领多恼河之饶，则德国岂得忽视之哉？故为德国谋之，莫如远俄国于君士但丁堡。而远俄之计，唯有一，曰使之接近印度，而不妨碍其所为而已。是卑斯麦之所熟虑计划，而非坐上想像论也。卑斯麦幕下外交官某氏一夕从容语余曰"是勿论而已。"俄国逞力于中央亚细亚，逼东方愈甚，则愈接英领。英俄益生釁隙，则益利于德耳。夫虽以俄之雄，不得一并逞力于东西。则亚细亚一面多事之时，是欧罗巴全洲就中德意志无事之时也。

卑斯麦公意旨之所在，可以知矣。

俄国以日耳曼联邦之统合虽成，意大利建国之事业虽就，法国之连衡虽失，然而今日英国之势又孤，德墺虽相结，而无防御扶持土耳机之余力。德国亦有不能进抗俄国之忧，而强鹜图南之志，至此益雄。势力扩张，眈眈欲噬。何求不得，何事不成。呜呼！土耳机之运命，岌岌乎危哉！

野史氏曰，余修土耳机史，当马哈默德①第二世，其进略的主义，日辟国千里。一鼓而灭雄大东罗马之帝国，征波斯，服亚剌比亚，光威赫赫，轰耀宇内。至索利曼第二世，逞英雄之姿，以经略四方。其疆域之广，西至墺大利②，东枕幼发拉的河，南管埃及之全土。气宇盖宇宙，天下屏息，而不敢动。曾几何时，而一败不振。彼之祖先，百战艰难，所获之版图，日蠥月割，存亡托强国之掌握，未尝不废书而叹也。余闻之卫肯布那哈古之论土耳机曰"土耳机者，犹已受死刑之宣告之人，虽暂存人世，死期不远。不过行尸走肉而已。"余又闻之沙拖马司罗之论土耳机曰"予据最后之判断，此帝国者，决其不能再兴。"呜呼！邦国之盛衰存亡，有如潮势，安可以一律而断之乎？土耳机之运命未绝，或

---

① 马哈默德二世：今译穆罕默德二世，奥斯曼土耳其帝国第七代君主，奥斯曼帝国苏丹，他经常被人直接以外号"法提赫"（意为征服者）相称。他21岁时指挥奥斯曼土耳其大军攻陷君士坦丁堡，灭拜占庭帝国，完成了几代苏丹的夙愿。及后西侵巴尔干半岛，为日后奥斯曼帝国百年霸业奠下稳固的基石。在宗教和文化方面，采取了宽容政策，使得奥斯曼帝国国势稳定，经济和文化得到发展，民族得以融合。他也为后来的苏里曼大帝建立地跨欧、亚、非三大洲的大帝国，奠定了坚实的基础。

② 墺大利：今译奥地利。

再有英明雄略如马哈默德第二世、索利曼第二世其人者，崛然而起，统合人心，振张文武，则国势之隆兴，未可卜也。岂真行尸走肉，决其不能再兴耶？呜呼！土耳机帝国，抑亦独立乎？抑亦覆灭乎？补牢未晚，盖亦早自为计也。

第二章　地势说略

亚细亚土耳机

亚细亚土耳机者，北至达路达尼司海峡、贺路贺拉海、君士但丁堡海峡、黑海、俄罗斯，西至群岛海及地中海，南接亚剌比亚，东至波斯及俄罗斯之境。

土耳机现今之行政区，分为二十二。今述其大别于下。

第一为小亚细亚，分为亚那托利亚四个之行政区。第二为亚尔米尼亚之一部，分为二个之行政区。第三为利路撒司巴，分一个行政区。第四为米所波太美亚，分三个之行政区。第五为巴比伦尼亚，分二个之行政区。第六为西里亚，分四个之行政区。第七为亚剌比亚之一部，分六个之行政区。

亚细亚土耳机者，除亚剌比亚，北纬自三十度至四十二度，东经自二十六度达四十八度三十分。

小亚细亚之地，居四千呎之高原，在地中海及黑海之间。其界内之山脉，最有名者，为拖马司托。内地多湖水，有他慈额路湖者，为死海，产盐最富。至东北高原，次第渐高，为科路撒司巴及亚尔米尼亚。而亚尔米尼亚，又有湖水，名哈湖，亦为碱湖，而产鱼类。小亚细亚内部之地，夏冬之间，寒暑极甚。而海岸则大异之，一年之半，气候多畅美。又西利亚地，亦在高原。其内地有哈其幼机之溪谷，为地球上著名之低地。然此溪谷那苦湖之水，殆平行于海面，若加利尼海之水，于海面则低六百二十八呎。死海之水，于海面则低千二百九十二呎云。

幼发拉的及低格里河之土地，其西方如西里亚者，多属荒地。春暖之时，亚尔米尼亚诸山之积雪，遇其融解，则河水野涨，有泛滥之忧。多产米麦，又多枣林及葡萄园。幼发拉的及低格里河在亚细亚土耳机内，为最便水运者。二河之合流，则称为希耶铁路亚拉河。汽船自海而上溯，于此二河之上流，以开最远之航路，而达于土耳机领之亚剌比亚，波斯湾之野陆打沙托，及红海之沿岸地方。

其外则为梯布拉司、科司、列司过司、罗特司、沙贺司、斯加陆卫拖、希俄等，及近海之群岛。但沙河司则献其赋于苏尔丹，为附庸之侯国。梯布拉司由千八百七十八年之条约，其名则为苏尔丹之管理，其实则为英国之占领。

国内之产物颇多。黑海之海岸，多为丛林，出樫桦等木。列其托海岸，葡萄、橄榄、无花果等最多。红海之摩洛哥地，又产咖啡。小亚细亚之内部等，谷拉则产山羊。其国内之人种，各异其类。土耳机人、亚剌比人及科陆托人，皆为回回教徒。希腊人及亚尔米尼亚人则为耶稣教徒。其希腊人多住小亚细亚及西里亚之海岸，多营商工业者。其亚尔米尼亚人，居内部者则从事于耕作，在外者则从事于商业。亚尔米尼亚人乃为土耳机、俄罗斯及波斯三国所分割者，分隶各土。住耶路撒冷之人民，半为犹太教徒。在勒巴嫩之地者，则贺洛拿托人种居之，奉罗马旧教。然此等人种，常为度陆司族之耶稣教、回回教之所忌。然其蛮宗之人民，则确执不改云。

第三章　地势说略

欧罗巴土耳机

欧罗巴土耳机者，北接墺大利、塞尔维亚及多瑙河，西至哈普亚兹耶及亚得利亚的海，南连希腊群岛海、大路大尼斯海峡，莫路莫拉海及君士但丁堡海峡，东临黑海。

于欧洲土耳机所割领之地，君士但丁堡、亚度利亚驼布路、沙洛利布、利司烈度、梯科他利、耶利那等是也。而后三者，又总称之为亚路古利耶。

依千八百七十八年柏林条约，罗马尼亚、塞尔维亚及和特尼古卧之三国，脱苏尔丹之支配而独立。唯勃尔俄利亚独纳朝贡于苏尔丹，而为侯国。其君主者，于选举会选之，必须得苏尔丹及欧洲诸大国之认可，而后定立之。其君主常选于欧洲之小朝家。又东琉米尼亚者，其政权及兵权虽在土耳机苏尔丹之掌握，而必耶稣教徒之知事为监督人。其监督之任期，凡五年，亦必得欧洲诸大国之承诺，苏尔丹任之，议员辅佐之。

勃尔俄利亚在琉米尼亚之间，自东而西走者，为拔干山①。自拔干山脉而南走，国希腊半岛之中央，又为卑达斯山脉。两山脉相会之所，为兹耶巴山，又为卫阿巴河及度董河、化拉卫河之发源。自卑达斯之东，为特司贺托。巴托亦发拔干山脉，而走群岛海。其西则为达那利科、阿陆布司之连峰，而过达路马耶之境，遂蔓延于亚陆卫利耶。盖欧罗巴土耳机之地，多山岭，风景最富，物产亦极饶，胜地名区，随处而有。其山之最高者，足与亚倍拉托斯山相拮抗。其最著者，如兹耶达山，物厘古斯山，利罗山等，是也。

土耳机之首府，为君士但丁堡，为三角形之半岛。其位置在亚陆木拉海与黑海海峡口之西岸。寸商业上及兵略上，占紧要之地势。其沿海岸，高楼杰阁，鳞次栉比，形势雄伟，风景佳丽，诚不愧为古之东罗马帝国之名都。方今其府内凡七十万以上云。

土耳机附属之诸岛，最大者为卡撒耶岛。其山脉亘于东西。东端颇高，达七千六百七十呎。山脉之中央，是为斯伯歆物特人种。其人种皆附从于土耳机者。其岛之南岸多岩石，而北岸之土地则膏腴非常。人民最重希腊人种。其中三分之一为回教信徒。其岛自为一洲。其余欧洲诸岛，如兹枯斯斯、西布洛斯、嘉沙斯等，又合小亚细亚近海二三岛为一洲。置额利贺厘奉行以管理之。额利贺厘者，达路达尼司海峡之海军镇守府也。

土耳机之诸山，其特有之产，所最著者，为脆洛利耶之槟果。于柔皮术最为要用。拔干山脉之勃尔额利亚与琉米尼亚交界之侧，有广大之平原。其属于勃尔额利亚之部分，极适畜牧。又属于琉米尼亚之部分，产果

---

① 拔干山：今译作巴尔干山。欧洲"血山"——巴尔干山，保语称"老山山脉"。巴尔干半岛的主要山脉，为阿尔卑斯－喀尔巴阡山脉的延伸。巴尔干山脉发源于南斯拉夫边境的奇莫克河，横贯保加利亚中部，东抵黑海（一直延伸至黑海之滨），绵延 555 千米，平均高度约 0.7 千米、平均宽 50 千米，总面积约为 1.2 万平方千米。它横贯保加利亚全境，是多瑙河和爱琴海及马尔马拉海的分水岭，被称为是巴尔干半岛的"脊梁"。

实颇多。烟草之数，全国皆有培养。人民恃为大利土耳机烟管之奇与中国人之水烟管同。其硝子极长，下有小罐以贮水，标刻其口，以盛烟草。其管或长二尺余。口吸其端，以火然其烟草，则使其烟度水而过。下等人民多用之者。又产种种之谷物。其大麦等则产于高地，米及蜀黍等则产于低地。气候与意大利西班牙相似。但寒暑之度，稍有觉强。土耳机输出物之所重者，为农业物，输入品之最重者为制造物。

土耳机之面积，总计二百四十万六千五百二十二英方里。人口总计四千三百三十万四千四百二十七人。

第一篇　上世纪

第一章　土耳机之开国及阿斯曼之创业

土耳机者，本鞑靼①种族之名。鞑靼之地，南据阴山，北至北海，西至齐桑泊，东至黑龙卫城。其于中国，在唐虞则谓之山戎，在夏则谓之獯鬻②，在周则谓之犬狨，在春秋则谓之赤雀，在赵者为林胡楼烦，在燕者为东胡山戎，及秦汉则为匈奴。其大酋尊称单于，建立于汉南，冒顿之盛，控强四十万，以汉高帝之智勇，且困于白登。其后，一变为南北匈奴在后汉之时，再变为东胡西胡两晋之时，三变为柔然北魏之时，四变为东西奚周隋之时，五变为东西突厥隋唐之时，六变为内外回纥唐代之时。五代之末，契丹遂起，宋之中叶，女真代之，是为蒙古，又为鞑靼。是上下数千年形势之概略也。

---

①　鞑靼：鞑靼人是不同地区不同时代对出现在欧亚大草原的不同的游牧民族的泛称，不是一个具体的民族或团体。

②　獯鬻：音 xūn yù，也称獯粥，古族名，中国古代北方的一个民族。下文的犬狨、赤雀等称谓，均是对中国古代北方少数民族的鄙称，形同鸟兽。

突厥人初住亚尔泰山①、加斯比庵海之间，以游牧为业，兼事剽掠。其族又分数种，各酋长曰伊拿路 Emir。当纪元六百之年代，其在中央亚细亚之民族，约为数国，皆独立，势颇雄，后为突厥人所略，为奴隶及兵卒。其中有一人杰，称阿布托其托者，于九百六十一年，始建伽奇尼国于可竦山。三传而至鸦牟度，深好学术，延聘四方之学士，文学之盛，冠于一时。鸦牟度乃并达朗索撒尼及波斯，出兵印度，前后十二次。又略铁厘拉贺路、英路打之诸邑，弘布其所奉之英斯廉教焉。然自里海至印度河之人民，奉之者实少。有帕古达之大教师授位号而曰"苏尔丹"②。千三十二年，突厥之酋长达古利科倍古，自撒马尔罕，而兴于色丢克家，将兵而济日洪河，破苏尔丹。乃授帕古达大教师苏尔丹之位号。千六十三年，达古利科倍古卒，兄之子勿斯烈嗣。攻东罗马，擒其将洛马诺。东罗马出十万金赎之。千七十三年，勿斯烈被害。其子马列科希耶为苏尔丹。性勇武，具胆略。略帕古达，大扩疆域，东至支那，西至君士但丁堡，威振四表。苏尔丹兼留心文事，兴学术。及其卒也，诸子分其国，而其长子独领波斯全国，势威大振。其后之苏尔丹，以雄武称者，为沙利亚。出兵侵希腊，攻耶路撒冷及安隄阿。取之，遂并吞小亚细亚之全部。时日耳曼之种族，屡侵希腊。希腊之阿列歙希科斯，东西受敌，知不能抗，遂与突厥连和，兵戈乃戢。苏尔丹之所取者，认为其所领有。千二百年之间，突厥人代为亚剌比亚之佣兵，慓悍英武，所向无前。大教师深宠信之，定用以为亲兵。每拜军将，必选突厥人以任之。

千三百年间，蒙古人侵略四方，渐至小亚细亚。突厥人从之而西，其

---

① 突厥：历史上活跃于蒙古高原和中亚地区的民族集团，也是中国西北与北方草原地区继匈奴、鲜卑、柔然以来又一个重要的游牧民族。540 年，突厥这个词始见于中国史册。亚尔泰山，今译阿尔泰山，位于新疆北部和蒙古西部，西北延伸至俄罗斯境内。

② 苏尔丹：即苏丹，对伊斯兰国家的国王之称谓。

一部遁于道罗山中，招同族以攻邻国，略取颇多，势力次第渐长。其部长阿斯曼①—称阿多曼雄略豪迈，率其种族以经营四方。遂亡色丢克家，而夺其地，以建立新帝国，实纪元千二百九十三年也。遂称阿斯曼第一世。是为土耳机建国之太祖。于突厥诸族分裂之各部，悉为其所征服。而苏尔丹更欲并略东罗马，交兵数年，千三百二十六年，病卒。子勿路嘉立。

野史氏曰，鞑靼种族之精悍雄武，盖于宇内，莫睹其比。其种族之入支那，入印度，入欧洲，其跋扈殊不足异。然非入阿多曼大帝其人者，亦安能统合以建强国乎？若阿斯曼大帝者，盖本之以刘元海、石世龙②之英姿，而运之以慕容皝、拓跋珪③之雄业。子孙相继，南征北伐，光辉四表，而震撼欧洲。其伟业不坠，不亦宜乎！

---

① 阿斯曼：今译奥斯曼，即奥斯曼一世（1258—约1326年），奥斯曼帝国（土耳其）的创建者。生于小亚细亚北部的瑟于特，原属中亚西突厥乌古斯人卡伊部落，为埃尔图格鲁尔之子。他开始时是从父亲埃尔图鲁尔加齐处继承了贝伊加齐的称号，后来的统一和征服活动，使他成为一个大帝国的奠基人。

② 刘元海，即刘渊（？—310年），字元海，新兴（今山西忻州北）人，十六国时期前赵政权开国皇帝，304—310年在位。刘渊在父亲死后接掌其部属。石世龙，即石勒（274—333年），字世龙，上党武乡（今山西榆社）人。十六国时期后赵建立者，史称后赵明帝，也是中国历史上唯一的一个奴隶皇帝。

③ 慕容皝：297—348年，前燕文明帝，字元真，小字万年，昌黎棘城（今辽宁义县）人，鲜卑族，西晋辽东公慕容廆第三子，十六国时期前燕的建立者。慕容皝勇武刚毅且多有谋略，崇尚经学，熟悉天文。建武初年拜冠军将军、左贤王、封望平侯。其子慕容儁称帝后，追谥为文明皇帝，庙号太祖。拓跋珪（371—409年），北魏开国武帝，386—409年在位。

第二章　亚礼壬之政略（附：巴牙屑）

　　勿路嘉①继阿斯曼之伟业，遂欲创定国制。其弟亚礼仁天资英敏，具文武之才略。勿路嘉乃命之正定国制焉②。

　　亚礼壬居首相之位，为帝辅佐，整顿制度。其最注意者三事，曰货币之铸造，曰人民之服制，曰陆军之组织是也_{其详细述于政治部，宜参观之}。其组织陆军之规律，亚礼壬反复丁宁，最为尽力，终成精整之陆军。自后土耳机之疆域日拓，版图日扩，震撼欧洲，光辉世界，实亚礼壬创定国制之时，早已固其根本。盖亚礼壬之才干器识，与苏绰王扑相似，亦一代之政事家也。

　　亚礼壬已辅勿路嘉创定国制，于父之遗物，一毫无所取，遂退隐于浦路沙相近之一邑_{浦路沙者，为勿路嘉所拓之地，当时土耳其之帝都也}，其气象亦足以想见矣。

　　千三百六十年，勿路嘉崩，传位于慕剌特第一世③。慕剌特又传位于

────────────

　　①　勿路嘉：今译奥尔汗或乌尔汗（1285—1359 年），奥斯曼帝国第二位首领，执政时期从 1326 年到 1359 年。他占领了安那托利亚西部的大多数地区，本人与拜占庭国王约翰六世的女儿结婚，帮助约翰六世推翻了约翰五世成为拜占庭国王，以此加速了拜占庭帝国的衰败。1354 年，他的长子苏莱曼·帕夏占据了加里波利，为奥斯曼帝国在欧洲大陆开辟了一个桥头堡。

　　②　奥斯曼一世死后，儿子乌尔汗上台。乌尔汗本来想将帝国分给他的兄弟亚礼仁（或译亚礼壬，今译阿拉丁·帕夏），但是阿拉丁反对分国，坚持乌尔汗为全国的统治者，而他自己只要求一个村庄的税利。乌尔汗因此对阿拉丁说："兄弟，既然你不愿接受我给你的羊群和牛群，那么你至少应该成为我的臣民的牧羊人，你应该成为我的大维奇尔。"奥斯曼帝国历史学家认为，在土耳其语中，大维奇尔这个名称本来的意思是"担负责任的人"。阿拉丁主要管理国家的民间和军事机构，很少自己带兵。

　　③　慕剌特第一世：今译穆拉德一世（约 1326—1389 年），奥斯曼土耳其苏丹（1360—1389 年）。奥尔汗之子。1360 年继位，改称号为苏丹（阿拉伯语，意为"君主"或"统治者"）。

巴牙屑第一世①。巴牙屑者，一号伊路铁土，言其如雷霆之震烈也。

当巴牙屑之时，希腊之文明，罗马之雄大，久已烟消霭灭，存只影于寤寐之中。而罗马东帝国之君主波司他、扑列屋洛额，仅在君士但丁堡，空保其皇帝之尊号。国势式微，达其极点。其都府城壁之外郭，所遗土地，一任势诺亚、威尼斯两民主国分割之。其势竟至于此。巴牙屑乃迫胁罗马东帝纳贡物，而君士但丁堡建为土耳机之殖民地。乃于其中设回教寺院四所，置土耳机之裁判官，而执独立之裁判权。又以土耳机之标号，以印铸造之货币。罗马之形势，危迫如此。全欧洲之人民，睹此宏大伟丽之都府，日就灭亡，不觉同抱盛衰兴亡之感矣。

第三章　帖木儿之来侵

巴牙屑之晚年，于中央亚细亚，突遭"平生之大劲敌"。其一大劲敌者何人乎？即帖木儿 Tamaboum② 是也。

帖木儿经略中央亚细亚，以撒马尔罕土为首都。千三百九十八年，攻印度，蹂躏其都城，掠夺巨万之财货。千三百九十九年五月，复还撒马尔罕土帖木儿攻伐印度之颠末事在《印度史》，读者可取而参观。以其财货，支给招募兵八十万，以供攻伐西方之用帖木儿兵士之俸给，分前后七年下赐云。帖木儿将与巴牙

① 巴牙屑第一世：今译巴叶济德一世，或巴耶塞特一世，是奥斯曼帝国的苏丹，他的执政时期是从 1389 年到 1402 年。

② 埃米尔·帖木儿（1336—1405 年），帖木儿帝国建立者。出身于巴鲁剌思氏部落，祖先做过察合台汗国的大臣，父亲死后继承碣石的一名封建城主。1362 年，帖木儿在故乡起义，与蒙古人作战时被打伤成瘸子。因此，敌人称他为跛子帖木尔。他以婚姻关系，将西察合台汗国后王的公主纳为妻妾，成了察合台汗国的驸马。所以，又称驸马帖木尔。1360 年，帖木尔实际上控制了河中族。1364 年，帖木尔扶持侯赛因成为可汗。1369 年，他杀死情同手足的西察哈台汗侯赛因，建立了帖木儿帝国。

屑启战争，不敢轻决，先立名誉，以结人心，且以洞察敌情。时通使交结，自称为回回教之保护者。尝进入巴牙屑土所并略之境域。千四百年八月，竟占小亚细亚之沃土，且拔其大要害之西卫斯托及马拉兹耶之二堡寨。寻转其锋而向西里亚。时尚与巴牙屑土，依然往复交通。遂略取达马斯科。大肆掠夺。乃走埃及之苏尔丹，以并略西里亚，而赴木斯乌陆，陷帕古达土。其时于回回教之社会，威望既已隆盛，乃与巴牙屑土决开战端。巴牙屑土左右背腹，皆已溃裂，防不胜防。巴牙屑土之和局既破，再入达庐驰耶，以诛杀该州之土著，而镇抚其种民。

当是时，巴牙屑土闻埃及苏尔丹之兵已败，西里亚亦为帖木儿所占领，愤懑不能措，意气怏怏。然帖木儿之志，益扩张威力，其要求不知所止。苟再因循姑息，则国耻愈不能堪。乃大举干戈，决意开战。

帖木儿与巴牙屑宣战之时，复乘二大机会。一则巴牙屑志满生骄，颇耽酒色，马哈默德教之信徒，多怀怨望者。一则土耳古曼人加拉科斯乌列，囊因麦加及默德那二圣府之商队，尝为暴客所强夺，行香之客，不堪其扰，屡乞帖木儿之保护。于是帖木儿遂对巴牙屑而请求加拉科斯乌列之让与。

帖木儿与巴牙屑土，既从事开战之准备。已而复闻其派兵于亚列布、利特沙及达科亚倍陆，遂直传号令，进军于小亚细亚。而巴牙屑兵所派于诸府者，方将坐待埃及苏尔丹之应援，又有将入帕古达土，以鼓动其人民，而冀一时蜂起，突以抗敌，其计画实盖如此。然为帖木儿早已窥破，以迅速神发之策，分遣其兵，击达庐驰耶，而冲巴牙屑之背后。其战场遂迁止小亚细亚之北部矣。

四月二十七日，帖木儿率其兵士而渡科拉河，八向倍陆托、开寄亚拉他科等。途次又略他陆托岛寨。由是经亚得科城，而赴耶路撒冷，侵入土领亚细亚之北部。拔契马科城，出耶拔斯托。帖木儿乃布阵于府外，招请巴牙屑土来使，举行观兵式。时诸将皆誓于帖木儿，曰："臣等皆以忠义事君，以其身为牺牲，毫不敢辞。抛生命，忍艰苦，一意鞅掌于王事。凡敌地之树影草色，誓皆灭之。不蹂躏亚托利耶、颠覆阿多曼帝国，誓不生还！"命其来使，在傍听之。听毕，乃导来使，周览列对。队伍蒸汽，进退如意，士气雄壮，兵气精锐，坐作击刺，号令立行。其观兵式，已有练三十年。今特举此式，以招待土耳机之来使，观者无不落胆。帖木儿之先声夺人，临机养势，诚机敏之人杰哉！

方招待之际，斥候①忽报帖木儿。曰：通托加托府之道途，亘于林中，且路狭，运动不能自在。土军大会于托加托府。悉渡欹其路、伊路马科河，其河津悉为敌军所占据。帖木儿以其本军之骑兵，若与敌之步兵相决斗，则地利已失，大非所宜，乃不开战。先断巴牙屑与埃及西里亚及帕古达士之连络，欲诱巴牙屑而出于平原，且渡欹其路、伊路马科河，以占渡津之便利。更欲土军先离其据守，乃连发而赴兹沙利耶府。六日而达该府。于是大贮粮饷，更指瓜噩拉城，而达欺路希古陆府。既闻巴牙屑率大军而袭，传令以备。为探索土军之计画，及其行程等，特派一千骑任之时报敌兵之动静及其擒囚之事。

帖木儿大会将校，听军议，乃谓众曰：议论宜分二途，一则休息驻阵之诸兵，以养疲劳。一则冲敌阵之中央而蹂躏之，以断巴牙屑土部兵之粮道。逐次挑其小战，以疲弊之。或骤退本军，使巴牙屑土急驱尾击，以疲于奔命。且我则强于骑兵，彼则强于步兵。今日之战，固以骑兵为优。我军之胜利，固无容疑。然小战必不能剿灭土军，终必以大战为结果。予熟考之，第一策不如第二策之活泼神敏。于第二策，亟欲赞成之云。盖巴牙屑土处欧洲之山谷，林木丛杂，堡寨城垒，棋布于地。古今战事之英雄，

---

① 斥候：古代的"探子"，即今日之侦察兵。

多注意编制精锐之步兵。而帖木儿独反之，将欲从事于亚细亚之平地以事野战。其所注意者，则在兵制雄毅之骑兵。帖木儿既窥土军之形势，定其计画，察其敌情。时巴牙屑土气象尚活泼，从事小战，不堪其烦，将必失于轻举。乃大集其步骑兵，大试激战。其计乃决。

时在中央亚细亚之军，视土军为倍徙，已占东西各所之要害。帖木儿天资英敏，筹策周到，毫无所遗。自以为巴牙屑土之部下，其成立之步兵。我若围绕之，迫胁之，彼必有缺乏粮食之苦。以此战略，则敌军之蓄积将竭。我既胜利，彼益穷蹙。则彼必先退军，则疾迫蹑敌踪，乘机会而事长驱，大加攻击，必制全胜。计画已定，乃实施之。遂断巴牙屑土兵与其浦路沙之连络者，更进军而向阿噩拉城。

帖木儿之向阿噩拉城也，方将进军，而谋迅速运兵之策，且屡中途乏水，无饮马之场所。预遣骑兵若干，特附步兵，沿路凿井，复先捡点运行之路次。认定运兵可免迟滞之患。其运动秘密，非外间所知，故其一部之兵士，尚留于现阵场。而已亲率本军，急赴阿噩拉城，而起围城之工。乃遮其自城出流之小川，接之于其壁下，以备他日攻击之用，而工事早已裕如。

帖木儿闻巴牙屑土之来袭，速解阿噩拉城之围，其军稍退，背小川而阵，击走土军。初，土军之当其来路也，饮其喷水。帖木儿断其水路，敌军复求他水饮之。又命破毁其来源，而投以各种之秽物。且凿大沟于阵场，筑栅其上，更整备坚铠大盾以为队伍。夜间更燃篝火以备敌袭焉。方其交战之初，据史家之所纪，帖木儿兵达八十万，其精锐兵约三十万及三十五万之多。帖木儿所认巴牙屑之兵，为四十万_{即中国史所称号称若干万是也。}然实际之兵员，不过二十万乃至二十五万而已。

帖木儿闻巴牙屑土之兵士，俸给不足，军中多不平之徒，就中以鞑靼人为最甚。乃派出密使说之，令脱其军。而巴牙屑土素乏亲爱，不能结兵士欢心。士卒之愤懑怨言，曾不顾虑，故鞑靼人多为帖木儿之诱引。至千四百二年六月十八日，昧爽，帖木儿大会诸军，以作战队。其列席者，为左右翼，前卫及本军。本军之前面，排列巨象三十二头，"弓手"及"投火""希腊大手"跨其背。中军之后，列精兵四十联队，而为游军，帖木儿亲自督之。

巴牙屑王，当时所行之兵法，分左右翼及本军。特设多数之后备军，自督之。先是，当巴牙屑土未交战之前，举行游猎。时酷暑如煆，士卒渴毙者五千余人，部下大生怨恨。其巴牙屑王，欲据形胜之地，以开战。方欲进呈，其地已为帖木儿所占领。两雄督兵，两军相对。帖木儿右翼之前卫，先向土军左翼而开战。土军之左翼，即为塞尔维亚人，勇敢善战，击敌走之。中央亚细亚之军，为之辟易。已而帖木儿之左翼，向巴牙屑王之右翼而进击，土军大败。巴牙屑土之右翼，多为鞑靼人，其余亦多怨望者。鞑靼人者，不但于土军之中不受指挥，其同胞之人民，或曩日之长官，亦多不顺。前日既受帖木儿之指嗾，故遂倒戈而合帖木儿之军。其余土耳机之同盟军，次及鞑靼人，能战敌军者，本甚鲜。加以不幸土军右翼之将披利司拉列，又罹重伤而死。故巴牙屑土之右翼，受击而先却。渐次弃其守土。帖木儿进击之，欲大肆俘虏，分第二列之兵，特派而追之，以隔绝巴牙屑王与塞尔维亚人之联络。塞尔维亚军纵横奋战，竟破敌而合巴牙屑之本军。帖木儿呼曰"此辈刚勇，有如俊狮。真健儿也！"自将后备之精兵，遂冲巴牙屑土之麾下，欲乘敌军战事而恢复，策马直前。两军奋战，杀伤颇多。土军之前列，终不能支，全线悉退。然巴牙屑土尚督本军而占互冈。当其击退，若免追击，往往合之以助其势。时塞尔维亚之将斯兹卡又复战败，势不可挽，乃劝巴牙屑土发令班军。巴牙屑土不容其议，断言曰"宁尽毕生之力，以共奰耶兹耶陆人同战而死。"斯兹卡乃更慷慨，共其余之诸将，泣辞巴牙屑土之麾下，护其长子索利曼而退，向西而遁于浦路沙。巴牙屑之第二子马哈默德返于东北之山中，第三子以沙，向南方而遁。是时帖木儿方欲一战以得胜利，以其结局，欲围巴牙屑土于阵中。巴牙屑土已弃其诸将诸子及其余之同盟军，以孤军而抗帖木儿。至夜半，奚耶兹路人等，力竭气挫，或至陷死，或毙锋镝之下，其所存者无几。然终无意逃遁，不幸其马忽毙，遂共护卫兵而为马毛度所擒。马毛度者，察哈台封土之汗也。马毛度乃执巴牙屑土而见帖木儿。

当时史氏纪事曰：帖木儿引见巴牙屑土，睨视冷笑。巴牙屑土颇有惭色。已而徐谓帖木儿曰："予虽不幸而至此，然命也。向予而嘲笑，何其无礼乎？"帖木儿曰："予与君皆世界不具之人，君则支眼而予跛。天令此两不具之人而有大国，而欲共争此威权。予独何幸，得享福祉，以至于此。"云云。是盖后人捏造，殊非两雄之吐嘱，难为信史。然两不具之人，颇有意味。姑附存之。

帖木儿又命其嫡孙米路沙、马贺媒托，附以苏尔丹之三万骑，袭击巴牙屑之长子索利曼。其四千骑，尾索利曼疾达陆沙。索利曼狼狈不知所为，单骑而搭船，仅以身免。于是巴牙屑之宝藏，悉为帖木儿所有。帖木儿得此大捷，大张盛宴于欺科他耶，慰劳兵士。弥月乃罢。

小亚细亚之全部，尽为中央亚细亚军所蹂躏。帖木儿乘其一战大胜之势，于降附之都府城寨，屠杀其土民，几过其半。其仅免者，则皆出金钱币帛以赎死。其得赎者亦寥寥，而赎死之金钱货物，亦有纳土产物者，名之曰血权。当时向帖木儿独试抗敌者，仅士麦拿府之基督教民。帖木儿亲率大军而至士麦拿府，攻围二周日，乃始降。继纵火焚之，烟焰涨天，全府霎时化为灰烬。府民之被屠戮者，鲜血淋漓，溢于地上。府城既陷，直进发于科庐其耶，以攻击盖州，逞其余威。事毕，始还撒马尔罕土。

帖木儿既归其都城撒马尔罕土，未几，又有侵伐中国之举。时年已达七十二，其举虽属至难，而泰然不动其心，大起东征之军。千四百五年一月八日，突发于撒马尔罕土。时烈寒刺骨，仍运行不止。夜则张幕于原野，结芦苇以蔽之，泊于其中。既至奚路耶科，遂渡西尔河。该河及亚摸河，结冰之厚，能渡人马。积雪深至没二枪。兵马之冻死者，及陷没于雪中，不知其数河水之厚，凡一亚十二威克乃至二亚十威克云。二月二十七日，帖木儿既达勿托拉陆，速向中国而进军。传令诸兵，诀别骨肉，而遣还于撒马尔罕土。偶罹疟疾，遂卒于途。实千四百五年四月一日耶。若天假帖木儿以年，经略支那帝国。代元氏者，非帖木儿而谁？其事之颠末，揭载于支那帝国史后编，元史部。可参观之。

野史氏曰，帖木儿天禀兵略之才，如拿破仑；忍耐刚毅，如汉尼巴尔；治国济民，如宇文泰；智略谋深，如忽必烈。其兵力雄武，天下无足以当之者。若巴牙屑虽亦英武绝伦之士，而晚年胆气稍弛，其一败涂地，遂为人擒，盖有由来也。若巴牙屑善于洞察敌势，避其锐而乘其惰，避其实而冲其虚，以逸待劳，以主代客，未必一败挫折至于此极也。

巴牙屑第一世之后嗣，为以哈列古假与提瓜列古假，遂传于马哈默德①第一世马哈默德第一世之治世自千四百十三年至千四百二十一年。当马哈默德第一世之时，东罗马帝国之八九部，已为土耳机及意大利所占取。马哈默德第一世，传于慕剌特第二世②慕剌特第二世之治世自千四百二十一年至千四百五十一年。

---

① 马哈默德：今译穆罕默德（1381—1421 年），巴叶济德的第四个儿子，奥斯曼帝国第五任苏丹。巴叶济德死后，奥斯曼帝国经历十年内战，穆罕默德一世于 1413 年登基，结束奥斯曼帝国空位期。穆罕默德因以武力统一全国，并以镇压手段巩固了帝国的统治，故享有"胜利者"之称。1421 年，因中风死于埃迪尔内。

② 穆拉德二世（1403—1451 年），于 1421 年即位，此时的奥斯曼帝国在帖木儿入侵的打击后已实力大减。穆拉德二世首先打败并杀死了反叛的弟弟穆斯塔法，随后振兴国力，整顿军备。

第四章　慕剌特第二世之武略

慕剌特第二世①之时，与东罗马帝基悠·披列握洛额斯第二世②，结订条约。此条约者，于罗马自黑海及逋洛呵兹斯占有其所割之诸地仅余持路科斯及耶普逋布利亚二地，弃其利希马兹耶及斯度利英等之主权，且约每年以三十万阿斯披陆之贡税，纳于土耳机之政府。于是东罗马帝国，其疆土仅就外之疆壁，其领土仅存其都府，加以其岁所入，亦不能自供国用，多为亚度利亚诸不路及布路沙所据，而纳入土耳机人之库中。千四百二十五年，慕剌特第二世忽背披列握洛特斯缔结之条约，尝转其兵以侵略东罗马帝国。大战于威尼斯。千四百三十年三月，土军又取纱洛意嘉③。沙洛意加者，为威尼斯之共和政府，尝购入鸦度洛意加公之地者也。土耳机人侵略欧洲之要地，自古无过于此者云。

慕剌特已捷于威尼斯。千四百三十九年，又进兵而攻匈牙利，围塞尔维亚之领地，塞尔维亚王请援于日耳曼帝亚路倍路托第二世。时日耳曼帝方兼贺美耶及匈牙利王，亚路倍路托率绝少之援军，而入倍路古列度，未战而兵溃。自后不敢再出师亚路倍路托其后至古拿而崩于维也纳尼耶厘之间，实千四百三十九年九月二十七日。先是，慕剌特遣使节于波兰王乌拉寄斯拉斯第三世，谓之曰，在"王之弟希兹美路托，因日耳曼帝亚路倍路托而争贺边美耶之王位，予若左祖加希美路，必达其志。然加希美路既达其志，则乌拉寄斯拉斯，必有所以报酬，则我军当入匈牙利而援之。""此谈判将成，土耳机之

① 慕剌特第二世：即穆拉德二世，1421—1451 年在位。
② 基悠·披列握洛额斯第二世：即东罗马皇帝曼努埃尔二世帕列奥列格，1391—1425 年在位。
③ 纱洛意嘉：今译贴萨尼罗加，是马其顿省一个重要的城市。

使节，尚在波兰科拉可之首府。适匈牙利之使者来会，乃告乌拉寄斯拉斯曰"，"今日耳曼兼匈牙利王阿路倍路托崩，匈牙利王位尚虚，愿王速登其宝座"。"乌拉寄斯拉斯闻之，遽对土国之使节，谢绝前者之谈判，惟望土帝永保平和交际之旨。宣告之。然是等之平和，固非土帝之所希望。慕刺特于千四百四十年春，遂率大军而入倍路古列托焉。初，土军之侵匈牙利也，纵横奋励，所向无前，取西迷度利耶，略塞尔维亚。凡战争者，余皆望风奔溃。至是土军又复围之。其兵坚守至七月未能降，所损者已一万七千人。慕刺特不得已，乃解围而去。"

以土军之精锐而不能屈贺义耶托家之天下者。当此时代，奇悠额路维耶斯贺义耶度司者，即贺义耶度之奇悠为是家之始祖哇路拉希耶之人，曼常阿路倍路卜希悠封之为斯乌列意侯。乃迎波兰王乌拉寄斯拉斯为匈牙利王。奇悠党派之首领，以乌拉寄斯拉斯奇悠封于托拉希路哇意耶，兼乌屋乌卧度及那斯鸣屋古侯，总率匈牙利南部之兵。千四百四十二年，乌惠沙古之役，土军为奇悠所大败。千四百四十三年，乌拉寄斯拉斯自将而发于贺意耶度，奇悠则塞尔维亚侯奇悠奇将之。大僧长奇可利耶，则率耶稣教民之军，遂进军而入拔干。土军迎战。为其所败。然在木司利苛路特路倍托峡谷之土军，又败匈牙利之军。乌拉寄斯拉斯乃返军于特布他多恼河上之府名。千四百四十四年六月，两国再于斯希其兹，结十年间平和之约。其要旨土耳机归其所有勃尔俄亚、塞尔维亚于奇悠奇，而纳其岁入之半于土国。共守多恼河之界而不相侵。而加路拉希耶立于匈牙利保护之下。

为商议和约，乃遣派土耳机之使节，约成而去。后因慕刺特举其全军征服加拉马耶之叛徒，以进军于亚细亚。而法皇苛奚利乌斯第四世之船队，在边陆列司贺托之近傍，遮断慕刺特之归途。法皇遂轻率而解其平和之盟约，又开战端。初，大僧长奇可利耶欲投各国人民好战之情热，于布达集会，勤诱匈牙利国会，以冀采用其所论。贺利耶度之奇悠，及希路乌维耶侯，固反对之。然奇可利耶之演说，终大鼓动战气。此度之战争，实苟可利耶之罪。固昭然矣。

是度之远征军，终至乌马路那败绩之结局。实千四百四十四年十一月十一日也。是役，耶稣教国之全军覆没。波兰王乌拉寄斯拉斯及大僧长奇可利耶皆战死。其致败之由，因不知土国奇耶意司沙利兵，远胜于欧洲之骑兵。盖欧洲之骑兵，初与土耳机之轻骑兵相遇，屡小败之，而卒为奇耶意司沙利兵所大败。残兵急遁归于本国。及后千四百四十八年九月十七日，奇悠与土耳机战于卡西路列惠路托①。两军鏖战，三日未止。奇悠终为土军所败，仅以身免。

慕剌特已克匈牙利之军，更转其军而征亚陆古意耶之叛徒。千四百四十九年至五十年，慕剌特又举大军，而击铁科罗其耶。二次皆得志而返。五十一年，崩于亚托利亚诺逋陆。其子马哈默德第二世②立，是为征略君士但丁堡者，实千四百五十一年至千四百八十一年。

---

① 以上战役，记录了慕剌特（即穆拉德二世）于1444年集中4万军队在瓦尔纳战役中打败了波兰、匈牙利、瓦拉几亚联军。不久，穆拉德二世又两次进入阿尔巴尼亚与斯堪德培交战。1448年，穆拉德二世率军在科索沃战胜了匈雅提指挥的匈牙利军，随后侵入希腊。

② 马哈默德第二世：即默罕默德二世，1451—1481年在位。奥斯曼土耳其帝国第七代苏丹。穆拉德二世第四子。

第二篇　中世纪进略时代

第一章　马哈默德第二世之伟绩

第一节　罗马东帝国之亡及定都于君士但丁堡

罗马之西帝国，当五世纪之末造，已为北部番族所蹂躏。罗马古代之威名，仅存只影于君士但丁堡。欧洲之局面，已失往日统一之全权。既而各方分立，而成为无数之小邦。盖罗马之覆灭，至十五世纪之中叶，约一千年间，即世所称中世时代。各邦之间，大为变迁，遂生近今欧洲之形势。罗马帝国之遗业，全然废矣。统一之形，忽变为棋布星罗之邦国。大局一变，古今大殊。实自土帝马哈默德第二世举兵，而覆灭东帝国而据君士但丁堡为始。

马哈默德第二世即帝位，即注心略取君士但丁堡。千四百五十三年五月二十九日，遂率精兵而陷君士但丁堡①，即定为土耳机帝国之首都。东罗马帝国科斯夸梯扑列握洛额司②触土军之刃而死。其余之府民，死于此役者二千人。卖为奴隶，与遁出他邦者，不知其数。于是君士但丁堡城中一空，惟土军之军人充实期间。于是耶稣教世界第二头长府之新罗马，形势一变而为东洋市府之奇观。彼激耶斯兹意耶帝之建设，如宏壮雄丽之奚托利列维耶之寺院，突改为回回教徒之殿堂。先是土帝巴牙屑第一世领有君士但丁堡，大改耶稣教之大工场，以为位置回回教之希望。至是始达其素志。

马哈默德之新帝国既已巩固，所最深思熟虑者，竟采名臣良相之言，定其方略。即如君士但丁堡府民之逃遁他邦者，许其归住，奉其祖先之旧教，一切习惯，皆公告而许其自由。希腊学学派君士但丁堡之教会为东派之僧侣及学者，皆大宽待之。其教会总长之位，允其存在，并合同拉丁教会罗马之教会为西派反对党与之首长载那激阿斯。先是豪民集会而为选举，群选载那激阿斯为首长。至是马哈默德亦认其裁可，并确定其地位。因许再置希腊教会总长之职，遂称列阿那利屋托为希腊贵族一种之人民。是等贵族，后遂积成巨额之富，并得不羁独立之权。马哈默德竭百万之力，以谋新帝国之隆盛。而君士但丁堡之疆内，荒旷犹多，更集人民，以充满其府境。经营者又复数年，并借征服之力，渐引塞尔维亚及莫礼亚等之民族，而入于首都君士但丁堡。而位于黑海滨之热诺亚人之殖民地，及托利希柱度、希

---

① 君士但丁堡：今译君士坦丁堡，是土耳其最大城市伊斯坦布尔的旧名。它曾经是罗马帝国、拜占庭帝国、拉丁帝国和奥斯曼帝国的首都。330 年，罗马皇帝君士坦丁一世在拜占庭建立新都，命名为新罗马，该城以建立者之名称作君士坦丁堡。在公元 12 世纪时，君士坦丁堡是全欧洲规模最大且最繁华的城市。后来拜占庭帝国逐渐衰落，领土范围也缩减到君士坦丁堡及其周边地区。1453 年，君士坦丁堡被奥斯曼帝国攻陷，此后成为奥斯曼帝国的新首都，再次繁荣起来。西方学者习惯上将基督教治下（330—1453 年）的该城称作君士坦丁堡，而将此后伊斯兰教治下的城市称作伊斯坦布尔。

② 科斯夸梯扑列握洛额司：君士坦丁十一世·帕列奥列格（1448—1453 年），东罗马帝国最后一个皇帝，此役不屈而战死。

诸逋等之土地，亦割其住民之大数而迁之。竟至阿度利阿诺路府之人民，亦割其一部而移于新都。

野史氏曰，马哈默德之对欧洲，以宏量接之，轶荡不羁，以结其欢心。而新帝国巩固之基础，遂坚实而不可摇，盖由于此。马哈默德自规模，殆唐之太宗，元之忽必烈之人物欤。土耳机之勃然而兴、蔚然而盛者，亦其宜也。

第二节　莫礼亚及斋武士之征服

君士但丁堡覆灭之后，希腊国之诸侯伯，自不能独立支持，皆特派使臣以视马哈默德之光荣。当时之所以行此礼者，若科斯他兹帝之兄弟及披洛贺尼沙斯君主陀马斯，暨铁那托利阿斯、托列鄂制托帝欺屋斯，以至列斯化斯之诸侯，并其余各国之君主，皆趋奉之。唯披洛贺尼沙斯人，愤其君对土国而守属邦之礼，遂大举兵。而披洛贺尼沙斯人又与莫礼亚人皆出于列拿科人种，而与亚陆枯意耶人及希腊人相混合。而希腊人多出斯拉忽意科种族之血统。列拿科人于拉丁卑沙他帝国时代，多为其殖民之子孙，各皆掌有小领地。亚陆枯意耶人自移住屋路度利耶以来，多为体力强壮之农民，专从事于耕作。其起兵耶，遂相约而同揭叛旗。马哈默德为保护其国主陀马斯，遂派兵而讨莫礼亚。叛民遂不得达其志。而陀马斯自经乱后，旧治未能复全，于纳土耳机之贡物，遂有怠志。马哈默德以为口实，千四百五十八年大发兵而征讨莫礼亚[①]，拔科厘斯而扼该岛之咽喉。昔时东罗马帝国科斯他兹帝所统辖之土地，共杉沙列侯国，皆为其所征服。千

---

　　① 莫礼亚：今译摩里亚，是中世纪和近代初期希腊伯罗奔尼撒半岛的名称。这个名称来源于拜占庭帝国的一个名为摩里亚采邑的省份。拜占庭帝国于1453年灭亡后，摩里亚于1461年被奥斯曼土耳其完全征服。

四百六十年，陀马斯复以叛乱之事，马哈默德自进莫礼亚，尽戡定其半岛。惟木尼耶府，曾仰罗马法皇卑乌斯之保护，仅独免焉。

马哈默德自莫礼亚之役归，遂赴雅典，研究其理学及技术。时雅典之文明，尚著名于世界。亚科洛贺利斯城垒及其余之有名殿堂宫宇，巍然尚存。马哈默德目击是等之美观，遂欲领有其都府。千五百六十年①，齐武士府共其领土，遂属土耳机之管理。当时阿科稀幼利家之列拉科封雅典府公爵，密谋恢复其土地，为马哈默德所发觉，以期耶意斯沙厘之兵讨诛之。由是马哈默德遂占领其野其耶海，及亚度利耶科之大地。而威尼斯人所领者，仅亚陆古意耶并亚度利耶兹海之西岸及莫礼亚数都府。野其兹阿及亚度利耶兹海之群岛，皆自为土廷之入贡国。沙梭斯沙、木斯列斯、提布希斯三岛，亦为马哈默德所征服。先是，马哈默德以军舰百八十只而征服罗兹岛。其军复占科斯岛，遂得屯在之便利。千四百六十二年，又攻列斯贺斯而废列拉科人之统治，于是马哈默德已尽征服近海之诸岛。及与威尼斯人战，愈以扩张海军为急务。于君士但丁堡，建设一大海军武库，并于接近之奚斯托及亚倍托斯各海滨，暨达路达尼斯，皆筑坚固之城壁。凡是等武库之基础，皆因昔时罗马奇科利耶帝所建设之船渠，故益得其便利云。

野史氏曰，余闻马哈默德帝之征服希腊国也，于其希腊种之长老，及列拉科之贵族，悉废之，其土地悉为土耳其所分领。然于其人民，自中等及下等社会，毫无所失，故民心咸悦服焉。又称其待拉耶也，凡基督教派之农民，而为耶稣教国之耕奴者，亦得享受一切勤劳之利益。又希腊人民而归依回教者，其所负担之人头税，均皆免之。老耋及幼稚者，僧侣及笃癃衰病也，与不具者支体不全亦皆得免。唯高等之希腊人与耕土帝之土地者，及通商而获富资者，则仍负担。

① 原文有误，应为千四百六十年。

呜呼！马哈默德之所为，慎重民命，即所以保存国家之精神，其善后之策，非寻常所及矣！

第三节 塞尔维亚及波斯尼亚之征略

马哈默德既征服海洛贺尼沙斯之后，更欲经略欧洲之北方。乃攻塞尔维亚①，至贺意耶托，为奇渥所却，不得其志。至千四百五十八年，乃再大举而蹂躏塞尔维亚之全地。捕其多数人民，悉为奴隶。又注意于波斯尼亚②，而运侵略之谋。先是，波斯尼亚王斯铁列由陀马斯，向土国而行朝贡礼。愤土人之横暴，哀诉于匈牙利之国会。国会立表援救波斯尼亚王之同意，且以其子为塞尔维亚一部地方之主<small>当时未为马哈默德所侵略者</small>。马哈默德亦姑听之。千四百六十二年，既尽力于呜渥路列㪍耶之征服。翌年，土人又攻海路西噩葵那，而征服猛特渥古之知事，更欲并略波斯尼亚。其时马哈默德自易其身为僧侣，竟入波斯尼亚而窥其城寨之形势，为波斯尼亚人所捕，而送于斯特列科王。斯特列科王以其柔弱，宽赦免之。贵族大为愤懑，与斯特列科之子相党，而弑王。于是国内纷扰，人心汹汹。马哈默德遂乘其势而袭击之。其形势为所熟悉，大破其军。千四百六十三年，匈牙利王马兹耶斯与日耳曼帝扑列特利兹第三世缔结平和之条约。渐集其兵于丕他哇路特，而渡喜特河，以入波斯尼亚，而拒土军。是年三月间，恢复土军所围之奇耶沙堡。至六十四年，马兹耶斯奋力坚守，互相激战，幸而能免。于是马哈默德所略之地，除北部小部之外，及所守之堡寨，其余波

---

① 塞尔维亚：即塞尔维亚王国，欧洲古国名。塞尔维亚南部地区早期为罗马的领土，后来东罗马继续占有这一地区，直到帝国衰落。14世纪70年代后，先后遭到匈牙利和土耳其入侵。1459年成为奥斯曼帝国的一个行省。

② 波斯尼亚：即今波斯尼亚和黑塞哥维那，简称波黑，是巴尔干半岛的一个国家。12世纪末建立波斯尼亚公国，15世纪后被奥斯曼帝国征服。

斯尼亚全国，皆为其所有矣。

第二章

第四节 威尼斯国之战争

马哈默德既经略塞尔维亚及波斯尼亚之诸国，更与威尼斯人而启战争。威尼斯者[①]，自君士但丁堡覆没之后，与马哈默德互相缔结条约。一时虽与耶稣教国貌若相离，而关于其国之疆界及贸易上之利害，屡与土国互相轧轹，至千四百六十三年，终至彼此失和。威尼斯国之舰队，乃大增加其数，为无限之权力，而以水师提督总辖之。奉当时倍路托路度特野斯托之指挥，合屯在莫礼亚之威尼斯兵内之科列托弓士四千人，内外凡三万人，乃围亚陆噩斯府而恢复之。海陆并进，而围科厘斯。再筑海沙意利渥海峡之障壁，以绝其粮道，而御北方之援军。昼夜用劳力三万人，经二周日，乃终其修筑。而马哈默德自将大军自北方来袭，威尼斯军大形狼狈，遂欲弃其壁障，自海道而逃。乃积载铳炮弹药及粮食等于船舰，其船队方去之际，而马哈默德已直达其壁前。遂炮击而轰坏之，乃直进而入莫礼亚。于是威尼斯人，多所背畔（叛）。土军乘之而略取其土地。然其败绩

---

① 威尼斯：意大利北部城市共和国，位于亚得里亚海北岸。威尼斯早先是东罗马帝国的一个附属国，于8世纪获得自治权。中世纪时期，威尼斯由于控制了贸易路线而变得非常富裕，并开始往亚得里亚海方向扩张，曾统治爱琴海内的很多岛屿。1453年奥斯曼帝国攻占君士坦丁堡后，同威尼斯进行了延续二百余年的海战，威尼斯在巴尔干和地中海的殖民地丧失殆尽。1797年法国同奥地利争夺意大利的战争，给威尼斯最后致命的一击。拿破仑·波拿巴灭威尼斯后，根据《坎波福尔米奥和约》，将其割让给奥地利，从而结束了威尼斯共和国的历史。1866年并入意大利王国。

之由，初有亚路古意耶之猛将斯加特路倍古，求同盟之科洛兹耶及斯科他厘，急送卫兵以备敌击。千四百六十六年，马哈默德自率二十余万之兵进入阿路古意耶，而与斯加特路倍古相遇，乃大攻击。大军为粮食困难，乃急撤其军而归。翌年一月，斯加特路倍古罹热病卒，军气为之不振矣。

千四百七十年，土军占领渥古洛贺托重要之岛屿古称斯卑，遂临西布河之兹耶古自之堡塞，以侵击耶稣教国。渐进其步，以冀扩充侵略之区域，并蹂躏墺大利之拉古兹科及科拉洗贺路托，而延及其近邻。千四百七十五年，土军既败匈牙利王马兹阿斯科庐。至七十七年，遂涉伊梭古河，威尼斯国之城，俨然在望。他古利亚那托及披亚由两河之间，敌军所在，放火于原野，以共击该共和国。威尼斯人沿伊梭古河之堤，及科路自与阿兹科列亚沼池之间，更筑高壁，而巩固其两端，更设城垒。其修筑将成，渥马路狄引一队强悍之土军各路侵入，遂焚其百余村落。呜持那府即在其近邻，登其城楼，目击其惨状。当时之历史家沙其利可纪其事曰"伊梭古及古利亚那托两河之间，原野如炽，火光灼天"。可以想像其状矣。

土军既入伊梭古，其志渐逞。又欲逞志于他方，以贯其目的。千四百七十七年，土军又复侵略科洛其耶，以邀击其敌兵。又于希腊之利古托，力攻几克之。而威尼斯之水师提督，率洛路奇诺之舰队来援，仅而得免。然威尼斯尚与土国战争，竟至十三年之久。金谷缺乏，几不能支。加以罗马法皇及那不儿王列由路寄拿度，又背意大利之同盟。而其他种种之原因，乘之而起。千四百七十八年，威尼斯国乃遣使节马厘丕耶洛于马哈默德，百事皆听其要求，奉其训令而开和亲之谈判。然马哈默德之意，尚有意外之要求。威尼斯人乃大愤激，决为继续之战争。殆不能支，遂于千四百七十九年一月二十六日，让与斯可他厘及其领地科洛奇耶、列摩斯、勿古洛贺托诸岛，并那伊那之高地，一概甘让其权利，乃结订平和之条约焉。

马哈默德既与威尼斯媾和，乃专其力以向匈牙利及意大利。千四百七十九年，土军侵击斯拉握意耶及匈牙利托拉希路亚意耶等。然是年十月十三日，土军之特耶斯亚路公和路歆意斯，及托拉希路亚意亚侯斯特列由古梭利等，激战于斯沙斯亚罗斯之近邻布洛托列由路托河，土军大败。

第五节　那不儿国之战争与马哈默德第二世之崩御

千四百八十年八月，马哈默德大出师而征讨那不儿①王扑由路兹那度。土将鸣阿路洛那侯阿那度契机可科，率精兵自阿贺利耶而上陆。时耶拉布利耶公旗下所属那不儿之军士，尚屯于托斯加义。已而土军再进而略勿托拿托，大杀戮其住民。更攻击他拿托、布厘机兹及列兹科，适耶拉布利那公率兵而来。而土人留其守兵八千人于勿托拉他，乘船而至。时罗马法皇兹斯他斯第二世，闻土耳机人侵击之由，尚未直赴救援。既闻土军之条约，胁迫与以侵击罗马之便利，并强请其必出援兵。乃大惊，遂与米拿、扑由陆拉、热诺亚及扑洛列斯为同盟，并其所有寺院之板金，概送于铸造所，改造货币，以速备扑由路兹那度之救援。而是时扑由路兹那度所倚之援兵，仅匈牙利王马兹阿斯及阿拉噩之扑由路记拿等。而威尼斯人，反送粮食于哈勿托拿，以助土军初，威尼斯国尝以灭亡扑由路兹那度为目的，怂恿马哈默德而袭击那不儿。千四百八十一年，土耳机人更侵略特路拉特勿托拿，加拉布利耶公之军，抵死固守，而奋战于其哨兵线内。加以那不儿王之舰队，亦纵横于海上，以绝其屯在勿托拉托之土耳机守兵之粮道。复闻马哈默德登遐之报，土军之勇气益挫，遂于是年九月十日结约而降于那不儿之军。然加拉

① 那不儿国：那不勒斯，始于公元前600年，曾经是波旁王朝统治的两西西里王国的首都，直到意大利统一时被并入。今是意大利南部的第一大城市。

布利耶公，于土兵既出勿托拉托之后，尚时探捕于其地，以为海陆军之服役云。

马哈默德以千四百八十一年五月三日，于卑沙他伊斯科他厘之途次，崩于仔布仔之阵营①，时年五十一。马哈默德天资英迈，刚果能断，用兵敏妙，出没如神，亦能留心民事，制定法律，保君士但丁堡之旧观，绝无暴虐破坏之事。然自帝崩之后，其平生覆灭耶稣教国之宿志，终未能偿也。

第三章　巴牙屑第二世及塞利慕第一世

马哈默德第二世既崩，其大臣马贺那托、米斯加意欲废其帝之长子巴牙屑，而立其幼子度斯兹摩即奇奇摩。兵士知之，而立巴牙屑土于阿马希阿之政府，迎入君士但丁堡而即帝位。度斯兹摩，当马哈默德崩御之时，方欲略取加拉马竟阿与布拉沙。乃于仔意斯兹路之平地，决意一战。新帝为敌所败，遂遁于埃及。至千四百九十五年二月，病逝于罗马。既而巴牙屑第二世②即位之后，土耳机国中，仅匈牙利及科洛由希耶一隅之地，尚保平和，余皆锋镝仓皇。又帝在位之中，土国与威尼斯国之和好，动即破裂。十七年间，极力维持，而失和之事终不免，战争亦互相胜败，至千五百二年，两国始结平和之条约。

千五百十二年，巴牙屑欲废其幼子塞利末，未果而遇鸩弑。塞利末第

---

① 1480年，穆罕默德二世进攻意大利，造成了极大的恐慌，这件事在马基亚维利的《佛罗伦萨史》中有所反映。1481年穆罕默德二世准备出征罗得岛时被长子毒死。

② 巴牙屑第二世：今译巴叶济德二世，1481—1512年在位。

一世①遂即位。塞利慕自千五百十四年至十六年间，征服那梭贺他希拉之北部，及波斯之大半。寻循兵于叙利亚，终转兵于埃及，而攻伐马梭利可科朝。

千五百十七年，塞利慕已经征略埃及，并为回回教之宗教主长，而溯亚卫兹托朝回教正统国之遗踪。至此复并阿多曼之族。墨加之酋长马贺可托、亚布路、贺路耶斯，盛其加兹卫_{在那兹加回教殿堂之名}之键钥于银盘。遣其子布耶意率其所征服之马那利可他_{埃及兵队之名，千二百五十年以来，其队中自为选举为独立之治，至此乃为所征服}军队献之，以表尊崇之意。并仰为墨加默德那两神之保护者，并示土耳机帝奇异之革命。且及神怪之事，遂加以俗权之尊号，而称为"奇路科拿"_{犹言代理住于地上之神明者}，而称土耳机帝为"伊马摩"_{亚剌比亚语，有管理之义。凡管理回教之事务者，皆有此称}，"加利扑"_{亚剌比亚语言，首长与相续者之义。谓继马哈默德而管理回教者云}之号。每至礼拜，预言者以其名及前代之加利扑合称之。

第四章　索利曼第一世之雄武

第一节　倍路古列自及罗自之占领

索利曼②于塞利慕崩殂之时，自镇马古尼希耶府。骤闻讣音，昼夜兼

---

① 塞利末第一世：今译苏莱曼一世，1520—1566 年在位。

② "索利曼"及"索利曼第一世"，都是苏莱曼一世的不同翻译。是奥斯曼帝国第十位苏丹，也是在位时间最长的苏丹（1520—1566 年在位），兼任伊斯兰教最高精神领袖哈里发之职。由于苏莱曼一世的文治武功在西方被普遍誉为"大帝"，在伊斯兰发展史上与阿巴斯大帝、阿克巴大帝齐名。

行，而赴君士但丁堡，以即帝位。其时增加奇耶意斯沙利兵之日给及恩给等，以结其欢心。其一面又设严肃之纪律，使之恭顺。是时土国东方之诸州，方保其静谧，索利曼乃得专用其力于欧洲。而帝注目之所在，威尼斯人、匈牙利人及罗奇之三地，就中尤重之目的，尤在罗奇。将事经略，乃与威尼斯先保其平和。特遣使节于威尼斯，改正平和之条约。威尼斯遂承诺土耳机使节之要求，将进于日耳曼而达经略罗奇之目的。于匈牙利亦约共保其平和。是时匈牙利国境之近邻，土国之诸侯伯，未得塞利慕之讣，直举兵而抗土廷，堡塞多为其所陷者。匈牙利王路易二也，不但不应索利曼之要求，且挚土耳机之节使于狱中，后复密计绞杀之。于是索利曼直定其政略之进路，遂占领倍路古列度①及多瑙河之线路。分大军而为三队，一略斯加卫斯，一降西么利，一破倍路古列度。大肆杀戮，以逞其威，而战大开矣。

索利曼若于此时，逞其经略北方之志，乘此机而直进，其功可成。然索利曼之宿志，专注意于罗奇，尽力谋其准备。千五百二十二年六月，乃命其先帝所创设土国之海军，而过达路达勿斯海峡。其屯集于斯科他利十万之陆军，则自将之，以进于小亚细亚南方之海岸。先赠宣战书于其圣奇悠之武族大首长，并要求降服其罗奇岛②。大首长拉亚陆亚奇，竭毕生之力，准备防战，以指挥全军之进退。索利曼率诸军而至罗奇，袭击数次，尚无成功。而为圣奇悠之武族等而邀击之，失其一万五千人之兵士。索利曼乃转策，而解该岛首府之围，封锁其全岛，以绝其粮道。于是罗奇之守兵，渐次减少，且其粮食亦竭尽。其大首长乃开和议之谈判，而投降于土军。实千五百二十三年一月也。其武族之大半，共其大首长乘船而向科列

---

① 倍路古列度：指匈牙利王国重镇贝尔格莱德，今属塞尔维亚共和国。
② 罗奇岛：今译罗德岛，为希腊第四大岛，也是爱琴海地区文明的起源地之一。

特岛，寻至那不儿。罗马法皇复诱引之，而赴希为他、乌耶兹耶。未几乃定其居住于乌维特陆贺。既经六年，至千五百三十年，曼帝兹耶列斯五世，又迁圣奇悠之武族于马路他岛[①]，是为该武族等最后之居住地。于是实际上最重要之宗教社会之圣奇悠武族，遂从此而陷于零落矣。

土军既陷倍路科列度之后，匈牙利之国疆，虽屡有战争，而索利曼以用兵于哥里米亚及埃及等之故，于二三年之间，方注意于欧洲之侵略，乘间而少尽焉。又波斯帝他马斯遄者，为苏非朝伊斯那路之后嗣，与曼帝兹耶列斯，匈牙利王路易同盟，而抗土耳机。旋为土国所征服。千五百二十五年，埃及之叛主亚科那兹托侯，亦归降于土国。小亚细亚亦渐镇定。奇耶意斯沙利之叛兵，又为土帝所压服，其威势达其极点矣。

野史氏曰，索利曼帝以豪迈雄武之姿，内整兵制以练士气，外拓疆土以辉光威，诚盖世之雄也。然出其筹策，而为索利曼之股肱心膂者，则政事家伊遄拉希侯之策画为多。伊遄拉希侯者[②]，本希腊国卫轧之舟子。幼时为海贼所掳而去，而卖于马古屋希耶之一寡妇。其寡妇乃教以欧亚两洲各国之言语。伊遄拉希少聪颖，有才气，最嗜读史。及入土廷，大得苏尔丹之爱顾。千五百二十三年，命为首相。至五百三十六年乃卒。其为首相也，当索列曼利帝之时，光威赫赫，功震寰宇，皆由于伊遄拉希云。然而识拔伊遄拉希之才略而任用之者，惟索利曼帝耳。索利曼帝之规模宏远，即此可推矣。

---

① 马路他岛：今译马耳他岛，位于地中海中心，有"地中海心脏"之称。

② 伊遄拉希侯：今译易卜拉欣，全译帕尔加勒·易卜拉欣，或译法雷克·易卜拉欣（约1493—1536年），奥斯曼帝国苏莱曼一世时期的首席大臣（1523—1536年）。

第二节 木哈兹之捷利

千五百二十五年，索利曼与波兰王希路斯磨度定七年休战之约，以整理侵略匈牙利之战备。索利曼又与法国王赴拉兹斯①为同盟。至二十六年，乃率十万军，发轫于君士但丁堡，溯多恼河，而陷西他哇路持府，焚野斯西兹科城，乘破竹之势，将近迫于都府。时匈牙利王路易②，方年少，亲率二万之军，屯于木哈兹③之沼池侧，而邀击土军。八月二十九日，土军进迫匈兵。匈牙利兵起而应之。土军为诱敌之计，故为败走。匈牙利兵陷其术，益益进击，突出于索利曼之账前。土军见之，其兹耶意斯沙厘兵及炮兵，速发其大炮小铳。匈牙利兵势不能支，其队溃散。路易飞马而驰于木哈兹之平原，有泥河贯流其中，将越而过，人马共坠于河内，陷没而死④。是役也，匈牙利贵族之精锐，一日殆将澌尽云。索利曼一战全捷，遂进布达，如入无人之境，无敢撄其锋者。苟乘此机而征服匈牙利之全土，亦自易易。而其本国加拉马意耶之骚扰又起，乃急回军。既归本国，加拉马意耶之乱乃平。其余焰波及于君士但丁堡，亦历二年之久，乃肃清焉。

木哈兹一战之后，土耳机之疆土，乃大扩张。波斯尼亚，科罗哇兹耶，达路那兹耶，斯拉呜勿意耶，皆为其所有。又于波斯尼亚及匈牙利之

---

① 赴拉兹斯：今译弗兰西斯一世，或弗朗索瓦一世（1494—1547年），法国历史上最著名也是最受爱戴的国王之一，1515—1547年在位。

② 路易：即匈牙利兼波西米亚国王拉约什二世，又译为路易二世。

③ 木哈兹：今译摩哈赤。第一次摩哈赤战役发生于1526年8月29日，交战一方为匈牙利兼波西米亚国王拉约什二世率领的匈牙利军队，另一方为奥斯曼苏丹苏莱曼一世率领的奥斯曼军队。

④ 据说苏莱曼见到拉约什二世的尸体时表达了哀悼："我来此确实是为了击败他；但让他在刚刚品味到生活与权力时就撒手人寰却不是我的本意。"

城壁名兹野伊沙古者，于千五百二十八年陷之。该州及近傍之诸州，相继而陷。至千五百二十九年，索利曼又亲率精兵三十万，而围维也纳。匈牙利王列路寄那度屯于利定，共日耳曼诸公侯之援兵而防御之，殊死奋战。以雄武无双之土军，屡屡攻击，城壁虽为所轰毁，而守兵竟能却之。是年十月十四日，土军试其最后之攻击，仍不能胜，乃于其夜而退军。索利曼以十二月十六日而归于君士但丁堡。

第五章

第三节　匈牙利之役

索利曼帝之威武，既振四表，俨然以罗马帝国之大君主自许，而以君士但丁堡为世界之首都。故又从事于匈牙利之征略。以百二十门之大炮队，为第一军。复精选八千奇耶意斯沙厘兵次之，皇帝之亲卫兵又次之，耶稣教国所贡进教育于土廷之儿子队又次之。皆着金色衣，如妇人，垂长毛，插白羽，戴红冠，皆仿奇马斯科斯之巧制，持枪而行。次则捧皇帝之冠而随之_{此冠以十一万五千奇科加兹托制造于威尼斯者}。次则选宫内之官吏，其容貌最秀丽者一千人，或持弓矢，或牵猎犬，或臂鹰。其军之中央，则为索利曼帝，服深红衣，饰之以金，戴雪白头帕，而以宝玉装之，骑栗毛马。从者持大小二刀，环卫其下，亦盛饰。最后则为相臣及土廷之贵显及从人等。其进军之状，盛装伟观，人皆惊异。而行列齐整，严肃可观。实千五百年三十二年四月二十六日也。既至途次，兵卒自四方来会者，纷纷而集，其入匈牙利之时，总军实共三十五万之数云。

扑野路寄那托遣使节而谋媾和，不得达其目的。索利曼既入匈牙利，振军而入，无异本国势力之范围。诸所之城寨，其军将近，则皆奉其城门之钥键。索利曼乃处匈牙利之贵族沙贺利耶以背叛之刑。其水军溯多恼河而至，遹野沙托路湖，右顾而向斯兹利耶。八月一日，乃达古野斯之小市府。而孰知此一弹丸黑子之小市府，既为最不世出之英雄，索利曼帝蒙耻退军之地。自古昔仔路科仔斯之侵攻阿兹嘉以来，未有其事如此者。

索利曼自将而进攻之。其戍兵者仅七百人，并其所副之骑兵，互相坚守。三周余日，岸然相持。其守兵之将官，有意野拉斯。奇野利希兹者，常因墺国而至土廷，为使节而说媾和。索利曼为战此少数之守兵，三周而不能克。今既以礼而降，颇自满足。时土耳机别军之骑兵一万五千人，自沙那利希古峡道而入墺国，为西卫斯兹亚。兹耶陆托厘所击破。土军遂不得竟入墺国之国境。索利曼自知成功无期，乃退其军。曼帝兹耶列斯亦不追蹑。其征战乃解。千五百三十三年六月二十二日，与扑野路兹那度之使节，缔结和约于君士但丁堡。

第四节　威尼斯之役

土将哈拉兹撒·卫路卫洛兹沙以侵意大利。既不得志，而索利曼乃移其征那不儿之军而伐威尼斯。千五百三十七年八月，土军会于亚哇洛那，向科路列而进攻。而索利曼因亚细亚领地之骚扰，乃于其围那贺利拉、洛马意耶及马路耶兹耶之兵，以其余者，即随大军而返。那贺利拉、洛马意耶、马路耶兹耶者，皆威尼斯人最重要之都邑。其将古洛沙亦率其船队而至，法将圣布特加度以法船此之。进攻野奇耶海之诸岛。一年之间，其多败之岛屿，皆为土耳机所占领。至千五百四十年十一月，威尼斯与土国缔结条约。除那贺利拉、洛马意耶、马洛耶兹耶，及其余二三之地以外，凡古路古洛沙略取之岛屿，悉让之于土耳机。且出三十万兹科契托之偿金。于是轰轰烈烈之共和国，一变而失其独立之位置。遂日陷于衰颓，以至举国仰于法国保护之下矣。

其后土帝再攻匈牙利，又破列陆兹那度之兵。时千五百三十六年十一月。先是，有伊逼特嘻①者，常通土廷之隐谋，为其所杀害，是即战争之所由始。

千五百四十一年八月，索利曼亲进军于匈牙利，如入无人之境。遂至侵入逼达，树三条尾旗于匈牙利之首府_{三条尾旗者，土军总督之所建}，以建立土耳机政府。其最重之寺院，殆尽易为回教寺院。其间一百五十年间，皆为回教徒所占有。沙贺利耶王之夫人及幼子，皆放逐之。自他伊斯河岸而送于利兹卫。亦其国之不幸矣。

千五百四十三年，索利曼再进军于匈牙利，暂留滞于逼达，而进围古拉。遂建古拉之屯田兵，勇战健斗。寺院之消金十字架，悉为炮丸所齑粉，然决无退让一步之心。十字架既为炮击，彼之惑溺宗教者，遂生恐惧。八月十日，乃纳降于土军。他斯兹路、哇西贺路古亦于是日陷没。斯兹路哇，西贺路古之防战，极其惨酷，其住民屠戮，几无孑遗。千五百四十四年，哇兹西古拉度亦为土军所略取。土军乘胜而进入苟洛兹耶、斯拉贺意耶，列由路兹那度，乃于逼达而与土耳机总督决定休战之条约。寻派公使于君士但丁堡。评议既定，索利曼承诺五年逋开战端。列由路激那度

---

① 伊逼特嘻：即易卜拉欣帕夏，苏莱曼大帝的朋友。在易卜拉欣十三年的大维齐尔任期内，他青云直上，而且积累了大量财富，使得他在朝中树敌颇多。当易卜拉欣帕夏出征波斯萨非王朝期间，有报告抵达苏莱曼大帝御前诉说易卜拉欣的傲慢；特别是易卜拉欣使用"塞拉斯克尔苏丹"的头衔被视为对苏丹的公然冒犯。苏莱曼对易卜拉欣的猜疑因后者与财政大臣伊斯坎德尔·切莱比的不和而加重了。后来，切莱比被卷入了一场阴谋而失宠，易卜拉欣说服苏莱曼处死切莱比，两人的争斗才算告终。不过切莱比死前指控易卜拉欣是阴谋的同谋者，他的遗言使苏莱曼相信易卜拉欣确实背叛了自己。1536 年 5 月 15 日，人们在托普卡珀宫发现了易卜拉欣帕夏的尸体。

纳三万奇科契托之贡物，以保平和之宗旨。于是索利曼又转其目的，将向波斯而进军。实千五百四十七年六月十三日也。

第五节 索利曼之殂落

千五百六十五年，索利曼袭击居于马路他之圣奇悠之武族，堡寨坚固，敌兵坚守不屈，索利曼不能得志而退军。自马路他之役后，索利曼深以为耻。至千五百六十六年，土将嘻亚厘复略取歆勿斯岛，其心稍慰焉。

先是，索利曼既与曼帝列由路兹那度第一世缔结八年休战之约，其规限未尽，列由路兹那度又定约岁纳贡赋于土耳机。嗣帝马希米利耶二世，复贡其残额于土廷之首相，且与以年金。至是重修休战之条约。新条约之议未成，索利曼以其救助匈牙利王奇悠兹歆斯木度，而干与匈牙利之战争，乃决意复开战爨①。

千五百六十六年五月，索利曼遂发于君士但丁堡。至西摩利，而与奇悠兹歆斯木度相会。更沿多恼河而上进，而为驰利意侯之兵所抵，转道而向计开斯。驰利意侯之兵，突出而袭土军。土军奋战，乃仅破之，而兵士死者已及二万人。索利曼极形困苦，遂罹病而卒。实千五百六十六年九月四日。塞利慕第二世即位②。仍与曼帝马希米利耶第二世缔结休战之条约焉。

野史氏曰，史家那亚契洛记索利曼大帝六十二岁之情况，言之颇详。身体稍稍逾中，肌渐瘦而面黄，然其英伟之状貌，仍具非凡之大尊严。岩岩之象，自足以延揽众心。帝本回回教端严之信者，常注意以遵守哥兰之

---

① 战爨：战争，战事。爨，读音 cuàn，本意为烧火煮饭。
② 塞利慕第二世：今译塞利姆二世（1524—1574 年），奥斯曼帝国的苏丹，是苏莱曼一世及其妻罗西拉娜之子。1566—1574 年在位。

教义，节饮食，仅用少量之肉类。专事游猎以自娱。若忧郁之极，则常拜于神前，以祈祷。又常自作神诗，自负为全能之神言无不能也。且述其无一物不备之意。然慎言，重然诺，爱正理，有不屈者，能伸其理，则引过自谢，处之泰然。然其品行之缺点，曾取俄国美人洛科梭洛那为其妾，背其宗教之规律。实一世之遗行也。

索利曼以英迈雄武之姿，内则兴国运，整制度，敷文化，外则振武备，辉光威。国力之强盛，为天下之第一。而其疆域也，西至墺大利，东临幼发拉的河，南管埃及，声势睥睨一世。欧洲各国，屏息而不敢动。不亦宜哉。故当时人民其尊崇之至矣！

第三篇　衰颓时代

第一章　塞利慕第二世

塞利慕第二世，性庸劣，即位之初，其奇耶意斯沙厘兵，素知新帝沉湎酒色，对之毫无尊敬之意，且迫之而增加恩赐金。土耳机之衰颓，实自优柔不断之塞利慕始。

塞利慕第二世，虽为庸主，其在位中，如其著名沙逋拉斯①之征略，亦尚可观。沙逋拉斯者，本威尼斯之所属，为最重要之地。而沙逋拉斯人之得此岛，八十年之间，治其居民，概以苛政。及闻土军之袭击，咸思为彼等之救援。千五百七十年七月一日，土耳机之帆船三百六十艘，任丕亚利之指挥，木斯他列阿侯率兵五万载之，而至沙逋拉斯岛之南端而上陆。无一人抗之者。时威尼斯之兵在该岛者，仅三千人。其余堡塞之平地，直

---

① 沙逋拉斯：今译塞浦路斯，位于地中海东北部，扼亚、非、欧三洲海上交通要冲。面积9251平方公里，为地中海第三大岛。公元前1500年古希腊人移居塞岛，后被亚述、古埃及、波斯、古罗马和拜占庭统治。公元前333年，亚历山大大帝从波斯人手中接管了此岛。1571年由奥斯曼帝国统治，1878年被割让给英国。1960年宣告独立，是英联邦成员国。

放弃之，尽其全力以守义可兹耶、列河马噩斯他二城。九月九日，义可兹拉城陷，其人民之被杀戮者，几过其半。于是列阿马噩斯他城之马路加托意涯、布拉额寄，遂坚守之。七十一年八月一日，始投降书。土将木斯他列阿投其降书，命其兵生剥其勇将布拉额寄之皮。阿路卫意耶及寄路马兹耶之海滨，与布由义斯人，皆大受土军之侮辱。

罗马法皇丕呜斯第五世，见土军之举动，大为愤激，乃与欧洲各国互结同盟，而敌土耳机。即所谓神圣同盟者也维也纳之神圣同盟尚在其后。然近日之军称神圣同盟者大抵指维也纳。而称此次之神圣同盟者颇少。盖彼之势力远过于此也。是时，土军之战舰三百支，加列阿侯统之。泊于特列噩托湾，为耶稣教国同盟军所袭击。土耳机诸舰出而邀之，会战于科路兹拉利诸岛之冲。实千五百七十一年十月七日。是战之奋激殊甚，入夜犹未已。失船舰二百二十四艘，共兵士三万人。大将亦死于是役。同盟军既得捷利，其原因虽出于威尼斯，而其名誉，实以墺国大将度记幼为首领。

同盟军既得胜利，互争分配之掠地，遂无进求胜利之举。并其已获之莫礼亚及尼科贺托之地，皆放弃之。各国既已归国，土军再修战备。千五百七十二年夏，再发舰队二百五十艘，欲一扫希腊之海军。威尼斯人，乃托驻在君士但丁堡之法国公使，为之斡旋。再开土国之谈判。千五百七十三年三月七日，再订和约。此条约之结果，威尼斯让其沙逋拉斯于土耳机，且为沙特而增二倍之贡赋，以为报酬。仅得保续东方贸易之特许。此和约者，实为土帝塞利慕第二世重大之事件。

千五百七十四年十二月，塞利慕第二世崩于淫行。当其末世，土耳机与俄国争斗之端绪已开。自后遂生重大之事件。故纪此时代之历史者，于欧洲土耳机史之部分，其关系诚匪浅也。

第二章 兹度亚托洛科之和约

塞利慕第二崩，子慕剌特第三世立①。千五百七十八年之末，英商呜利梭耶·开亚木奉女皇耶利沙卫斯之亲翰而谒苏尔丹，以订结其条约。当时英国之使节，对土廷颇形卑屈服从，而反招土人之轻侮。土相兹那侯英国使者微笑而言曰："英国之使节，纯然不如回教徒远甚。所可异者，尤以指天而呼野斯兹野托之一事为最云_{指耶稣教之拜式}。"千五百九十三年，首相兹那侯，又率土军而战曼国，互有胜败。至四十九年之战，则土军之失利殊不少矣。

千五白九十五年一月，慕剌特崩。其子马哈默德第三世即位②。是时，土军益益失利。至九十六年，马哈默德第三世，既接兹那侯之讣音，乃命新任首相伊通特嘻侯及嘻兹特芝继整其军，大破墺军③，略取野路洛歆。墺国之大公马兹米利耶及拉兹洛呜意耶公兹计斯木度，急率兵而恢复之。二公于契列斯持斯之平原，血战三日，邀击土军，大破之。歼杀敌兵五万人。其后两军互有胜败。至千五百九十八年之战争，土军大失利而归。千六百三年十二月，马哈默德三世崩。墺土之战争，其影响乃渐销息。亚科那兹托第一世登苏尔丹之位。千六百六年十一月，与墺国再结平和条约于

---

① 慕剌特第三世：今译穆拉德三世（1546—1595 年），奥斯曼帝国苏丹，塞利姆二世的长子，执政政时期从 1574—1595 年。

② 马哈默德第三世：今译穆罕默德三世（1566—1603 年），自 1595 年直到他逝世担任奥斯曼帝国的苏丹。他是一个懒散的苏丹，把政府交给母亲皇太后管理。他任内最重大的事件是在 1596—1605 年在匈牙利发生的奥地利—奥斯曼帝国战争。在穆罕默德三世的统治时期，虽然奥斯曼帝国看来正在衰落中，却未有重大挫折。

③ 墺军：奥地利的军队，或奥匈帝国联军。

兹度亚托洛兹科。

兹度亚托洛兹科之和约，自千六百七年一月至二十年间，颇收其效。于二国之所领，其变易者亦颇不少。盖此条约，土廷于德义上交际上之议与，甚为显著。其条约之首章，于苏尔丹之交涉，许其用曼帝之称号，而去其维纳王凌辱之字样。两国交际之间，约为同等。而其最重要者，更许其废止岁纳土廷之贡赋。但曼帝于高价赠遗之外，须以金二十万"扑洛厘"以酬土廷之厚意云。当是时，以强悍雄傲睥睨天下之苏尔丹，忽出如此之逊让，其内部之腐败，可推而测之矣。

土耳机当时之势力，已经过其顶点。其版图，除往昔罗马盛时以来，无有比者。于亚细亚，自低格里河及亚拉兹托山，分划土帝之领地，与波斯之领地。自古科兹托阿及耶路撒冷而为土国之治府。黑海与里海之间，自奇悠陆奇亚、米古列利亚及兹陆加兹希亚，虽未奉其政令，而亦为其进贡国。自可加希由斯山，至意披陆河，与位于黑海之西南滨之亚那托利耶，加拉马意耶、亚路那意耶、科路兹斯他、米所波太美亚、叙里亚、巴勒斯坦、亚剌比亚，皆服从于土国者。于亚弗利加、埃及及尼罗河之三角洲，至计逋拉路他路之海峡_{西班牙人亦有其少数}亦皆土领。于欧洲并希腊所属之多岛海、沙逋拉斯、罗兹歆渥斯诸岛、斯列斯、马西度意耶、勃尔俄利亚、哇路拉耶、木路达维耶、托拉希、路阿意耶，匈牙利之大半，波斯尼亚、塞尔维亚及亚路古意耶，皆属其管治。

野史氏曰，土耳机当十六世纪之末造衰颓之兆，渐现于几微之间。余闻塞利慕第二世之时，以战争之事，罄竭其国帑。世所谓七塔之卑沙兹蒲之古城，至移其积蓄之财宝，而为帝室之私财。何其窘也。土耳机隆盛之日，所谓七塔者，各异其用。一金货，二银货，三金银之板及宝石，四高价之古器物，五古代之货币，以及塞利慕第一世远征波兰及埃及所搜集之古器物，六武库之必要品，七文库之必要品。自塞利慕第二世以来，其七塔非高贵之人不得入之。至慕剌特第三世，守其祖先贪吝之习俗，且加甚焉。更造一窖，而为三重之锁钥，藏其一己之私财于其中。每夜亲眠其上，每年蓄积所入之财宝，以四次而收纳之。计其每年蓄积之金额，千二百万"寄可加托"云。其实不过二百万之左右。虽其如此，而内部精神之腐败，可想而知。其对外也，虽得战胜之虚名，究何补于实际也哉。

亚科那托崩，摩斯他列第一世立。摩斯他列崩，渥斯马第一世立。渥斯马崩，慕剌特第四世立①。此数世之间，无治国之英主。外虽战胜，而政乱民怨，帝业衰颓矣。渥斯马崩，慕剌特第四世立。

第三章　奥土之战争

千六百四十五年以来，土国与威尼斯之战争，一胜一败。为从事于战事，而国力日衰。千六百五十六年，马木那托可捕利梭任土国之首相，乃大鼓舞士气。先是，苏尔丹伊逋拉嘻②即位，为其下所杀。其子马哈默德第四世立③。任可捕利梭④以首相之重职。可捕利梭聪明刚毅，已七十余，未立显著之事迹。一朝而登首相，五年之间，以非常之才识，力尽其职。当其执政之中，其最著者，若干涉托拉兹路亚意耶之事件是也千六百五十八年。托拉兹路亚意耶侯计幼计拉可敬二世者，土耳机之属隶，有背叛之志。

---

① 几位更迭的君主顺次今译是穆罕默德三世、艾哈迈德一世，穆斯塔法一世，穆拉德四世。其实在"渥斯马崩，慕剌特第四世"之间，还有奥斯曼二世，1618 年 14 岁时继位，1622 年政变被弓箭勒死。

② 伊逋拉嘻：即易卜拉欣一世，1640—1648 年在位。

③ 马哈默德第四世：今译默罕默德四世，1648—1687 年在位。

④ 可捕利梭：即默罕默德·柯普吕律（1576—1661 年），祖籍阿尔巴尼亚，自 1656 年出任首相后，采取严厉措施，5 年内处决约 3 万名贪官污吏、不法军人和谋叛分子，整顿和恢复了国内秩序，将宗教基金改拨世俗用途，缓解了财政危机，政局有所改观。

土廷以其爪牙卫路科沙代之。拉可欹抗拒，至两年而败死。千六百六十一年，土军又徇匈牙利及托拉鸣亚意耶之边境，而略取其古洛斯哇路拖之坚城。是岁十一月，马木那托可捕利梭死，其子阿科那托可捕利梭袭其重职

<small>父子相继而握权柄。土耳机历史中未见其例。自马那托子始。</small>阿科那托之执政中，乃更注意而挽回阿多曼帝国之威势，确立土廷自主之权。设严肃之法律，以裁制苏尔丹骄悍之斯古嘻骑兵及奇耶意斯沙厘兵。其就职之初，已决心而与曼帝开战。千六百六十三年，乃率大军而袭击逋兹。意哈西路之司令官卜渥兹云多而拒土军于古路加厘。大战而败，乃投降书于土军，时千六百六十三年。又陷意哈西路。其余之诸城，陆续皆降。土军再乱哇枯河，而入意可路斯，布路古，布路梭，倍斯布路科等，而进向渥路摩兹。六十四年，日耳曼诸州之兵，集于斯兹利耶之边境，拉布河畔之圣可他路度，遂开绝大之战争。土军颇为失利。维也纳之内阁，遂乘此胜利而与土廷媾和，乃于乌亚斯阿路结订二十年间休战之条约。

千六百八十三年春，苏尔丹马哈默德欲攻维也纳，率大军而至倍路古拉度。指挥其军者，为加拉摩斯他列①。特契利亦于野西科联合土军，向维也纳而进行。曼帝列木路度②闻之，大惊，遂遁于厘司。都人一日而去维也纳者，约六万人。土军既逼维也纳，列天幕十万余，而为扎营，以围其都。卵石之势，危在旦夕。适波兰王计渥梭嘻斯欹③，率二万五千人，出于兹路之原野，与奥曼之援兵相合。九月十二日，袭击土军。大败之。梭嘻斯欹长追土军。十月七日，为土军所败于卫路加意。九日，又大克土军。二十七日，遂略取古拉。是役战争之结局，马哈默德大怒，乃斩加拉

---

① 加拉摩斯他列：今译卡拉·穆斯塔法，战败逃走，在贝尔格莱德被处决。

② 曼帝列木路度：即神圣罗马帝国皇帝利奥波德一世。1683 年 7 月上旬，土耳其军逼近维也纳，神圣罗马帝国皇帝利奥波德一世携宫廷眷属和达官显贵一起仓皇逃离首都。

③ 计渥梭嘻斯欹：今译约翰·索别斯基，波兰国王。

摩斯他列于卫路古拉度①。乃还师。

千六百八十七年，计耶意斯沙厘兵及斯卫卑兵两队之鼓噪殊甚，竟至迫马哈默德让其位于皇弟索利曼②。是时由列马会即贤智会之义。回回教师及法学士裁判官等所合而成会合于君士但丁堡之圣梭列为耶时千六百八十七年十一月八日之回教礼拜堂，公许兵士之请求，乃废列拉马那兹托四世。索利曼第二世即位。投马哈默德于狱，五年，死于狱中。

索利曼以伊斯那路侯为首相，委以战事③。此战争也，实为速其灭亡土耳机之欧洲之领地也。

千六百八十八年，土军大败。其后，与奥国战者，胜败不一。

千六百九十一年六月，索利曼崩。乃立亚科那兹度第二世④。至九十五年二月，又立摩斯他列亚继之⑤。九十七年九月，摩斯他列亚于他伊斯河畔之西他而与奥国开战，遂大败衄。未几，奥土之和议始成。此和议之结果，土耳机于匈牙利全部除他那斯布阿路之卫那兹度府之地，托拉兹路，阿意耶斯拉渥意耶之大部，科洛野兹耶即乌那河境皆让奥国。是土耳机衰败而受大击打之始。先是，与俄国战于伯得，而败衄。千七百二年，遂割八十英里

---

① 卫路古拉度：今译贝尔格莱德。

② 索利曼：即苏莱曼二世，奥斯曼帝国的苏丹，执政时期是从1687—1691年。苏莱曼是穆罕默德四世的弟弟，他一生大部分时间都在"卡菲斯"（监牢）里。"卡菲斯"是托卡皮皇宫内一个豪华的"监牢"，专门"囚禁"有皇室血脉的皇子。1687年被挑选作为下任继承人。

③ 苏莱曼选派伊斯那路侯（Koprülü）成为他的"大维齐尔"（宰相），是一个英明的决定。在Koprülü的率领下，土耳其人阻止了奥地利进军塞尔维亚并粉碎了保加利亚发生的起义。在1690年一场欲取回东匈牙利的战役中，Koprülü在斯兰卡曼被巴登公爵路德维希·威廉所率领的神圣罗马帝国军队打败，并且被杀。苏莱曼二世亦于一年后逝世。

④ 亚科那兹度第二世：即艾哈迈德二世，他的执政时期是从1691—1695。艾哈迈德是苏丹易卜拉欣的儿子，继承的是他哥哥苏莱曼二世的帝位。其在位期间只有短短四年，但却灾难不断，其本人也因此忧虑过度而死。

⑤ 摩斯他列亚：即穆斯塔法二世，第29位兼任哈里发，执政时期是从1695—1703年。穆斯塔法二世被认为是一位积极进取，励精图治的苏丹，尽管他的很多理想都因为各种因素没能变为现实。

之地方，并亚兹布而让于俄。兵威由是大不振①。

第四章　俄土之战争②

摩斯他列第三世之时③，波兰自约翰第三世以后，国势萎靡而不自振。俄国南侵之势日逼，苏尔丹忧之。遂与俄国构兵，而将帅失人，屡战屡败。木路他为耶，哇路拉其诸城，相继而失。俄将亚列兹可渥路洛率海军而至希腊，嗾莫礼亚人而叛土国。千七百七十年，苏尔丹率大军而击莫礼亚，屠戮极其惨酷。亚列兹可驻军傍视，不敢救之。七月五日之夜，俄土两国之海军，相会于兹斯渥。海色黑暗，咫尺莫辨，两军不敢接战。已而土军投锚于兹野斯那湾。俄将野路嘻斯托倩英人攻之，投火于土舰。土舰皆轰坏为灰烬。全国闻之，皆为震恐。千七百七十二年，埃及之牧伯阿利倍得俄国之声援，而叛土国。明年，阿利倍死。土军击平其余党。未几，摩斯他列第三世崩。阿布特可路哈米兹托立。

阿布特可路哈米兹托④即位。俄国乘其机而侵土境。千七百七十四年，与俄军战于兹可摩拉。大败绩，乃结条约而罢战。土国之对俄国，允可其黑海之自由航海权，及达路他尼斯之通行权等。且并哥黑米亚之独立，苏

---

① 穆斯塔法二世企图阻止奥地利军队进入奥斯曼帝国，于1697年亲征匈牙利。他在桑达战役中完全被萨伏依的欧根亲王打败，开始与奥地利和谈。在1699年Karlowitz条约中，穆斯塔法二世割让了匈牙利和川西凡尼亚予奥地利，割让摩里亚采邑予威尼斯共和国并从波兰的波多利亚撤军。他在位期间，彼得大帝由土耳其人手中夺取了亚速海的黑海要塞。

② 俄土战争：指17—19世纪俄国与奥斯曼土耳其之间为争夺高加索、巴尔干、克里米亚、黑海等进行的一系列战争，其中重要的有10次。此外，双方在第一次世界大战中的交战和土耳其在俄国内战中的干预，也被认为是第11次和第12次俄土战争。

③ 摩斯他列第三世：即穆斯塔法三世，1757—1774年在位。

④ 阿布特可路哈米兹托：今译阿卜杜勒·哈米德一世，苏丹艾哈迈德三世的儿子，1774—1789年在位，是最早在衰落的奥斯曼帝国推行改革的苏丹之一。

尔丹乃失其支配之权。既而俄国背约，独揽哥里米亚之权柄，苏尔丹又与俄国兴战。千七百八十七年，俄帝亲率大军侵入土国，而大破土军。苏尔丹力屈气挫，乃割哥里米亚之地于俄，且并举黑海北岸之地以与之，乃始媾和①。世之识者，论土耳机衰颓之事，以是为最关系云。

野史氏曰，土耳机之隆盛，至索利曼大帝，实已达其极点。大帝以后，虽尚耀其威武，而其实不过藉祖先之余威，暴虎冯河②，以夸一时之勇。国运衰颓之病，早已入其膏肓。而至亚布特可路哈米兹托，遂割哥里米亚之要地于俄国。并允许其军舰往来于黑海。国运至此，土耳机不复救药矣。衰颓之运，已达极点。良可叹哉！而土耳机之君相，决无长计以谋巩固其国本，徒泥于先王耀武振威之陈迹。浅谋浪战，以冀侥幸于万一，岂非大误之甚欤！土耳机之衰也，其自轻而黩武之结果也。岂必因俄国之侵略，而后土耳机始不振哉？后来之土耳机，可三省矣。

第五章　塞利慕第三世

塞利慕第三世③，以千七百八十九年即位。智略绝世，为一代之英主。

---

① 1774年6月，鲁缅采夫率俄军5.2万人强渡多瑙河。6月20日，俄军在科兹卢贯附近击溃土军4万人，在图尔图凯附近击溃土军1.5万人。鲁缅采夫所部封锁了舒姆拉、鲁什丘克（鲁塞）和锡利斯特拉诸要塞，其先头部队越过了巴尔干。在这种形势下，俄土双方于7月24日签订了小凯纳尔贯和约。和约确认俄国的胜利，保障俄国自由进入黑海。

② 暴虎冯河：成语，比喻有勇无谋，鲁莽冒险。典出《论语·述而》子曰："暴虎冯河，死而无悔者，吾不与也。必也临事而惧，好谋而成者也。"意思是那种空手搏虎、赤足过河，即使死了都不会悔悟的人，我是不会找他共事的。

③ 塞利慕第三世：即塞利姆三世，奥斯曼帝国苏丹，1789—1807年在位，穆斯塔法三世之子，继其叔父阿卜杜勒-哈米德一世为苏丹。1807年因改革引起土耳其禁卫军暴乱而被废黜，其堂弟穆斯塔法四世继位。塞利姆三世被幽禁于托普卡帕宫，曾多次试图自杀未果。1808年，禁卫军再次暴乱，企图拥护塞利姆三世复位。穆斯塔法四世为保住皇位，于7月28日将塞利姆三世杀死。

千七百九十八年，法国拿破仑奈巴尔的攻埃及，而破土耳机之守兵。九十九年，拿破仑进入西里亚，与土军战。未奏其功而去。

千八百六年，拿破仑遣使与苏尔丹而结和约，且劝土国而敌英俄。塞利慕从之，遂黜木路达为耶及哇路拉耶两知事①皆主联俄者，而命法国党之二人继其后任。是以俄国颇有违言，然尚不欲突开战机。既而俄将米兹野路梭②，见两知事万难复职，遂率兵而入木路达维耶，并胁兹幼科计，据耶兹希围倍特陆，而渡多恼河。大破土军于古洛他，进入哇路特耶，与布加兹斯。是时，俄国方请英国之援助。千八百七年，驻扎君士但丁堡之英国公使希阿布斯若托，乃逼土廷不能偏爱法国，并要请其驱逐法国公使，土廷不允，遂拂袖而去土京。英国水师提督希悠达科呜渥陆斯，率其舰队，自轧兹斯而渡他陆违尼斯海，至轧路利贺厘。土国夺其一舰队，以防御君士但丁堡。坚固不能拔，遂退其军。达科呜渥陆斯又复攻埃及，略取亚利山得利亚府，而攻洛希兹他。二次皆败。英军又于塞非默德遇阿厘之袭击，仓卒不能拒，乃降于土军。

其陆战，六月十八日，土将可西兹列侯为俄将轧露度为兹败之于阿斯古契阿河畔。于海战则沙度阿利之土国舰队，又为俄国水师提督意阿乌维冲之于列摩诺斯。全军皆败。于是兹路知希托之和约，乃开谈判。俄国仍引其兵队，特张声势于木路为耶。千八百八年七月，乃结休战条约于斯洛贺计耶。九年一月，英土亦复结订条约。此条约者，即以千六百七十五年，英王兹耶列斯二世与苏尔丹马哈默德第四世之条约为本。英国颇占利益。于是千七百九十九年，土廷复许英国确定黑海通航之条约。然英舰进入达路尼斯海峡一事，土廷仍断然拒之。自是俄土乃共休战。直至千八百

① 指更换两个公国的亲俄大公。木路达为耶，今译摩尔达维亚；哇路拉耶，今译瓦拉几亚，均系公国的国名。
② 米兹野路梭：今译米赫尔松，是俄罗斯的将军。

九年，两国于是更开战端。

望苏尔丹者尤多。所设欧洲的之常备军，若奇耶意斯沙厘兵等为尤最。千八百七年五月三十日，奇耶意斯沙厘兵因乌利斯会所激励，摩列兹从而指挥之，遂生叛乱。而废塞利慕三世，立其侄摩斯他列阿第四世①。摩斯他列阿者，苏尔丹阿布特可哈米兹托之子。其父殂落时，乃幼不能治事。群竟立之。

第六章　政治　法律　君主　首相　参相
会议　地方制度　司法裁判　法律

马哈默德第二世②，其经略家之名，轰轰烈烈之英雄也。然不但其武勋赫赫，震于地球。即其文勋，亦为卓越一世之政事家。当帝之时，纂辑土国政事上之惯例，名为"加意苟尼那"与梭利马西马意列嘻托制定一个之法律成典，而世称之为立法家。然其实则本之马哈默德第二世之成典，而扩充其规则也。

君主

自巴牙屑第一世③，始为阿多曼统之君主，初用苏尔丹之尊号。其以前之君主，皆单称之为"野米陆"。至称皇帝为苏尔丹，又称大君，又其

---

① 摩斯他列阿第四世：即穆斯塔法四世，是奥斯曼帝国第 29 任苏丹，兼任哈里发，1807—1808年在位。

② 马哈默德第二世：即穆罕默德二世，在位时期编成了奥斯曼帝国的第一部成文法典。这一重要工作后来在他的继承人塞利姆一世和苏莱曼一世（"立法者"）时代终告完成。

③ 巴牙屑第一世：即巴耶济德一世，1389—1402 年在位。

俗务之尊号而称之为"卫计兹耶",皆大王之义也。皇帝有掌握立法上之全权,敕命圣诏皆由之。其所出之号令,纂辑之即国家之大法。政务诸部局皆遵守之。此大法者,即由帝意之所发,亦可由帝意而变更。而帝权之神秘,并有其宗教俗务之两权,而并为一事。然虽如此,而其结果,则仍有异者。一则国家盛衰之运命,由皇帝一人而系之;一则万几猬集于皇帝之一身,则不得不割其权力与他人而分任之。

译者曰,此三等野蛮之专制政体也,读者拭目反而观之,何如?及今不变,待何时乎?

首相

分担皇帝之重任而负其责任之官吏为首相<small>原语称之为古拉度乌维计耶陆,即负担重任者之意义</small>。其首相即拥大权,实为帝国之最上主权者。渥路加帝之弟亚礼壬,初任首相。然亚礼壬之实权,若与伊布拉嘻摩侯拉斯特摩①、马木那兹托、那贺利等比较,夐乎而出其下也。首相而有绝大无限之权力,则自马哈默德第二世始。其既征略君士但丁堡,握张其疆土,乃委首相以一切政务之专制权,并付以黜陟官吏之权力。唯法律则必本之于帝意,不得违其所置之限置焉。首相保管皇帝之印玺,当其奉职之日,即交付之,以为授职之证。系以金锁,盛于小金匣中,居常则蓄之于怀里。其印玺亦以金为之,镌当御之帝及帝父之名,附刻皇帝所征克之文字。其使用此金印也,唯限二事,即首相进奏书于皇帝之时,则得确实用之。及兹布阿会议之名之集会告终,封缄财帑文书以藏置于官房,则用以志识。而此官房之

---

① 伊布拉嘻摩侯拉斯特摩:即帕尔加勒·易卜拉欣帕夏(约 1493—1536 年),奥斯曼帝国苏莱曼一世时期的首席大臣(1523—1536 年)。

缄封，必有兹布阿之名。官吏监仪之类乃得施行。其余政府之公文封缄，唯署以意兹阿知希古芝之名各省长官署名之类。而首相之官房，则为最上主权者之所在，而实为帝国政府之中心点。盖首相之官房者，有兹布阿开会集会之权。一周日内，由之而定。宫中府中高官之引见者，必受竭忠尽节之誓词。诸官吏之侍首相，其礼仪尊敬，与侍皇帝同。盖东洋诸国，议国事于王宫之间，所惯行之例，其首相就职之时，赐盛饰之衣一袭，金色之外套二领，受于木路托宫廷之名。陆军十四队，名为木路托军者隶之。凡有职业及才艺之官队，皆随之行。有首相之名誉称号者，不一而足。大抵实大权者，即所称乌野希厘厘阿沙摩，为最大宰相之义。乌野希厘摩斯拉兹科者，即全权之代理官。沙嘻卑特呜野列兹托者，即帝国之公爵。沙度尼阿拉者，为最高等官。达斯兹可厘耶科列者，为最尊之相臣。沙希卑摩路者，为玉玺之主管。而关于军事者，则名为西利达厘野兹野摩，为最大荣誉之将军之义。其岁入本为巨额，而诸州之知事，与赠外国使臣，及贿战阵掠夺之物品等，愈愈增加。及至帝国已跻衰运，其数愈增。居常亲谒皇帝，与皇帝对话之权利，为首相所独有。然有此强大之荣、非常之权之宰相，大抵不尽在土耳机之本国人，而外国人即耶稣教徒皆有之。而具适当此官职之才干者，以欧洲人为多。盖因土耳机本国人少之所致。是本毫无足异者也。

参相

马哈默德第二世，为分任其负担而增大首相之权力，同时又更命参辅之相臣，以分担首相之责任焉。有称科木拉之相臣者科木拉即圆天井之室之义，因其官房之形式而名，又有称板弇之相臣。盖与首相同坐一室，有同议政务之权，故以此称之。参相之位，虽次于首相之下，然国家之大事，皆得与于会议。其官位之标识，许用三个之马尾，与首相相同。参相之数，视事势之繁简，多则或在六员以上。如伊布拉嘻摩方为首相，参相之威权虽微弱，常怀为首相之希望，其岁入之额，亦甚多，亦占海陆军之将位。居此位者，大抵亦如首相，耶稣教国民改宗回教者多为之。呜为计路之官名，初惟限于相臣，余不得用。既而凡用三个马尾标识之各州总督，亦皆袭用呜为计洛之官名。

会议

兹布阿之会议①者，平日之会员，为首相及参相，为第一会员。琉米米亚及阿那托利耶之军衙裁判官二员_{塞利慕第一世征亚弗利加、亚细亚，开拓疆土之后，又复增加其一员}，为第二会员。希腊及小亚细亚之州知事二名，为第三会员。欧亚二州之财务官二名，为第四会员。奇耶意斯沙厘兵之野轧，为第五会员。高等海军之将官，为第六会员。皇帝署名任命之书记官，为第七会员。会议以此而成。若夫议论关于外国事务者，皇帝之通辨官，亦得参与此会。会议定例。一周日中，四日间则开之，即土曜、日曜、月曜、火曜②也。其会日于朝祭毕之后，会员随其书记，整威仪而就席。至晚则开会，或休憩其间。临散会，备淡泊之会食，及饮料用水云。于会议之时，凡事务皆以简易之规则，首相裁决之。裁决既毕，又上申其余。议事之间，整齐严肃，最慎威仪。无论贫富，关于法律之事，皆有上告议会及陈述权利之权。若举动失仪，干犯会例，其刑则答脚底。其议会之席所施行

---

① 会议：这里指议会。

② 在日本、韩国和朝鲜，每星期的各天并不是按数字顺序，而有着特定的名字——以"七曜"分别命名。土曜日是星期六，日曜日是星期天，月曜日是星期一，火曜日是星期二，水曜日是星期三，木曜日是星期四，金曜日是星期五。

及裁判，并关于行政之施行，凡利于土耳机政府者，皆急施之，毫无滞碍。但谬误之事，不合制度者，其通弊常不能免。

至巴牙屑第二世①之时代，苏尔丹亲临此会，以裁定议事。自是以后，亲临之例，乃渐废。然首相之席上，仍下垂帘帷，设置御席，以备苏尔丹随意亲临以听议事之用。议会既终，则听苏尔丹之决议，延见议员于其御室。议员各以次而见。苏尔丹敕任之书记官，读其议事，苏尔丹则与其敕许_{或有不与敕许者，必申明其原因}。谒见之时，其余之会员，虽得列席，而亲与苏尔丹问答者，独首相特有之权。议国家大事，与开争战之时，则苏尔丹御马而大开集会。然此集会，则于君士但丁堡之遗址大竞马场开之，共骑骏马而从。首相及其余议员之听议者，皆骑而集会所。然是等集会，几成为有形无实之虚礼。后亦全行废止。然于首相之官房开集会者，实为决行政务之机关，为行政三部之中心。此三部之统一者，即为首相。而三部之行政官，一掌审判之官，二外务大臣；三内务大臣。

地方制度

土耳机之封疆，皆由侵略他国之土地而成立。回教国之法律，其征略家，皆以兵刃掠取土地而为领主。其物品之所有者"沙亚那托""他依马"之数者并之。有谓"沙计耶科"者_{旗帜之义}，其总督则谓之沙计耶科古_{沙计耶科之领主}。于其领内，可以招集其家人。其旗帜，用一马尾以标识。沙计耶科之数者并之，又有谓之由计野托列者，其总督则谓之为倍列陆_{倍领主中之领主}。依其土地之广狭，其旗帜之标识，则以二马尾三马尾别之。此为最高等之领主，若琉米尼亚及阿那托利耶之总督等。其谓地方政府之

———————
① 巴牙屑第二世：即巴耶济德二世，又译巴耶塞特二世，他的执政时期是从1481—1512年。

最大者为古希耶利科，即以由计野列托之数者并之。

司法裁判

土军陆军之精锐，与其国内之政治，虽握于耶稣教国人之归于回教者之掌中，而其裁判宗教教育之政务，仍悉土耳其人之管理。盖土国之政治，司法与宗教，本为一致。哥兰二者之大典，于邦国则以武力为国是。故司法之事，亦带兵制之习气。如二人而为加计阿斯加陆者，即任陆军裁判官之职，为最高等之裁判官。至马哈默德第二世之时，又列之于此官等级之上为宗教政治两权之总裁，详下篇。加计阿斯加陆者，虽称为陆军之裁判官，而其裁判权，实不限于陆军，于所称古列托贺拉斯之上等裁判官之位次，在第一位之中。此第一位次者，除此裁判官之外，则为君士但丁堡及其外部三所，墨加，默德那，阿度利，阿诺通陆，通路沙计，马斯加斯，耶路撒冷，斯米路那，阿列落贺，列利斯沙，沙洛利加等之裁判官。其次则谓之为列斯西陆，为第二等，属于市府之裁判官。其第三等之裁判官，有称为摩列由兹奇者即审案官之义，又称嘉檄者，又称尼布者。尼布加檄者，皆为代理之官。而嘉檄则多借助其余之裁判官，从哥兰之教旨而独立，以断民刑之讼狱。又于人民之遗言契约等，得当公证人之职。

宗教俗务两法之总裁者，称之为希野科阿路斯拉，又称为摩列兹。然摩列兹之裁判，其权利不过于疑似之讼狱，得助言而止。其答议，唯有道德上之势力，无实行之动力。然其势力亦绝大。无论如何之裁判官，皆认不得违背摩利兹决定之旨而判决。又裁判官所判决，人有不服者，可求摩利兹之助言。马哈默德第二世以名为可列马者，置于法律宗教博士之首座。可列马阶级所属之人，当其初世，皆世袭而为高等官，而专有其家族之势力，几与土耳机国贵族相似。至于政治上之问题，偶有咨询于摩列兹者，则如古昔之托于神教者，迎合皇帝之意旨，而答议其要求。其余回教寺奉职之僧官，皆由其节制其制度。

第七章　兵制

土耳机之初世，渥路加之弟亚礼壬，以文武之全才，而定国制。土国制度之基础，实立于此时。亚礼壬所立之服制，以区别诸侯之人民为主。以白色为最尊，帝宫及人士与兵士，皆以白布裹其头。其所立之服制，就中所最紧要者，则陆军是也。先是，土耳机之兵队，大抵由轻骑兵而成立。其对市府之战争，而效用未能完全。亚礼壬之谋臣有加拉兹耶利路、兹野特列厘，与亚礼壬戮力而当其经画之任，遂组织赫赫著名之奇耶意斯沙厘之兵队。后虽沿革甚多，未能详述，今特揭其大略云。

土耳机之陆军，分为二大种，一则领有土地而服兵役者，一则受给料而入兵籍者。于征服略取土地之时，则以斯古嘻斯骑兵之义分领之。亦如欧洲中世之封建制度，在其领地，则为其领主而服兵役。大致与土耳机之地主为欧洲之领主者相同。然其余则全异焉。若欧洲之领主，骄傲自尊，以封侯之地位，传其子孙，几如独立之君主。而兵队则无其横，但于帝王之政议会，有投票之权而已。且其势力亦不如土耳机之地主。其存废一任帝意。其制度精神，固认为贵族之位置，盖民制之擅政。与武士领土地之制度，至慕剌特第一世，已改革之。其封土区别为二种。大者名为沙亚那托，称其领主为沙伊摩；小者名为他伊马，称其领主为他依马利。骑士之勇者，有征伐他国扩张领土之战功，则与之以封土，而其土之大小，无限制，以其所谓歆利檄希剑之义者，为其封度之标证，盖用剑与旗以识别之。一年之地价，与以二万阿斯披陆_{土耳机货之名称，于十五世纪时，当希路利契后其}

价格渐灭，其以下者，谓之小封。若超于二万阿斯披陆者，则谓之大封。凡所有三千阿斯披陆之价封土者，出军装完具之兵卒一人。仅有三千阿斯披陆者，则躬服其役。其大封之领主，年价五千阿斯披陆者，则出骑士一人。他依马利共出四人。沙伊摩共出十九人。骑士之通例，持弓矢，执轻枪短剑，时持小圆盾之铁杖，至后代始用甲胄云。

受给料之兵队，为近卫兵。其位置次于他马利。然其军装华丽，马匹雄俊，冠绝其余。当十六世纪之终，其长兵则以挟弓矢为主。既而采用火器，军械日进改良。以其为苏尔丹之保卫，尝有自负之色。然此兵非土耳机人，大抵以欧洲人为土耳机之奴隶者，组织之，区别其等位为四级。以其有领地而服兵役者为骑兵。土耳机之骑兵，最精英，最雄悍。又有称为米野托列由利加小队，是为苏尔丹之侍卫，常拥护其左右者。是兵以土耳机贵族之子弟组织而成，其数初不过百人，至塞利慕第二世时增加至五百人以上。

又有给料之骑兵，及马上之游兵。其骑兵称为阿契兹希_{快走者之义}，皆受给料费用，且免其租税。是兵多以沙亚那兹托及他伊马封土之农民而成，其普通之兵器，短剑、铁杖、铠、盾、枪等，用弓矢者甚稀。此为先锋兵，每战必先本军而发。是兵之所到，颇事抄掠，捕获人以为奴隶。人皆畏之_{此兵常携带链锁云}。或整队伍而驱逐敌，或生非常之混乱，或掳掠敌地以给本军人马之粮食。其出战场之时，不过二万五千人及三万人为止。既而土耳机兵制渐渐整备，其数渐减，以至全行废止。十六世纪之中叶，土耳机帝国极隆盛之时，其骑兵总计五十六万五千，其中有领地而服兵役者，二十五万骑。近卫兵四万骑，无给兵二十万骑，游兵十二万五千骑。

土耳机人天性适于骑兵，然其于步兵，所计画编制者，是为步兵之常备军，组织经营，乃克达其目的。唯其轻步兵之一种，称为加沙布者，系募集之民兵。此民兵者，约达四万之数。其军人之势力常薄，常为敌军火药之牺牲。又前军于战斗之时，当其侵掠市府，则以此队充奇耶意斯沙厘兵队桥梁之役。盖土军之精锐，大惊欧洲者，即奇耶意斯沙厘队之所致也。此队之初，皆耶稣信徒之子，别其父母，强归回教，集一千人，以备编制，而习练兵士之职，即此兵队之起原。奇耶意斯沙厘者，即新兵之义。此名称系出于回教僧哈兹倍他兹之所创_{倍他兹曾开倍他兹斯之一派之僧侣。今此}派尚散在土国之各地而受人民之尊敬不衰。当募集此兵之时，倍他兹取其兵之帽，翳以己之衣袂而祈祝之，即以白布贴付于兵帽之后面。此其故事云。其初，每年以耶稣教之少年及政宗人，选拔定数一千人。既而凡耶稣教之少年，见有奇耶意斯沙厘之特权利益，或自请入队，或其父母代请者。斯列斯，马西度意耶，阿路古意耶，塞尔维亚，勃尔俄利亚等，应募者多出于此云。寻而奇耶意斯沙厘之制定，为一团之队，命其尉官率一队少数之兵，每五年，巡回各地_{既而募集兵士更急，竟不能待五年。}集其地之住民，十二岁至十四岁之少年，容貌雄伟，体格刚壮，具优等之才能者，选拔之。而养于君士但丁堡之宫中，教以土耳机之语言与宗教，训练一切之武事。其少年有非常之才干者，特拔擢之，而任以文官，其余则组织为奇耶意斯沙厘之兵队。入此队者，终身不得蓄妻孥，其制有似僧侣。为其欲举全副之精力而献于苏尔丹，故布此严刻之禁令。其给料颇优，以丰其生活，以激发人入队之念。其士官之名称，则取庖人之名称。其一等之大佐，则谓之为梭布制人，其次官则谓之为一等之庖人。其余之名称，皆类于是。

土耳机帝国，具有一种特殊之兵制。彼欧洲人之才识体例勇气之诸利益，亦东洋国所固有者。至其结合其精悍之气象，恭顺之忠节，则诚可贵也。其震撼欧洲诸国者，即取其人而组织为军人，即以扩张其疆土，而辉其光威。奇耶意斯沙厘所着之衣服，常著紧密之外套，当其进军与运动之时，则揭裾而插于腰际。其武器，初则用盾、弓矢、曲剑、短剑、手铳等。至十六世纪之末，千五百十九年，塞利慕既诛奇耶意斯沙厘之总督，以制其兵队之放纵，选拔其近卫兵野额<small>长官之义，文武共此官名</small>以代前之总督。其余诸将之更迭者颇多。西卫给<small>时官之名</small>当其往昔，本最下等之士官，以积功劳而升为奇耶意斯沙厘之野额。对其所率之兵，而有生死之全权。与其余之野额<small>武官</small>，与文官之野额相比，而等级独高，有列席议院之权利。

奇耶意斯沙厘之制，其初本以精严之纪律，而复善驭之，故大得其利益。及后渐流放纵，其对苏尔丹危险之情形，如罗马之布列托利阿队，俄国之斯托利悠队，无以异矣。至马哈默德第二世之即帝位，其兵队遂有叛逆之举。帝因一时之权宜，多与金以镇抚之。于是世世苏尔丹之登大位，必先赐物以迎其意。而其因势而进，其金额亦次第增加。盖至此兵士之跋扈，已达其极点。更无善驭之人，而纪律由此愈破。其制度递变之始，虽无由而知其详，然自十六世纪之中叶，已确而变更。当时入土耳机之兵队中者，虽尚出于恩命，而欧洲人已不受严肃之习练。且是时之兵士，已渐启许可婚姻之端。其初尚限于一部之人，至十六世纪之终，训练之紧约，亦遂渐解，放纵之风习日生，而兵士之子孙，相续而擅其权利。其为兵者，已不问其幼弱，概受以给料费用，以重政府之负担。甚或衰老疲惫，不足供兵之用，与转商贾之业者，仍隶兵籍焉。而欧洲用少年为兵士之风，至十七世纪之中叶，已全废矣<small>是时已用土耳机人为兵士</small>。耶稣教人教育于帝宫选拔而为高官者，至塞利慕第二世时，亦废其制。然奇耶意斯沙厘兵衰颓之原因，犹不止此。而其兵数，又有非常之增加。其初兵数不过在五六千之间。至十六世纪之半，增加自一万以至一万五千。及十七世纪，次第增加至十万。然供实地之役者，仅约四分之一。加之骄奢之风习，亦渐浸淫。兵气由是而愈不振，则衰颓之现相，不亦宜乎！

读者试就以上而观察之，土耳机初世之兵制，其兵威震撼于四邻，其所以日启疆土，宣扬武勋者，非偶然也。共举全国而为一大军营，为养兵，为募集军资，为其余种种之准备，整肃完全，其兵势故能震烁世界也。其奇耶意斯沙厘兵及皇帝之近卫兵，于近今欧洲各国未尝编制常备军之先，早已暗合精整常备之组织。然土国之衰也，上无英明之君主宰相，而专制政体，国民又无参与政事之权。故其兵制，亦无改良进步。于是其腐败者愈臻腐败，以至于今日之衰运。诚可痛哉！

第四篇　近世纪

第一章　马毛度第二世之中兴

土耳机自索利曼大帝①以后，英君良相不复再出，无经远之长计，徒为姑息偷安之政，以度一时。于是盗贼各据州郡，士卒竟废帝王。威令不行，纪纲堕地。加以俄国军事，屡战屡败，国力由是大疲。譬之赢病之人，以糜粥养之，犹恐不救，而况以毒酒鸩之乎？安能望其恢复也。然而彼苍者天，犹未遽舍土耳机也。笃生英主马毛度，以救斯民，挽已倾之国势。天之希望于土耳机者，诚不可谓不厚也矣。

马毛度第二世者②，以千八百八年即位，天资英明，聪敏机察，刚果

---

① 索利曼大帝：即苏莱曼一世（1494—1566 年），1520—1566 年在位。

② 马毛度第二世：今译马哈茂德二世（1785—1839 年），奥斯曼帝国的第三十任苏丹。因北方强邻俄罗斯帝国屡次军事威胁，任内推行社会改革，加强帝国力量。1826 年解散禁卫军团；1831 年废除分封给骑兵的采邑，并建立新军队。内政方面采用内阁制度、实行人口普查和土地测量；教育方面则实行小学义务教育制、派遣学生去欧洲留学。由于俄国干涉，未能击败希腊人的暴乱，于 1829 年被迫承认希腊独立。由此导致在与埃及军队的交锋中屡战屡败，最后郁郁而终。马哈茂德二世被称为奥斯曼改革的始祖，有开明专制君主之称。

能断。既临南面，赫然有挽回衰运之志，深具培养国本之心。鉴于英法之文明，励精宵旰，尝谓土耳机欲振兴国势，必先除奇耶意斯沙厘兵①。千八百二十六年，断然废之。奇耶意斯沙厘兵，闻令大惊。蚁集二万余人，纵火于府下，以抗苏尔丹。马毛度乃搴教祖之大旗以讨，连发榴散弹，殪其兵队，无一人能免者。遂废其兵，别建新兵制。招致法德之将校，以练武备。奇耶意斯沙厘兵者，在隆盛之时，精整勇悍，所向无前，实为土耳机一日不可无之亲卫兵。日积月渐，弊窦百出，放纵强暴，跋扈陆梁，而又顽梗怠惰，不复可用。苏尔丹登大位之时，必厚赐金物以迎其欢心，甚至奇耶意斯沙厘兵之得罪者，措之不问。而苏尔丹废立之权，隐然握之于其掌中。苏尔丹亦无如之何。故土耳机之时势，兵制亟宜改良，而后可与强国并立。土耳机凌夷之原因，职是之由。马毛度深察其害，施此英断，于是军队政治，突然丕变，而立君主义，始得再行其实际矣。

野史氏曰，马毛度第二世者，诚英明之主哉。一旦赫然，奋刚健之威，而除奇耶意斯沙厘兵，使四海再观天日。于是百年来土耳机国内蟠结之兵队的政治，一朝廓然。昔唐宪宗之用裴度以平淮南②，天下稽颡服其威。周之世宗③，继登大统，首以雄断，一洗军队政治之积弊。马毛度之

---

① 奇耶意斯沙厘：今音译耶尼切里，中文通常翻译为"土耳其近卫军"，创建于 1362 年。即 14世纪下半叶至 1826 年间奥斯曼帝国的常备兵团，又译"禁卫军"。

② 唐宪宗，即李纯（778—820 年），805—820 年在位，唐朝第十一位皇帝。即位后，励精图治，重用贤良，改革弊政，勤勉政事，力图中兴，从而取得元和削藩的巨大成果，重振中央政府的威望，史称"元和中兴"。裴度（765—839 年），字中立，河东闻喜人。他支持宪宗削藩，因而与宰相武元衡均遇刺，武元衡死，裴度亦伤首，旋即代武元衡为相。后亲自出镇，督统诸将平定淮西之乱，以功封晋国公，世称"裴晋公"。此后历仕穆宗、敬宗、文宗三朝，数度出镇拜相。晚年随世俗沉浮，以求避祸，官终中书令。

③ 周世宗：柴荣（921—959 年），后周第二代皇帝。邢州龙冈（今河北邢台）人，后周太祖郭威的内侄和养子。继位后推行改革。军事上，整肃军纪。显德元年，处决了与北汉作战时临阵溃逃并劫掠辎重的禁军大将樊爱能、何徽及以下 70 余人。班师后，检阅禁军，裁汰老弱，选募壮勇，组成了精锐的中央禁军。

英断，殆不让于二帝矣。英君明主之所为，东西古今，如出一辙。英雄所见，大抵相同。岂虚语哉？马毛度更欲广求智识，为国家改进之图。易服色以除旧习，设学校以启民智，制法律以定从违。聘日耳曼之医士，以破回教运命之说。刊行法语新报，聚各国之书籍于府下。招人民而讲习之。于是国政益举，风俗日新，蒸蒸有向上之势矣。

马毛度又欲除俄国之患，驱逐国内之俄人，并割俄国之倍沙拉维耶州，以除后患。

第二章　希腊之独立

希腊自千四百五十三年，入隶土耳机之版图以来，苏尔丹乃遣其太子镇抚希腊所在之州县。已而土耳机之纪纲不振，收敛横苛，士民流离，举国怨讟。于是有志之士，慷慨而言曰："吾人之祖先，昔日震悍于全欧。吾人传遗其血脉，本为贵种。至于今日而屈于回回教徒苛政之下，终生碌碌为奴隶而不耻。何以对祖宗之遗灵耶？"于是悲歌慷慨之士，遂举兵而攻其所在之大守。实为希腊革命之滥觞①，实千八百二十一年也。

希腊之势日渐猖獗，土廷发军讨之而失利，乃乞援于埃及副王墨非默德阿厘，以平其乱。墨非默德阿厘命其王子伊布拉嘻②代之。千八百二十

---

① 希腊独立战争：19 世纪初，希腊人民要求摆脱土耳其军事专制制度的束缚，建立自己的国家。1821 年 3 月希腊本土爆发起义；1822 年 1 月 1 日第一届国民大会宣布希腊独立，成立希腊执行委员会；1829 年 9 月，俄土签订《亚得里亚堡条约》，土耳其被迫接受英、法、俄《伦敦三国条约》。希腊军民利用土军被牵制和被削弱的有利时机，发起进攻，迫使土军撤出大陆希腊地区，从而胜利地结束了独立战争。

② 伊布拉嘻：即易卜拉欣帕夏，19 世纪埃及穆罕默德·阿里王朝的一位将军，他是穆罕默德·阿里的儿子，在 1848 年 7—11 月曾经作为摄政王领导国家。

三年，伊布拉嘻率精兵九万，先降希腊之舰队于克礼士岛。翌年，更率大军，共土军而进。希腊海军之将亚利亚斯谍知之，出其不意，突袭其军，夺其大舰六艘，小舰五十艘。千八百二十五年，伊布拉嘻更率其子兵，自莫礼亚岛之西方而上陆。略取斯泊科特利耶，而陷那卫利诺城。

初，土军之大将列斯兹度，围米斯诺欣，城坚而不能拔。千八百二十一年六月，伊布拉嘻率海陆军而攻之。城兵勇敢，死守不屈，相持已久。已而城中粮竭铳裂，势不能支，乃溃围突出。土埃之军，乘其机而入城中，杀获几无噍类。

伊布拉嘻更转其锋，而围亚典①之首府，遂陷之。于是中央希腊，全归于土耳机人。先是，欧洲各国中，英法曼之志士，皆嘉希腊独立之举，或掷一身以赴义，或义捐募金以赠之于希腊军，或赠兵器弹药于其军队。千八百二十七年四月，希腊人激发志气，各舍其党派之私怨，为国家复成结合之团体，相议而开国会，建立共和政体②。于是俄国希腊教国愿助希腊，遂与英国道洛特他教国为同盟，法国加特教国亦表其同意。于是三国又为同盟，遂赠书于土廷，劝其止战，公认希腊之独立，而以平和结局，以保邦交。土廷断然斥之。

当是时，希腊之那希拿人，共约英人而起义，突然袭击土耳机之船舰。土埃之将士大怒，焚那希拿之民屋。更发军舰二艘，以向敌之港湾。于是英法俄三国之同盟，乃航那卫厘诺意，炮击埃土之舰队，激战约六时间。土埃之军大败，其军舰大半轰坏，其仅全者，不过三十余支。是称为

---

① 亚典：今译为雅典，希腊共和国的首都和最大的城市，位于巴尔干半岛南端。
② 1827年4月，希腊在特莱辛召开第三届国民议会，各派达成妥协，一致选举卡波狄斯特里亚为总统。该总统曾任职于俄国政府，他的当选进一步证明俄国对希腊政治的影响，从而，加速了欧洲列强对希腊战争的干涉。

那卫厘诺意之战争①。实为千八百二十七年十月二十日。

同盟军乘那卫厘诺意之捷，益益得势。土耳机不知所为，乃开会议于英京伦敦，公认希腊之自由，议决认其为独立国，兼属于英俄法三国保护权之下。公同认可。实千八百三十年二月三日。于是土耳机复失一绝大之版图②。

野史氏曰，土耳机之失希腊也，乃当然之理势。盖往时土耳机所以扩张版图者，由其英君雄将之武略耳。其武略一旦而衰，则版图日蹙，是不待论者。况乎希腊，其语言，其气象风俗，其宗教文学，一切皆与土耳机人相背驰。纵有英君之武略仁德，雄将之威烈慈恩，并行兼施，尚不易于统治。故马毛度虽为一世之英主，而承数十年国政颓败之余，而欲独全其后，以守先人之版图，岂不难哉？岂不难哉！

野史氏又曰，英法之与俄国为同盟，以碎土埃之舰队，虽骑虎之势，势逼处此，然其最为拙策也，不知土耳机之国势退一步者，则俄国南进之机进一步焉。土耳机之版图减一尺者，则俄国侵略之机增一尺焉。希腊之分为小独立国也，即土耳机退一步减一尺之势也。俄国之所大喜，欧洲之所大戚也。故识者目那卫厘诺意之战争，为不幸之战争。不其然欤？然而英法之政略，乃系时论之趋舍，本无一定之主义。则那卫厘诺意之战争，岂足深怪哉。

---

① 那卫厘诺意之战争：今译为纳瓦里诺海战。希腊独立战争期间，爱德华·科德林顿海军中将率领的英国、法国和俄国联合舰队与易卜拉欣帕夏率领的土耳其—埃及联合舰队，于 1827 年 10 月 20 日在纳瓦里诺湾进行的一次海战。土耳其拒绝英、法、俄三国的斡旋后，三国联合舰队立即驶入纳瓦里诺湾，并向停泊在港内的土—埃联合舰队发起攻击。在一个多小时的近战中，土—埃联合舰队约四分之三的舰船被摧毁，英、法、俄三国联合舰队也有多数舰船遭重创。纳里瓦诺之战成为木制战船的最后一次大海战。

② 1830 年 4 月，土耳其政府接受英、法、俄于同年 2 月 3 日新的伦敦议定书，承认希腊独立。

第三章　墨非默德阿厘之来侵

当是时，与马毛度新政之反对者，起兵者相踵。塞尔维亚州之计幼兹披托洛为兹亦叛而抗苏尔丹。呜维特委侯卫斯洛渥计陆据塞尔维亚之东方以叛。阿厘侯又据野卑特斯同叛。其余亚细亚领内之各邑县侯，四方蜂起。已而埃及副王墨非默德[①]，亦举兵而抗苏尔丹。

初，马毛度以墨非默德阿厘之雄才，任为埃及之大守。前大守科路希度与墨非默德争大守之职，不胜而归。深衔之，而谗之于马毛度。至是更用密计，以辱埃及。墨非默德阿厘大怒，千八百三十一年，率骑步炮之精兵四万，又舰队五支，及巡洋舰数十支，而授于伊布拉嘻，进略耶路撒冷，而围计希托、阿科路。大守阿布达陆坚守不屈，埃及军攻击数月，不能拔之。已而土军来援，伊布拉嘻乘机而逼阿科陆，奋战陷之，擒其大守阿布达陆[②]。

马毛度闻之，以宰相列斯兹托为大将，而讨埃及。是时，伊布拉嘻连破土军，进向列斯托兹之大军，自以众寡不敌，乃出奇计，而诱土军于阿那托利耶之平原。激战而破土军，擒其大将列斯兹托。又击土耳机之舰队于伊可意摩，歼之。世称之为伊格尼之战。

---

① 墨非默德：今译穆罕默德·阿里帕夏，出生卡瓦拉（今属希腊共和国），曾是奥斯曼土耳其帝国驻埃及总督，穆罕默德·阿里王朝的创立者。他常被称为是现代埃及的奠基人。

② 1831 年 10 月 31 日，在易卜拉欣的率领下，埃及入侵叙利亚，埃及军队在围攻六个月后阿卡被占领。埃及军队进入安那托利亚。

已而英法居间调停。土帝乃割西里亚之地与墨非默德阿厘，而始媾和①。

墨非默德阿厘，以雄才大略，修文练武，国运勃焉而兴。其航海输运之业，横行于红海、希腊海及地中海之东方。于是英国大生嫉恶之念，乃运其平生得意之阴计，新结贸易条约，减其输入物品之税，或且无税者，且废止政府专卖之权。议已决定，乃告土廷，且曰，凡埃及及西里亚在土国之版图者，皆宜从此条约云。土廷为其煽动，遂去海关税，并废政府所掌之专卖权。墨非默德阿厘犹豫未决，英人百万设计以谗之于土帝。马毛度乃命哈西斯侯率精兵数万，赴西里亚，而袭埃及军②。为埃将伊布拉嘻所破，全军溃散。

埃及之大军，乘胜而逼土京君士但丁堡。马毛度闻之，谓其近臣曰："朕信谗言而疑藩王，事已至此，啮脐何及？然彼决非祸朕者，朕俟彼入土京之日，任之为大宰相，国政悉以任彼。土国其庶几乎？"未几，马毛度崩。实千八百三十九年七月一日。

野史氏曰，当马毛度第二世之时，内蕴心腹之疾，外启虎狼之祸，国势危急，殆如累卵。然马毛度处此内忧外患而不动心，四面强敌环而绕之而谈笑自若。且复沙汰冗官，节减冗费，整财政，招将校，聘良师，修兵备。困心衡虑，旦夕图之。一旦奋起，能转弱为强，因败为功，可谓知治

---

① 应奥斯曼政府的紧急要求，一支沙俄舰队和 1.8 万人的部队于 1833 年 2 月 20 日驶抵君士坦丁堡，英国和法国担心沙俄在土耳其扩大影响，遂出面斡旋，促使土埃双方于同年 5 月 14 日签订丘达西亚协定。奥斯曼政府承认阿里为埃及和克里特总督，并对叙利亚和阿达纳享有控制权；埃及则从安纳托利亚撤军，并承认苏丹对埃及的宗主权；在英法保证埃及不再进一步入侵的情况下，沙俄从土耳其撤出军队。

② 第二次土埃战争（1839—1841 年）爆发。穆军默德·阿里帕夏于 1838 年宣布埃及独立，并停止向奥斯曼帝国纳贡。在英国大臣帕麦斯顿的唆使下，马哈茂德二世调集军队，准备入侵叙利亚。1839 年，土耳其向埃及宣战。哈西斯侯哈，即菲兹帕夏和土耳其军事顾问、普鲁士的毛奇率土耳其陆、海军入侵叙利亚。

安之策矣。若得墨非默德阿厘之英才以辅之，则其国势之隆，照前古，空来今，固自易易。而惜其参谋顾问，无伊吕之侔也。噫！

马毛度崩，长子亚布特野路那计托立①，继为苏尔丹。千八百四十年七月十五日，英俄普奥四大国，与土耳机缔结条约②。其条约之原因，确定埃及万国的之地位，及契陆府侯与墨非默德阿厘之事件。法国初于四国条款，颇有异议，欲提出而别议之。至七月十五日，其条约已调印，法国乃认加名。

马毛度之后嗣，皆庸劣小器。其中兴之基业，无足以继之者。国势由是而长终矣。

第四章　哥里米亚③之役　巴黎条约

当亚布特野陆那计托之时，俄帝尼哥拉④欲逞其祖宗传世之政略，逞雄志于地球。先欲干涉土耳机之内治，借保护土领内希腊教民为口实，要求主张之特权。法国亦以关于耶路撒冷之教民，主张干涉其权利。互相奋激，一步不相让。土耳机介立二大强国之间，进退维谷，不知所措。盖自千八百五十三年之大战，虽与琐琐之宗教论，似不相关。而俄国乘此葛

---

① 亚布特野路那计托：即阿卜杜勒－迈吉德一世（1823—1861 年），奥斯曼帝国的第三十一任苏丹，1839—1861 年在位。

② 1840 年 7 月，英国、俄国、奥地利和普鲁士四国出面干涉，共同援助土耳其。同年 9—11 月，一支英奥联合舰队切断了易卜拉欣帕夏的海上交通线，英军炮轰并占领贝鲁特和阿卡要塞，打败埃及在叙利亚的驻军。当埃历山大港受到威胁时，阿里被迫归还土耳其舰队，宣布臣服苏丹，恢复定期纳贡，并同意裁减军队和撤出叙利亚。

③ 哥里米亚：今译克里米亚，又称克里木半岛，位于欧洲东部、黑海北岸。

④ 尼哥拉：今译尼古拉一世·巴甫洛维奇（1796—1855 年），俄罗斯帝国沙皇，1825—1855 年在位。为扩大在黑海和高加索的统治权而与英、法、奥斯曼帝国发生克里米亚战争。于行将战败时突然去世。

藤，欲占君士但丁堡之大都。而法国知其毒谋，故极力而遏抑之也。

其时欧洲各国之外交政事家，皆欲以平和之手段，而解俄土之葛藤，苦心焦虑，以斡旋计画。而俄国兵备，益益戒严，窃屯大军于木路大维及鸣维特兹耶①之国境。千八百五十三年六月初旬，俄土媾和之谈判乃破。土廷亦备战局。俄国乃命名将伍尔查格弗侯，率大军横绝于布利诺斯河，直向木路达维而进。

俄军进入之警报，既达于君士但丁堡，人心摇动，物情汹汹。苏尔丹固欲主张平和，而其志士及义民，慷慨激昂，不可遏抑。其藩部与埃及及小亚细亚之舰队，先数旬而宣战。已达于君士但丁之海港。土耳机之政府，因循姑息，愤其开战之义举，欲遏抑之。群言沸腾，有暴动之势。土廷不得已，请英法两国公使，备军舰二三艘，于达陆达尼斯之近海，以为警备。

土廷于千八百五十三年九月初旬，征集兵员，已及八万，渐次麕集于君士但丁堡之近傍。十月十五日，土廷遂宣布而与俄军开战。举骁将渥马陆侯②生于奥国，时入土耳机之籍为军务宰相，乘俄军之未备，遂直向前。渥马陆侯乃于十月二十八日，潜渡多恼河。十一月四日，大破俄军于渥路特意兹阿③。寻又连战于加拉列托及兹他等，皆获大捷，兵威大振。两国虽已开战于小亚细亚，而俄国尚阳为不欲开战之状，仅筹防守之策。至十一月三十日，突发军舰数艘于西亚士多卜之港内，袭击碇泊于希诺通港④之土国军舰。土耳机之海军，殆为所歼。更焚港内之民舍，极其蹂躏。英法两国，谋居间而调停之。各率军舰而入黑海。俄帝闻之，益益修其军备，断

---

① 木路大维及鸣维特兹耶：今译摩尔达维亚和瓦拉几亚。1859 年，这两个东欧的公国联合成为罗马尼亚。

② 渥马陆侯：今译奥马尔·卢特菲帕夏，土耳其军队的指挥官。

③ 渥路特意兹阿：今译奥尔特里查，当年克里米亚战争的战场。

④ 希诺通港：希诺普湾，濒临黑海。当年俄土两军在此交战。

然不允议和。

英法之宣布开战也，实千八百五十四年之初①。两国之兵，自波子么、叟散顿、伦敦，及马塞里航海而达土伦之各地，聚于俄里波勒与君士但丁堡，合兵而为连合军。又自水路进发于巴尔那。当其起巴尔那也，以船舶六百余艘，搬运军需。至七月末，其兵八万，乃达其境。适值暴泄病症流行，死者甚伙。而且行旅艰难，逃亡者又复其半。英法之兵，日渐减少，仅存六万五千人。连合军之指挥长官、法国大将沙阿陆诺②疑惑畏缩，不敢开战于多恼河。时又有少将野斯丕那斯之自托布可加而发。炎热殊甚，死者殆六千人。不敢直向多恼河，更从路易拿破仑之议，将航海而向哥里米。九月，两国之舰队相合，自俄领欧巴土利之近傍而上陆。至亚马河，与俄军大开激战。时加摩布列计侯记其战争之事曰："若英兵再经若是之战争，则其兵员将无遗类。"可想其战之激烈云。已而连合军再攻马罗格拉，略取其地，并据其海军之一要地而占领之。

连合军既得援兵，土耳机亦增新兵。诸军再进，又大战俄军于安勒满。安勒满战争③之前夜，风雨暴至，彻夜不已。四望冥蒙，不辨南北。俄军乘机于五日之黎明，浓雾暗淡，突出而袭英军。剧战数次，英军将

---

① 1854年2月23日，第一批英国陆军上船前往土耳其。1854年2月27日，英法向俄国发出最后通牒，要求俄国在4月30日之前撤离瓦拉几亚和摩尔达维亚。沙皇置之不理。3月12日，英法与土耳其结成同盟。3月19日，法国陆军也登船前往土耳其。一天后，俄军渡过多瑙河。法国于3月27日，英国于3月28日相继对俄国宣战。

② 阿陆诺：阿尔芒·雅克·勒鲁瓦·德·圣阿尔诺（1798—1854年），生于巴黎。1837—1851年在阿尔及利亚服役，1851年任君士坦丁堡省军区司令，同年任法国陆军部长。1851年政变中，协助路易·拿破仑·波拿巴攫取了政权，1852年被拿破仑三世任命为法国元帅，1854年在克里木登陆作战和阿利马河交战中任法国远征军司令，健康状况欠佳，不久病死军中。

③ 安勒满战争：也称因克尔曼战役，1854年10月24日（11月5日），在克里木战争的塞瓦斯托波尔战役中，俄军和英法联军在因克尔曼（塞瓦斯托波尔以东乔尔纳亚河口附近）地域进行的一次战役。

动。英将加斯加路①，见敌军益益围逼，乃躬先士卒，冒阵奋进。士卒声言药弹已尽，共劝其止。加斯加路曰："汝辈未携铳剑乎？彼俄军非铳剑而何？"士卒威奋，各挥铳剑而突战。俄军遂为所却。加斯加路身被数十丸，而殒于阵前。时弹丸啾啾，黑烟惨淡，涨于旷野。两军之战方酣，忽闻炮声轰天，喇叭之声，自远而近，遥见法军之来援。是时危急存亡，在于顷刻。法军突至，恍如天上飞来。昔日窝德禄之战，普鲁士军初到之时，其关系紧要，如出一辙也。已而英军法军，共奋进而战俄军。于是俄军乃退。

俄将亚历山得曼细高侯②，率诸军而据西巴多士扑城③，以防连合军。西巴多士扑者，在哥里米亚之海岸，进接一大海湾。其湾之深，突入陆地，称为西巴多士扑之碇泊场。实为一大咽喉之地。九月二十六日，英军占领罗马格拉④，法军亦入加米此兹之海湾⑤，将准备而围城。至九月二十八日，连合军遂围西巴多士扑，重重绕之，入稻麻竹苇。其阵线自西路沙渥岬，而亘于兹西陆易耶河。分其兵为二队，一为攻城队，一为看守队。九月三十日，法军之指挥长官沙亚路诺⑥罹暴泄之病，而还君士但丁堡，终卒。以中将加洛倍路代统之。英军之指挥长官古拿与法将相议，共围俄军。俄军锐意不可屈，其城坚如铁丸。初，连合军之围西巴士多扑城也，其心中之预想，以为旦夕必陷之。既见城兵勇气，凛凛不挠，其炮台亦刚

---

① 加斯加路：即拉格伦男爵，英国陆军元帅，克里米亚战争时的英国远征军司令，时年66岁。
② 亚历山得曼细高：全称亚历山大·丹尼洛维奇·缅希科夫（1673—1729年），俄罗斯帝国的权臣、陆军元帅，神圣罗马帝国伯爵。他本是莫斯科街头的一卖饼少年，后成为彼得一世的马童和青少年时代的朋友，以及后来的宠臣、女皇叶卡捷琳娜一世和小沙皇彼得二世执政时期的实际掌权者。
③ 西巴多士扑城：即塞瓦斯托波尔，克里米亚半岛著名港口城市，黑海门户。
④ 罗马格拉：今译巴拉克拉瓦，乌克兰在黑海沿岸的一个小镇。
⑤ 加米此兹之海湾：即今卡米什和卡扎克海湾，在巴拉克拉瓦的西面。
⑥ 沙亚路诺：即阿尔芒·雅克·勒鲁瓦·德·圣阿尔诺元帅；加洛倍路，今译卡洛波特，法军将领。

劲难挫，乃皆失望。未几，连合兵之援兵益加，与俄军相战于各所。鹬蚌相持，至数月云。

是时，奥国虽以局外中立为主，然其间居颇主张和议。千八百五十五年三月，英法俄土及奥，五国各派钦差大臣于奥京维也纳，商议和局事宜。奥国钦差伍尔查格布侯，轻蔑会议，欲施其愚弄之伎俩。于议事堂，其对土耳机钦差阿厘侯，极其傲慢，且以议事不合，断然而谢绝之。英国钦差计幼路西侯，以和议不成，遂还本国。各国之使臣，相继而散。

先是，千八百五十五年三月，俄国大将亚历山得曼细高侯罹病，不胜重任，乃以俄国大将伍尔查格布①与奥国钦差同名为哥里米亚军之总指挥者。既而俄国哥尼拉保路斯崩②。伍尔查格布展其将略，以搅将士之心，尽力以从事于防拒。其时意大利亦遂合军于撒丁尼亚，与连合军共会于哥里米亚。以二十五万人、大炮数百而攻西巴多士扑城。围之，营阵密如蛛网。俄军铳竭粮尽，然终不屈，誓死相持。千八百五十五年九月八日，连合军乃竭其尽生之力，同时力攻，大战于西巴多士扑城之南郭，始破俄军。于是坚固刚劲之铁城乃陷。是月，俄军又进而围土耳机之加尔士③城。土军力战，不能拒之。然相持亦久。既至城中粮尽。十一月，土军乃出而降于俄国之辕门。

西巴多士扑城既陷，于是媾和高议之风评，如电光之闪发，大传播于欧洲各国之诸都。各国帝王，乃集众议，以法京巴黎为开会议之场所。以千八百五十六年一月二十五日，定为开会之期。当时参会者，英法俄土奥

---

① 伍尔查格布：今译米哈依尔·戈尔恰科夫亲王。
② 1855年3月2日，沙皇尼古拉一世服毒自尽。
③ 加尔士：今译卡尔斯，土耳其东北部的国防重镇。

意普，六国之钦差，皆临其会。是年四月十六日，会议终结①。其条约之大概，俄国复还多恼河两岸之地方于土耳机，以归其支配。又于黑海禁俄国军舰之出入焉。此次巴黎之和议条约，俄国之势力，为之大减。殆与五十年前之大致相同矣。

　　野史氏曰，土耳机者，固非俄国之敌，唯借英法意连合军之力，而挫俄国之锋于一时，仅免其蠹食之患。而土耳机于此时，不自思此大捷，本国之能力何如，依人成功，岂可再期？不及此时，砥砺奋起，以修德练武，而尽独立之长计，而苟安姑息。秕政益多，内乱外叛，因之而甚。于是俄军得乘其隙而逞其欲。人实为之，非天之咎也。然则土耳机之君相，其所以图自全者，即其所以自祸也。危国无贤人，乱政无善人。古语诚不欺我哉！

第五章　俄土第二次战争　伯林条约

　　千八百六十一年，阿布特路野路阿计斯②即位。秕政相踵，国势大衰。六十六年，土领之哇拉希耶木路达为耶之人民，相与同盟，而叛土耳机，创设罗马尼亚新国，推戴德意志贺海兹渥路列庐公之子查列斯为王，公布独立之檄文。千八百六十七年，批准认为埃及之半独立国。七十四年，土领之海路西可维那叛。其余所在之侯伯，亦多举兵而抗苏尔丹。初，土耳机政府，以收获十分之一为耕地之税率，继而一变为八分之一，再变为七

---

　　① 　1855 年 12 月 16 日，埃斯特哈兹伯爵带着奥地利帝国的最后通牒到达圣彼得堡，要求俄国接受停战。1856 年 1 月 16 日，沙皇亚历山大二世接受奥地利的要求。2 月 25 日，巴黎和会召开。英、法、土、撒丁和俄国参加，经过讨价还价，3 月 30 日《巴黎和约》签字。

　　② 　阿布特路野路阿计斯：今译阿布杜勒阿齐兹，亦译阿卜杜勒·阿齐兹；全名阿布杜勒阿齐兹·欧格鲁·马哈茂德二世，1861—1876 年在位。

分之一。至其终也，竟至课其三分之一者。士泣重敛，商苦酷租，加以水旱之灾不时而见，剜其骨肉，绞其膏血，逋欠而不能堪。千八百七十四年，海路西可维那，岁大荒。民多菜色，饿殍盈野。而残忍深刻之税吏，毫无怜悯之情，唯苛责其逋欠。于是激成叛乱，人民蜂起。税吏与回回教徒①，以镇定叛乱为口实，劫掠四方，倍极狼藉，叛徒益益愤激。然而石卵不敌，终屡败于土军。俄德奥三国之政府，各遣使节而调停之，土廷不容其议。俄英法奥意等之领事，乃巡视于海路西可维那，以慰谕其叛民。其人民皆曰"若土耳机之政府，不容吾人之希望，吾人唯死而已。"十月二日，苏尔丹乃发敕令，约改革其政治。千八百七十六年一月三十一日，欧洲强国连名赠书于土廷，以奥相阿度拉希主其稿。

土廷既得其书，乃开内阁会议。二月十三日，遂欲布其敕谕，以赦叛民，且于其因躬无所得者，更给资以扶持之。然皆托之空言，无一实行之者。于是叛乱之地，益难镇定。未几，勃尔俄利亚之人民，亦举叛旗。俄帝窃察其机，大欲用兵干涉之意。时土人又暴杀德奥法之领事，更遭诸国之愤怒。内忧外患，相逼而来。财政又极困迫，公债之利子，官吏之俸给，亦不能办。物情汹汹，议论纷然。千八百五十六年五月，群臣乃逼阿布特野路阿计斯让位，寻弑之，立其甥幕刺特第五世②，即位。未几，复废之。是年八月，又立其弟阿布特野路哈米托第二世③。即位，即今之苏尔丹。

① 回回教徒：回教，亦称伊斯兰教。伊斯兰教的教徒，或被人称为"回回"。
② 幕刺特第五世：今译穆拉德五世，奥斯曼帝国的第33位苏丹。阿卜杜勒·迈吉德一世之子，在位时间1876年5月30日至8月31日。在其短暂的执政时间内，他未能如其支持者所愿，给奥斯曼帝国带来一部宪法。穆拉德五世受法国影响很深，却与亚历山大二世统治下的俄罗斯交恶，在即位仅仅93天被废黜，理由是患有精神疾病。
③ 阿布特野路哈米托第二世：今译阿卜杜勒·哈米德二世，奥斯曼帝国的第34位苏丹，1876—1909年在位。

先是，土廷为镇定［压］勃尔俄利亚之乱，命镇守府将军讨之。将军率一万以上之常备兵，不能镇定。更欲煽动回回教民，乃放囚徒而为义勇兵，进击叛兵。老幼男女，一无所赦，悉屠戮之。初，哈使兹预之征募兵，突入勃尔俄利亚之一村。先以温言慰谕手执兵器，且曰："降者皆赦。有抗命者，即屠杀之。"村民惧其暴虐，悉致兵器于其营。其将军更发令曰："悉献而货财，献而妻女。有抗命者，则放全军劫掠之。"焚其家，刃其人，于是古他兹科村一万三千之人民，皆为土军所屠戮。其民口仅存一千二百人。惨忍之状，白起之坑赵卒，项羽之屠秦军①，不过是也。

土军更进而欲镇定海路西可维耶。因山国道路艰难，踌躇未发。适木特渥古洛又举叛兵。塞尔维亚亦乘机而起，俄人窃假士官兵仗以援之。土廷见其势不可遏，乃出大军，击破海路西可维耶。英国公使与诸国表其同意，共赠书于土廷，怂恿附与海路西可维耶、勃尔俄利亚、波斯尼亚三国之政权，而许其自治。土廷拒而不纳。十月三十日，俄特伊科耶兹列，乃告土廷，苟非承诺与塞尔维亚休战六周，则俄帝与土耳机必绝和亲。土廷大惧，乃俯首而从其议。

俄帝于是时，乃锐意修其兵备，欲进而占据君士但丁堡。英政府察知俄帝之意，瞿然大惧。当时之外务大臣西度特陆卑，乃宣言俄帝之意，谓英国之士民，无庸挟嫌于俄国。俄帝之修其兵备者，为镇定土耳机之内乱，救耶稣教民于涂炭之中，决无略地于土耳机之意云云。特陆卑乃开欧洲列国之会议于土京君士但丁堡，唱定东邦论之议案。诸国皆从而和之，乃约使臣大会于土京。英国则派遣沙士斯木列侯，俄国则派遣驻扎土京伊

---

① 白起（？—前257年），《战国策》作公孙起，战国时期秦国郿县（今陕西省眉县常兴镇白家村）人，秦国名将，兵家代表人物。公元前261年，与赵国长平之战战胜，为防反复把赵降卒40万全部坑杀。项羽（公元前232—前202年），名籍，字羽，楚国下相（今江苏宿迁）人，楚国名将项燕之孙，军事家，也是以个人武力出众而闻名的武将。

科那兹列将军以临之。千八百七十六年十二月十二日，英俄德奥法意之全权大使，开预会。至二十日，其商议渐有端倪，乃共定开本会之约期而散。

土廷欲塞列国一时之口实，免其干涉，突尔制定宪法[①]。十二月二十三日，颁布之，祝砲之声，达于四境。时列国使臣方在会议场，不知土相之意见。既闻砲声四起，相与大疑。土相昂然答曰："敝国颁布宪法，士民欢腾。本邦之面目，从此一新。内治之事，毋劳诸君系念。"列国使臣，皆茫然而退散。

千八百七十七年一月十五日，列国使臣赠最后状于土廷，谋回复土国之平和，以保维诸国之安宁。其必要之条项，大致二端，一曰与诸国之公使以关与选任大守之权；二曰诸大国置任命之委员二员，以监视内治之改良。土政府既得其状，进退艰难。冒然而承受之，虽保诸国之和亲，而国权愈替；断行拒绝，则国权虽可暂保，则诸国之冲突必生，左右皆难，土耳机政府亦束手而无策矣。即不得已，乃开全国之大会议，问其意见。有志之士，皆悲歌慷慨，宁招诸国之怒，不忍坐丧国权。沉痛之论，举国骚然，乃从其多数，断然拒绝之。诸国乃大怒，召还其大使。俄帝派遣伊科那兹列将军，以探各国之意见。四月三日，英俄德奥法意六国，连名更赠书于土京，请与木特渥古洛托媾和，并要求减其平时之兵数，及内治之改良。其目的盖欲借欧洲诸大国之同盟，以威嚇土廷而遏其残暴。然英俄之交，方生冲突，动有决裂之势。土廷颇轻慢之，于列国同名之要求，断然拒绝。四月十二日，土廷拒绝要求之报，既至俄京圣彼得堡，俄帝遂以十三日，发全军进动之令。寻而直入土境，宁布开战之事于列国。是实俄国

---

① 1876 年 12 月 23 日，哈米德二世在宰相米德·哈特帕夏支持下半颁布奥斯曼帝国第一部宪法，也称《米德哈特宪法》。

战争之起因，为千八百七十七年四月二十四日。

俄军日夜锐意进军土境。其军道，直经布科列、兹野兹、兹路诺唯、阿度利、阿诺布陆而冲君士但丁堡。土帝乃以阿布特野路·契路楼侯[1]任欧洲部内土军之总督。阿布特路野路·契路楼侯者，于军事上，受最高等之教育，久居乌维兹，后邀奥国，服同国之军务，备受将校之熏陶。一年前，塞尔维亚之战，每得捷利。时年七十一岁。

以阿士曼侯任一方之总督，屯于乌维兹及沙兹阿露地以防俄军。

阿士曼侯者，小亚细亚中亚尔米尼亚之人，生于千八百三十二年。幼入君士但丁堡之兵学校，研究兵学，兼通法语。为人长身瘠躯，弱不胜衣。而其中铮然，有沉毅不可夺之节。志气活泼，能事黾勉，天性谦恭笃实，朋友亲戚皆爱敬之，将校士卒，皆爱畏之。其在军也，不常带剑，唯携望远镜与石笔。其传令于将士，以简易为主。夙夜励精，尽心军事。自信其谋略，独断独行，不受他人之赞助云。

俄帝又授罗马亚利公查列斯以精兵四万，轻骑一万，大炮百二十门，乱多恼河之流，而袭土军之背。游军三万，自他处而渡多瑙河，以遮击土之援军。六月，俄之大公尼哥拉率大军而入勃尔俄利亚，更进兵而攻土之意阿贺利斯之要塞，擒其守兵六千人。俄帝三分其三十万兵，亲将其中军而向土京。其一军自南而进，以助叛兵，与中军相合。更授一军于骁将科路特渥路，以袭击阿士曼侯。阿士曼侯谍知之，邀击而破其军，遂据布列

---

① 阿布特野路·契路楼侯：今译阿卜杜勒·克里姆·纳迪尔帕夏。曾参加第八次俄土战争（1828—1829 年）。在克里米亚战争（1853—1856 年）期间，任安纳托利亚集团军司令，因战败而被交付法庭，但被宣判无罪。参加过镇压 1862 年黑山（门的内哥罗）起义、1867 年克里特岛起义。穆拉德五世 1876 年即位后任命他为陆军大臣，用欧洲的方式改组军队，开办军事院校，不久被阿卜杜勒·哈米德二世解除职务，任镇压波斯尼亚、黑塞哥维那和塞尔维亚居民起义的土耳其军队总司令，战争胜利后升为元帅。在接下来进行的第十次俄土战争（1877—1878 年）初期，在巴尔干战区指挥土耳其的主力部队，由于阿卜杜勒未能阻止俄军渡过多瑙河，旋被解除指挥权并被流放到罗得岛，6 年后死去。

维那之孤村，以待俄之大军。科路特渥路既得援军，乃再攻击。土军不为所却，极力相持。自六月至九月，俄帝再命查列斯之参军沙可兹列，以步骑兵十万，大炮四百门，而攻布列维那。阿士曼侯善战善拒，又出奇计以破之。俄兵及罗马尼亚兵之死者以万计。虽猛勇精悍，宇内无比之俄军，亦少挫云。俄国乃更发大军以围之，以待其粮食之竭。

北风淅沥，寒威劈肌，漠漠彤云，雪花如掌。孤军陷于重围之中，士卒瑟缩，将校皆患疮痍。声息无闻，援兵不至，近邻城寨，皆以倾颓。悲笳之声，裂人肺腑。阿士曼侯乃以慷慨大义，训励士卒，意气自若，士卒皆感激悲愤，泣血抆泪，誓死报国。于其时也，布列维那之孤村，俨然土耳机之睢阳城，其存其亡，直系一国之运命。而阿士曼侯者，与张巡、许远之血诚忠勇，无所逊也。既而军势愈困，势已难支，而以身自任，誓守孤城。铳裂矢折，马杀革煎，以支旦夕之生命，而仍坚守不动，以待援军。遥望敌军，如云如霞，逼于城下，势不得已，于十二月九日之夜，会将士而诀别，分军为二，欲突重围而向乌伊兹。俄军谍知之，急发兵而要击。阿士曼力战苦斗，驱疲羸之士卒，当乳虎之大敌。竟破俄军之二旅团，然终众寡不敌，乃退入布列维那。而其城塞已为敌兵所占。翩翩鹫影，已树高城。欲进则俄军抗之，欲战则足已负伤，不能支拄。乃俯心低首，而树降旗。俄之大公尼哥拉及罗马尼亚公查列斯，皆握手为礼，极其尊敬。俄军喝彩之声，溢于军中，莫不钦其武勇绝伦。

俄军既陷布列维耶之坚城，乘破竹之势而进。土军之防者，皆迎刃而解。君士但丁堡，势日危迫。土廷狼狈，不知所措。十二月十二日，贻书于欧洲诸强国，请其处中调停。先是，俄军既连胜捷，英奥二国深恐土耳机为其所兼并，屡欲出而干涉之。及至于此，英国始悔其平和通商得主义，实启俄人蚕食之机。迷梦初醒，亟图补救。渐示主战之方向，乃发进军舰于东方。

　　卑可斯列维陆度侯计斯列利之对俄国，虽为有强硬得主义之政事家，而当时依违踌躇、彷徨和战之间，不能发一雄断。其雄略之缺乏，可想而知。而英廷之狼狈仓皇，于此亦见一班矣。土廷私心冀望，惟斯英国之救援。及见英廷之议论政略，依违不决，心窃愤之。然事已急，不能空待，以千八百七十八年一月十九日，遣使臣于俄军之本营，以请议和。三十一日，预约休战。土耳机自黑海滨之特路可至木陆木拉海岸之沙斯特阿诺以此之城廓堡寨，悉撤其守兵，而归俄军之占据。俄国虞他国之挟异议，乃急急订结本条约。三月三日，即交换焉。所称《沙斯特阿诺之条约》①是也。

　　英奥二国，见此条约，乃大惊。急开欧洲列国之大会议，以定俄土之关系，并一决东邦论之一大疑案，大唱其议，诸国皆赞成之。列国皆应卑斯马克公之招，大会使臣于柏林，以议时事。欧洲之六大国，英、俄、法、德、奥、意，其外若希腊、琉米尼亚、塞尔维亚、木特尼古洛之使臣，皆来集。实千八百七十八年六月也。至七月十三日，会议事终。八月三日，乃得各国君主大统领之批准，而交换之。所谓《柏林条约》②是也。

　　此条约之大概，于土耳机出赎金二亿四千万八百弗于俄国，且割其北方之地以益之。事乃仅平。又割沙逋拉斯岛于英国。自后琉米尼亚、塞尔维亚、木特尼古洛、勃尔俄利亚相踵独立，以脱苏尔丹之羁绊。土国国

---

　　① 《沙斯特阿诺之条约》：今译《圣斯特凡诺条约》，奥斯曼执政的米德哈特帕夏为挑动英俄大战，故意在1878年签署。

　　② 《柏林条约》：《圣斯特法诺和约》引起了英、奥等国强烈不满，联合对俄施加压力，要求它吐出吞下肚的果实。德国首相俾斯麦进行调解，声称要做诚实的中间人。由于力量对比对俄国极端不利，俄国被迫与列强重定《柏林条约》，对《圣斯特法诺和约》进行重大修正：大保加利亚变成了小保加利亚；博斯普鲁斯海峡仍然不对俄国军舰开放。它只是收回了克里米亚战争中割让出去的领土。《柏林条约》还规定奥斯曼帝国将其属地塞浦路斯划割给英国，而原属奥斯曼帝国的巴尔干西北部属地波斯尼亚和黑塞哥维那则改归奥匈帝国统治。正是它所做的许多决定，以后成为第一次世界大战爆发的起点。

势，愈凌夷，非复昔日矣。

野史氏曰，土耳机于《柏林条约》，不但失勃尔俄利亚、琉米尼亚之两国也，而波斯尼亚、海路西可为那之两地，亦于此条约失之。虽许其占领拔干，而南北又受勃尔俄利亚及琉米尼亚之两敌。其利益果何在欤？唯俄国虽因此条约而弃阿拉兹托以南之一带地，不能直达于波斯，然其所得一带之地，得以扩张其疆土。其达波斯街道，仅两日程。又因此条约而得卫托么，并臣属其近傍散在之蛮族。故戈登将军之言曰："卫托么港者，在契路兹可与沙诺通之中间，称黑海中唯一之港场。诸大国坐视俄国之占领，视同无用之地，而掷弃之，不其怪欤？"然则《柏林条约》者，在俄国诚为大利之所在，土耳机不过秋毫之利，而欧罗巴则有无限之害损。交涉之失，莫甚于此也。而且俄国之欲统合波斯尼亚、塞尔维亚、勃尔俄利亚等，以占领君士但丁堡，而翻鹫影于城头，目的已定，百计经营，其所施之主义政略，终始一定，而无间断。而土耳机之君相，犹复不知卓厉风发，绍恢前绪，而建大计，苟且偷安，日甚一日。礼乐刑政，因之大坏。而王柄下移，民心涣散。于是塞尔维亚、木特渥古洛等，叛旗齐举，瓦解土崩。而贪欲无厌之俄国，愈得乘其隙而逞其志，而以为绝大之机会也。呜呼！土耳机之士民，孰不思先王之德泽，孰不幕祖宗之光威。惜乎其君主及宰相，绝无励精图治，以作兴士民之精神气象者。腐败日甚，以至割地取辱而不止。苟非命世之雄才，安能起而救之乎？

第六章　塞尔维亚　罗马尼亚　勃尔俄利亚　东琉米尼亚之位置

塞尔维亚、罗马尼亚、勃尔俄利亚、东琉米尼亚诸州之位置，及其沿革，错综繁杂，殊难了然。故特设一章，略述位置及沿革，备谈土耳机历史者之考察焉。

欧罗巴土耳机者，十年以前，其大别约分数者，一为罗马尼亚，包有木陆他维耶及哇陆拉耶二州①，二为塞尔维亚②，三为波斯尼亚③，四为木特渥古洛，五为勃尔俄利亚，包有鸣兹痴及希沙利亚二州，六为琉米利亚等。分为诸州，其统名曰逋厘兹卫利兹。而其政治之体制各别。

塞尔维亚早恶土耳机之暴政，先举兵叛，为其独立之战，延至数年。千八百十五年至二十九年，土耳机政府知其终不可制驭，乃承认其自治。以苏尔丹之敕书，命其米洛托度洛维契渥布列诺维契即塞尔维亚国皇四代之祖之古西维兹王，以君临该州，并许世袭其位。乃改为属邦。

罗马尼亚者，千八百五十九年，选大佐科沙为哇路拉兹耶及木路计维耶二州之管领。后更名为阿列沙度路计渥第一世。自称罗马尼亚王，达其自治之目的。亦列于土耳机之属邦。阿列沙度路，距今在二百年前，已称王而君临其国土。

凡关于诸州之政治，俄土之间，每生种种之葛藤，而需他国之调停者不少。陈迹姑置不论，即以最近者略约言之。即如千八百二十六年十月七日，阿科陆马之条约。千八百十二年，俄土两国逋列斯托之和约，皆为恢复塞尔维亚权利之基础。乃选举木路他维耶及哇路拉兹耶二州之管领，列

---

① 罗马尼亚：位于东南欧巴尔干半岛东北部。其祖先为达契亚人，后与罗马人共居融合，形成罗马尼亚人。14 世纪先后组成三个公国，1859 年，瓦拉几亚公国和摩尔多瓦公国合并成为罗马尼亚，1881 年改称罗马尼亚王国。木陆他维耶，今译摩尔多瓦；哇陆拉耶，今译瓦拉几亚。

② 塞尔维亚：塞尔维亚王国，欧洲古国名。东罗马占有这一地区，直到帝国衰落，斯拉夫人才控制了南边通往马其顿的道路。进入工业时代后，奥斯曼土耳其衰落，塞尔维亚人终于在 1830 年获得奥斯曼政府的承认，塞尔维亚公国独立。开始只拥有贝尔格莱德附近地区，1882 年建立塞尔维亚王国，继续扩张领土，成为巴尔干地区不可小视的势力。

③ 波斯尼亚：一般指波斯尼亚和黑塞哥维那，简称波黑，是巴尔干半岛的一个国家。12 世纪末建立波斯尼亚公国，15 世纪后被奥斯曼帝国征服。19 世纪沦为奥匈帝国属地。1918 年并入塞尔维亚－克罗地亚－斯洛文尼亚王国（1929 年改称南斯拉夫王国），1945 年成为南斯拉夫联邦的一个加盟国，1992 年宣布独立。

于各州议会之贵族。但其管领，仍得土耳机之苏尔丹之敕许。在职七年之间，于俄土两国，无异议，于州民无苦情，则不得再选之。土耳机之苏尔丹，不得妄行黜陟诸州之官吏。其后以千八百五十九年，俄国更得于此诸州中，而干涉逼厘希扑政治之权利。是为阿度利阿诺布路俄土条约之结果。

俄土于哥里米亚战争之后，千八百五十六年三月三十日，结定巴黎条约。经英法俄及撒地尼亚，公同认定，木路达维耶及哇路拉兹耶二州^{即罗马尼亚州}，为土耳机宗权之下之属邦。土廷认许其权利。各条约国保证之。而保证国仅认其保护，不得干涉其内政。该州之自治，皆有宗教立法贸易兵备之自由。烦条约国之会同委员，公同改正其法律。该州施行新法之方法，由巴里会议议定之。其实施者，多据哈兹斯契利列之所定。该州防御外患之事，土廷必协力助之。若该州之内乱，土耳机但承认回复其秩序，不得用兵力以干涉。且与塞尔维亚得同样之权力。同州内所置之镇台兵，其权利亦如前约。于土耳机之领内，其遇基督教之人民，其生命财产宗教之事，与马哈默德教人民无异。凡与国之间，亦不得干涉土耳机君民间及其内政之事。皆于此条约订之云。

此和约之绵延，亦维持于二十年之间，而始有近时俄土之战争^{即前章所述}。至千八百七十六年，诸州种种之变势，乃又渐生。当时七国之会议^①于巴黎，其组织诸州之主意，皆依其议定。千八百五十八年八月十九日，议定木路达维耶、哇路拉兹耶、塞尔维亚之诸州，皆属于土耳机宗权之下，行自治之政。经各种手续。千八百三十四年，又依六国之保证，其管领者，由会议而选举，以定终身之奉职。其两亲王，必产于其州者，三十

---

① 七国之会议：1856年，沙俄在克里木战争中败北，欧洲七强法、英、奥、俄、土、普、撒丁在巴黎开会，签署《巴黎和约》。

五岁以上之人云。会议员于其以外之事，亦多为制定。然是等之诸州，颇有怨望，密相联结，不欲奉外国之君种而为王。因巴黎会议之条约，不得不许之。既而木路达维耶、哇路拉兹耶二州之会议，遂于千八百五十九年，遂自选举科沙王为两州之管领。纷议之末，科沙王之任期未满，而内乱又生。千八百六十六年，科沙王既失位，人民又立假政府以施行政治，遂迎贺海渥陆列家之查列斯王而推戴之。七国之大使等，又开会议于巴黎，又复承认诸州之改革党。土廷不得已，乃认查列斯王为联邦之王。即封为罗马尼亚王，而许其世袭。千八百六十六年十月二十三日，土耳机苏尔丹授以勋章爵位，增加其贡献之金，并三万以下之常备兵，以妨害其治安，而密图其地，且侵害联邦之权利，乃遂拒之，直接而与他国结订条约。

其后最起欧洲之物议而生骚乱者，实以海路西可维耶为始。此次之叛乱，起于千八百七十五年，及至七十六年，而塞尔维亚、木渥斯洛、波斯尼亚诸州，叛徒交起而助之，实为诸州最大之事件。自塞尔维亚之事起，内乱迭生，于是皆叛土耳机而谋自立。其势蔓延，遂启欧洲之战争。土耳机锐意欲镇定之，于勃尔俄利亚虐教基督教徒。国内变乱，势纷如麻。当时之结秘密社会者，自希路加希耶及卫希卫斯科，其余马哈默德之教徒，皆大煽动，残忍奸杀，达其极点。俄帝乃于千八百七十六年之秋，愈愈决用兵力。昔日巴黎条约千八百五十六年诸国调印之全权，会议于君士但丁堡评议处置之策，至是不能保守，危机正迫。俄帝遂以救勃尔俄利亚、塞尔维亚之人民脱于土耳机之虐政压抑为辞，乃大出兵。是为俄土战争之起因。时千八百七十七年四月也。始则两国之军，互有胜败。其结局之胜利，终归俄国。俄国遂近迫于君士但丁堡之边鄙。土廷势穷力竭，乃又请和。千八百七十八年二月十九日，再结沙斯特哈诺之条约。然欧洲诸国，以此条约与千八百五十六年及七十一年之条约违背者，议论纷然。遂付于《柏林条约》改正而候实行。今举其要点曰：推广勃尔俄利亚之界，并其中琉米尼亚之全部，凡属于勃尔俄利亚者，仅纳贡献于土耳机苏尔丹。行自治之政，自选其王，自建其基督教徒之政府，自编制其护国军，而为属邦之列。勃尔俄利亚之议会，从俄国委员之监督，与土国委员议定将来政治之组织。其新组织者，二年之间，皆从俄国委员监督施行之。土耳机之镇台，虽设于勃尔俄利亚，其要塞为俄军所占据者。二年之间，由勃尔俄利亚纳贡献于土廷，由俄国及他国协议取定之。土耳机通过该州之街道，其兵不得往复于他所，邮便电信亦然。又以木特渥古洛并塞尔维亚，亦共列邦之委员而定其境界。琉米利亚，亦为独立国。土耳机又偿俄国之军费十四亿一千万庐卜路。其中十一亿万者，乃代阿路达哈、加路斯、卫度摩、衢耶西兹托等地割让之款。

已而列国会议，为干八百七十八年七月十三日调印，八月三日批准之《柏林条约》，以改正沙斯特哈之条约焉。其条约共六十三条，自第一条至第十二条，勃尔尼亚之事。自第十三条至第二十二条，东琉米利亚新洲之事。第二十三条，波斯尼亚及海路西可维耶之事。第二十四条至三十三条，木特渥古洛之事。第三十四条至四十一条，塞尔维亚之事。第四十三条至五十七条，罗马尼亚及多恼河之事。第五十八条至六十一条，小亚细亚东地之事。第六十二条，土耳机帝国内一般自由之事。第六十三条，千八百五十六年之《巴黎条约》与七十一年之《伦敦条约》及此次之改正《柏林条约》，或废止或遵奉及偿金之事。

据《柏林条约》，波斯尼亚及海路西可维那二州，定为奥大利亚及匈牙利之领地。木特渥古洛、塞尔维亚、罗马尼亚三州，定为纯然之独立国，其君主为木特渥古洛王意苛拉斯第一世，塞尔维皇米拉第一世，罗马尼亚皇加洛第一世。由此条约所选，而君临其国。勃尔俄尼亚，许其建立"扑利兹卫利兹"基督教之政府，设国民军，立于土耳机宗权之下，为贡献属邦。其勃尔俄利王，出国民随意之选举，及条约国之承认，乃即其位。据勃尔俄利亚之根本法，其王于选举之前，由契路诺哇会议及勃尔俄利亚之绅士议定之，但必选之于欧洲大国皇族中。以其宗教之故，其国民之政权、人权、职业等，皆为之立分界。其议定根本法，及其假政府，皆由俄国委员所监督。但此监督者，补佐土国委员及此条约国领事之职。其假政府不得涉九月以上。纳贡献于土廷。其组织之新政府，一年之后，经条约国之协议而定之。土国之公债，勃尔俄利亚所担负者，亦由条约国而定。土国之军队，于勃尔俄利亚之地，一年之内，不得破坏其要塞等。

东琉米尼亚者，自拔干山南勃尔俄利亚之西北境，依《柏林条约》，而定为一州。附于东琉米尼亚之名。该州立于土国之直管下。设基督教之大守，行自治之内政。其大守，由土耳机苏尔丹之敕任，在职五年。欧洲之委员，于三月内，与土廷评议，议定东琉米尼亚之组织。迄其组织成就，又与土廷评议，整理该州之财政。又驻在勃尔俄利亚及东琉米尼亚之俄兵，约五万人，其用费虽出于其占据之地。其占据者，于此条约批准交换后，不得过九月之期。

初，俄国以沙斯特哈之条约，而欲并勃尔俄利亚及东琉米尼亚而成为勃尔俄利亚州。而柏林条约分之为二，一则为勃尔俄利亚州，一则为东琉米尼亚州。盖欧洲列国，虑俄国之南下。先以塞尔维亚、罗马尼亚、木特渥古斯之三国为独立国，为其屏藩，次之又以勃尔俄利亚为自治州。一朝有事之日，而拔干之要险，已非土耳机之直隶。其策未全，然其分为二州者，各因其风俗、气象、惯习、利害之相同，而各建政府。然将来之纷议，又由此而基。当时之卓见政事家，不能无议也。

自是拔干半岛，每年必有乱阶，一波未平，一波随起，至于今日而未止。而促其事变者，惟俄国。苟俄国之雄志未逞，即拔干半岛之乱，终无已时也。

第七章　政治

帝室

据土耳机地位继嗣之宪法，苏尔丹之位，以哈诺列摩_{后宫众妻所居之宫名}宫所生最长之男子继嗣之。哈诺列摩者，与国立之省院同格。凡哈诺列摩宫所生之男女，不问其为宫人_{称自由女非以金钱购买者}婢女_{以金钱购买者}所出者，保其平等均一之权力通义。苏尔丹去其位，则以其长男嗣之。然其长男若年长之伯叔父与从兄，则不得嗣其位。

苏尔丹者，由其数百年来沿袭之习惯，行正当之结婚，则取哈诺列摩之女子，或以金钱购买者，或自求而来者。其购买者，大概来自外国沙加兹耶_{土耳机之旧领地，在欧罗巴、亚细亚两洲之间}之人，强居其半。苏尔丹于此女子之中，选定者为加特维_{即妃嫔}。其妃嫔大约七名之例，其余者称为渥他利科_{妃嫔之女伴}。哈诺列么之监督，以妃嫔中最年长者选定之，尊称为哈兹那他路加特维。而外间之交际，以阉官绍介之。阉官之长，称为歆拉路阿加希，其官位与大宰相同格。临皇室大礼之式场，坐于大宰相之上席。

皇室费，即供苏尔丹所用之经费，其详细不得而知，大约百万磅乃至二百万磅以上云。又皇室之所属者，有宏大之土地。此土地之所得收入，皆为皇室费。其公私之所得收入者，其项颇大，必足给内廷后宫奉仕五千余之人员云。

宪法

宪法之大本，袭据回教之经典，哥兰之教示而制定。叙述其教祖神圣书类中所记载，回教之真理，苏尔丹之权力，无限无穷。次则哥兰摩路特加之法令，此法令者，编纂教祖马哈默德之预言及神孙之裁决并宣告文等。国帝共臣民守之。

立法行政之两权，共由苏尔丹之亲裁。以二高官补佐之，一为沙度拉沙，又称为大乌维希路，近顷又改称为卫希野鸣耶路，如总理大臣，统督一切之政务。一为希野科鸣路伊路拉么，统御关于宗教之事务。二高官者，皆由国帝亲命任之，亦称为鸣列马，必经僧官法官等之会议，与议院之承诺，乃得任命。但此会议者，有名无实，大概皆迎苏尔丹之意旨所任命者。此则为摩列那议院，又次为乌列马，高等之文官，为"海若""野列野兹"，又称为"卫兹耶"。

土耳机仿欧洲各国以制定宪法者，不知几次矣。千八百五十六年二月十八日，发布苏尔丹第二之敕谕，皆仿欧洲各国之宪法，以建设新国制，宣告于列国者。然土耳机之国势，于此等政治上之改革，终未能实行之云。

第八章　兵制

调查土耳机现时之兵制，其事颇难。何以故？盖土耳机之规制，挽近虽建其制，而其条例，唯建于纸上而已。今就其报告之最确信者，略述于左。

苏尔丹马毛度第二世，欲除奇耶意斯沙厘兵之弊，千八百二十六年，以非常之勇断，而废其兵，然后始仿欧洲各国，建设新兵制。其始建也，先招外国之将校，以负担人民护国之义务。据其法，回回宗教之信徒，不服兵役。耶稣教之信徒，则服兵役，唯或有出军税以代之者。盖耶稣教信者，取武器，服兵役，皆习以为常。故于欧洲之中，耶稣教之人民与回回宗教之人民相比较，居其十中之六。故耶稣教人民当服兵役之时，若驱逐回回宗教之人民于欧洲，故自易易耶。

土耳机之全国，分为七军团之兵员，大率如下：

一　步兵各联队　各联队为三大队

一　猎步兵六大队

一　定制军骑兵四联队　各联队为六中队

一　炮兵一联队　以十四中队而成

一　工兵一中队

此七军团中二个者，其兵员众多，不能详记。总计七军团之概略如下：

一　步兵百四十三大队

一　猎步兵四十五大队

一　骑兵三十一联队

一　炮兵七联队

一　工兵七中队

又有属于各军之外者如下：

一 预备炮兵一联队

一 海岸要塞炮兵七联队

一 独立步兵五大队

一 炮兵局地部队五大队

一 独立工兵四大队

一 警备队二联队

一 宪兵六十五大队

合计之兵员如下：

一 步兵二十二万人

一 骑兵三万六千骑

一 炮兵六百七十二门

以上所列之兵员，合常备预备兵而算。其外后备之兵员如下：

二百四十大队　各大队以八百人而成

又有国民军，其数虽得三十万，然不过纸上之兵数，不可确信者。俄土战争之中，仿法国而作民兵团，然以军事上而论，可谓之为毫无寸益之兵。

后备大队者，千八百七十五年之末，海路西科维耶之叛，其军因此编成。征集回回宗教信仰之人民，年龄自二十四岁以上至二十九岁，为第一后备军。千八百七十六年，以塞尔维亚之战争，及本国之战争，又征集第二后备军，即年龄自二十九岁至三十三岁者。自千八百七十七年，又征集第三后备军，年龄三十三岁者，亦在其中。

以上皆千八百七十七年俄土战争时之兵备。若其现时海陆军之制，考之如左：

凡回教信徒，年龄达十八岁，身体健全者，皆有从事兵役之义务。当选者，每年以抽签征集之。大约四万五千人。请愿兵役免料者，纳金五十磅。家族养育之户主，则免除其兵役。奉回教者，亦免除其兵役其免除料不问男子之老幼，一人每年纳金六希利古。

陆军之组织，以常备军义沙摩义勇军列特维列二大部而成立为国民军摩斯他列维斯。兵役之年限，共二十年。常备之服务，步兵三年，骑炮兵工兵四年。预备军之服务，三年或二年。义勇军之服务，四年。其余皆为国民军之服务。分全国为七师管，各置镇台所。第一为君士但丁堡，第二为阿度利亚诺卜路，第三为木那斯兹路，第四为野路斯维希阿，第五为达马斯加斯，第六为卫古达托，第七为沙那耶那等之地。

常备军者，步兵二百六十四大队，骑兵百八十九中队，野砲兵百四队，山炮兵三十六队，要寨炮兵二十九大队，步辎重四大队，工兵十四大队，火工兵三大队，器械卒二十二队，看病卒二队，电信队一队。平时之军队，士官千七百十人，兵十四万九千三百十二人。

当战时召募之预备军，据千八百八十五年之报告，预备军召募后，若仍患不足，则召募义勇兵第一部，百九十二大队，十三万四千四百人以补之。若仍不足，则召募义勇兵第二部，百六十大队，十一万二千人以补之。其平时及战时之军队，合计为四十四万五千五百二十二人。而服役于国民军者十二万人。

其海军者，规模甚盛大。盖至近年，其最上等之部所属之军舰，买之于英国以壮其观。据千八百八十五年之报告，大甲铁舰十五，小甲铁舰数只，不完全之水雷舰三只。大甲铁舰十五只之内，属第一等舰者三只，即为巡洋大舰；属第二等舰者四只，即为巡洋小军舰；属第三等舰者八只，即为海岸防御之小军舰。

海军兵，亦如陆军兵之抽签以征集之，又或募集志愿人。其服役之年限，凡十三年。常备军五年，后备军四年，义勇军四年。常备海军之人员，中将六名，少将十一名，大佐二百八名，少佐二百八十九名，尉官二百二十八名，兵曹百八十七名，水夫三万人，其余之海兵九千四百六十三人。

第九章　财政

土耳机之财政，比年以来，错杂混乱，实为已极。千八百八十年以后，渐次整顿。据土耳机政府公告批准之财政统计表，岁出入亦能相偿，常在四百万磅或在不足八百万磅之间。然自千八百八十年以后，政府复募集公债以助之。千八百八十二年，因埃及之扰乱，至不得已，负债至二十万磅。土国之理财官，欲于现定会计出纳之事，以节减文武官吏之俸给。其节减者，或止一部，或及其全体云。

据千八百八十年之统计报告，岁入之数千六百十五万五千八百四十磅，岁出之数千九百十四万八千七百六十三磅。又据千八百八十三年之报告，岁入概算千三百六十八万六千磅，岁出千四百八十万九千磅。

土耳机之国债，分之为二种。一为外国债，以国库收入中之特殊租税金额抵当之，而借用于诸外国者；一为内国债，政府以国库之经常岁入为抵当，而借用于国民者。

千八百七十五年十月六日，政府议定外国公债利子之半额，以己金抵当之。其半额，则又以拉马沙之公债为抵当。千八百七十六年七月九日，政府又以频年国内多事，外国公债之利子，议定俟其靖定之日，乃行付与。千八百八十一年七月，英法德奥意五国之株主总代等，会合于君士但丁堡，商议整顿土政府之公债，以规定其处分。竟于千八百八十一年十二月八日至二十日，以敕谕布告外国之公债金额，减却至一亿六百四十三万二百三十四磅。当其之时，于外国公债之株主中，请求其选定之总代，设立管理局。此管理局者，为株主总代相会之所，凡关于土国公债及百般之事务，由其管理商议。与土政府之诸院省独立分离，而保其特别之权利。其费用以土政府所收入物产税之金额支给之。土政府为整理公债之事，岁费八百十七万磅，且于每年岁入中，以五十九万磅，别而出之，以为偿还外债之用。又得诸外国政府之承诺，得新课其一般人民之营业税。千八百八十四年之春，乃实行之。管理局之委员，英法德奥意五国，并加拉他银行，各派遣一名，以组织。英国之委员，兼理和兰、白耳义之委员。土政府与管理局之委员，互相协议，每年偿还五十九万磅，以二十二年为偿尽之期。每年三月十三日及九月十三日，付与之。又对每年之公债，规定付与五分之利子。又政府以纯收入五分之四，为付与诸外国公债之利子。又以五分之一，以为销却其资本金。依其规定整理财政之方法，自其实施之日，约四年间，即可清偿。其外国债，合计 223196740。

内国债之金额，大约在二千万磅。其整理之方法，尚未规定。千八百七十七年之战役后，还附俄国之偿金三千二百万磅。但此金额，无有利息，每年偿还三十万磅云。

千八百八十四年，土耳机政府实行重要之改革。经土国各院省及中央政府之批准，各院省之费用，悉皆支给于中央政府。其各州县征收之租税，因其习惯，达于中央政府者甚少。政府力禁止之。千八百八十四年之后，乃实施行。于是国库之收入，以此改革，有渐次增殖之势。

土政府又欲改铸其劣等性质之金货币，将实施之。未几又遂废止。

第十章　宗教及教育

土耳机之所领，跨于欧罗巴亚细亚之两洲，以其版图极大，故宗教之种类，亦不能一。然其最重要者，不过二种。奉回教者千六百万人，奉基督教者五百万人。奉回教者于亚细亚之领地，人口占其强半，欧罗巴之领地，不能过其半焉。土耳机政府虽以回教为其国教，其余奉七派教者，亦所公许。其一为缅甸列拉科，亦奉天主教及罗马教之祈祷定例者。其此派之信徒，昔时自热诺亚、威尼斯而移入土耳机之人民，其后裔多属此派。而亚尔米尼亚、勃尔俄利亚等之新改宗徒者。二为希腊教派。三为亚尔美尼亚教派。四为西里亚并兹耶路特耶教派。五为马路耶托教派。此教派之信徒，在勒巴嫩山中，奉其住职加若卑地方大教长之教示。六为亚美尼亚州之基督新教派。此教派之改宗皈依者甚多。七为犹太教派。其教长及犹太教派之大教长称为兹耶么卫希，各位祭酋，以掌祈祷，而有最大之威权。

回教之僧侣，属教务院之管理。其官职多世袭，而敕命得退黜之。盖土耳机者，纯然为专门之僧官，其为政府之官吏者姑置勿论。虽偶参集祭奠之式场者，音声流丽，品行端严，则即称为宣教师称为伊马么，代诵哥兰经[①]中之歌谱，并掌其祈祷。然哥兰经中法律权利之根抵，回教信徒之日常服膺者，则僧官与学校教授法律学者，别有密着之关系云。

[①] 哥兰经：今译《古兰经》，是伊斯兰教的经典。伊斯兰教相信《古兰经》的原文在世界未创造之先早已存在天国，后由天使加百列启示穆罕默德才传至世间。穆罕默德从第一次得到启示（穆罕默德被安拉委为先知）到逝世的二十二年两个月又二十二天中，神的"教诲"逐节逐章不断地赐下来，由他口传给门徒。

哥兰，并摩路特加经中奖励教育之事，在往古之学校，甚隆盛。都会之地，遍设立之。为专门学校，"那度列斯"共附属书籍，设置大寺院以藏之。但此等学校教授之科目，颇未完全。其专门学校，口授学生以亚剌比亚语，并波斯语，及哲学论理学，并哥兰经暨伦理修身之学，又并教授神学、土耳机法律、历史、地理之初步等。

第十一章　美术

土耳机于希腊时代之建筑美术者甚多，其雕刻精巧，结构宏大，有足传者。今述之如下：

珊逊古寺

于千三百五十年前，即希腊时代之建筑。四隅皆尖塔，其中央设大堂。堂宇圆形，立大理石为巨柱。周围三百六十尺，其高二百七十五尺。于其天井，镂二分方形之石室，涂金以装饰其壁，颇极雄丽。其教师登坛说经之时，一声千响，余音嘎然。是盖其建筑之妙云。

用水贮藏所

千六百年前，君士但丁帝所建筑。构造极其宏大，自地平线，崛深百余尺，广二万方尺。花岗石之圆柱，长三十尺余，径四尺余者。三本而鼎力其中。其数一千一本。今日其柱之半，尚埋于土中，仅其上之半部，矗立于云表。

广马场

即希腊时代之竞马场。其幅百余间，径三百间许。其中央三碑矗立，其一为三千五百年前以希腊所产之花岗石所作，高五十八尺，角面七尺余。碑之四面，刻希腊之大文字，精妙可喜。其一为二千四百年前波斯战争之纪念碑，以赤铜为之。为三蛇相缠之形状，大径二尺余。昔日之高六十尺，今折其半，仅存二十尺许。其一为方柱碑形，叠砖瓦而为之。高六十余尺，面八尺许。往时皆以铜包之，不露砖瓦。当时竞马之节，取胜者则刻姓名于碑面，以为纪念。其后外面之赤铜，为意大利携去，以供铸钱云。

其余如铜像、石像、器物等，各种之古物，皆为希腊时代之故物。雕刻巧妙，冠绝于天下云。

第十二章　贸易及交通

土耳机之通商贸易，自千八百八十一年三月十三日至八十二年三月十二日，输出之总额，十一亿二千九百五十三万一千卑亚斯托路_{土耳机之通货有利拉及卑亚斯托路二种，卑亚斯托路者，当日本之四钱五厘。以百卑亚斯托路为一利拉，}输入总额十九亿四千八百六十万八千九百十八卑亚斯托路。自千八百八十二年至八十三年，输出总额十亿九千六百四十四万八千六百六十卑亚斯托路，输入总额二十亿一千九百二十四万二千八百二十三卑亚斯托路。又千八百八十四年至八十五年，输出总额十二亿三千九百二万百二十八卑亚斯托路，输入总额十九亿七千五百七十八万四千三十五卑亚斯托路。其余烟草之输入，甚占多额。千八百八十四年至八十五年之间，其重一千二十九万九千三百八十九契洛古拉摩。其输出物品，生绵，咖啡，化学的制造物，乌亚洛意耶，土国产之櫔树实<small>革工之所用</small>，盐鱼，熏鱼，果物，谷物，花粉类，木海路精，山羊之毛，象牙，真珠，胡栗，阿片，矿物类，种物类，生丝茧，绢物，兽皮等，羊毛，石碱，绒，毡等。其输入物品，亚尔里亚类[①]，动物类，衣服类，牛酪，蜡烛，染料类，化学得制造品，石炭[②]，咖啡，生绵类，布帛类，帽子类，谷类，花粉，玻璃类，那利耶斯类，铁具类，矿物类，石油纸类，希加利托，卷纸，袋类，生丝，制造之绢，革皮类，砂糖，羊毛类，绒，毡等。

土国之商船，其数甚多。据千八百八十三年之统计，汽船十只，此吨数八千八百八十六。风帆船三百九十一只，此吨数六万三千八百九十六云。

铁道线路之延长　在欧罗巴土耳机所领者，九百四英里。在亚细亚土耳机之内者，一万四千六百十七英里。总计千二百五十一英里。

电信线路之延长　据千八百八十四年之统计，其延长一万四千六百十七英里。复线之延长，二万六千六十英里。电信局之数，四百六十四。邮便局之数，七百二十。邮便物之发出者，每年约人口十五平均各得一通云。

第十三章　结论　论土耳机之形势

野史氏曰，呜呼！土耳机之事，余不欲言，亦不忍言。吾觇夫黑海之

---

① 亚尔里亚类：海产品，包括海带、海苔等。
② 石炭：亦称煤炭，也泛指煤炭、石墨、铁炭、乌金石、焦石。

关门，彼北方之强者，鸷影翩翩，展转于虐雪饕风之地。琉米尼亚及勃尔俄利亚，亦久归其掌中。而夺其锁钥，拔干山最高之坚据，岂足恃为屏藩哉？亚尔塞尼亚，又为法国所夺，突尼斯为其所占，摩洛哥为其所掠。而沙逋拉斯岛，已为英国所占领，埃及亦为其保护国。而奥国者，则取波斯尼亚，略海路希可维耶。彼新进之意国，则据托利贺厘及阿陆卫意耶。呜呼！彼阿多曼帝国者，诚一大货囊也。英如狮，法古狼，奥如蛇，意如鹰，争先攘臂，而攫囊中之货。彼俄鹫之手，殆欲探其囊底而全攫之也。

夫土耳机者，非民治的之主义，实君治的之主义也。当其先世，英明雄略之君主，前后辈出，君民一类，文武一途，国民尚武之气象，凛凛烈烈，溢六合而吞八荒。其精悍雄壮，叱风云挽日月之概。当时其疆域之广大，威力之隆盛，虽罗马帝国，不足匹也。彼欧洲各国之俯服而不敢撄其锋者，不亦宜哉！呜呼！人之云亡，邦国殄瘁。古人之名言谅矣。士人不能继其武，后主习而不察，君民暌离，文武衰驰。其英图雄略，随之而渐灭。至于今日，几不自存。悲夫，夫俄国之驰于土耳机，欧洲以外，欲据君士但丁堡之要地，以制欧洲之大势，非一日。然土耳机之君主宰相，懵然不知，不求振兴之策，偷懦之政，依然不改。内廷之阉官，逞骄奢而弄威福，但知一己之私利，而不知国家之大忧。当局之宰相，其人物大都长袖纨绔，才器之猥琐庸劣，不问可知。而国民尚武之气象精神亦萎靡而不振，共国政而日即于凌夷。语有之曰："国将败者士皆归，国将亡者贤人避。"呜呼！土国之空山幽谷，果为德星之所聚欤？其国之日促也宜矣。

且其比年以来，国内之税源日耗，其财政之错杂纷乱，达其极点。又兴亿万之负债于外国，而不求偿还之途。收敛太急，四民皆苦其诛求。一国之中，生机日促。欧洲各国之债主，陆续相踵，始则严其督责，至其末也，竟声言代整其财政之紊乱，干涉其内治。恣睢专横，以逞一己之狼欲。土耳机之政府，而亦无之奈何。呜呼！堂堂帝国，而至于此，亦可悲矣。千百年前，蹂躏欧洲各国，英名雄略，震于寰宇，泯然而不复见。草木共朽，骷髅同枯，覆灭之祸，将随其后。独有春风知此意，年年杜宇泣冬青。一溯土耳机盛衰兴败之由来，春风杜宇，有无限兴亡之痛也。

现时欧洲之局面，试就诸强国之大势，以注目其存亡何如。吾人能不措意乎？唯是土耳机之问题者，抑如日耳曼之维廉大帝，而辅之以卑斯麦公之雄略，毛奇将军之老算，以统合日耳曼之联邦乎？抑如意大利之维克杜尔以马以弩帝，辅之以加布儿之大才，加利卫路兹将军之侠胆，经营意大利建国之事业乎？果尔，则欧洲大陆之形势，其局面又将全变也。今日欧洲之中，宇内强国之所注射者，惟土耳机。其运命之如何，关于欧东之大势者不小。然则土耳机者，苟无人焉则已耳。苟有其人，则今日之贫弱，一变而为富强。今日之衰颓，一变而为隆盛。殆如反掌之间。土耳机之广漠如此也，果有其人否欤？呜呼！果有其人否欤！

以实力困土耳机者，惟俄；以虚名救土耳机者，惟英。恃英之虚名，而轻俄敌，非智也。惧俄之强大，贪一日之苟安，不讲振兴之策，非勇也。土耳机于此，诚能有悟。十年生聚，十年训练。内则振国势而结民心，外则坚疆宇而励雄图。英国之声援，不足恃也，而亦不必恃也。俄国之强大，不足恐也，而亦不必恐也。其要在有大贤哲出而任之。

涔洼之水，不能藏巨鳞；疏间之林，不能居猛兽。补苴泄漏之君主，不能集贤才！处今日之时势，非奋迅风发，一新天下之耳目，以立建国之规模，则土耳机奄然长逝，为行尸走肉不远矣。呜呼，其速立规模而图成哉。可与图成者，果何人欤？呜呼，果何人欤？！

土耳机苏尔丹之统系及即位时代表①

序号	苏尔丹名字	年次（年）
上世纪		
1	阿士曼	1299
2	渥陆加	1326
3	慕剌特第一世	1360
4	巴牙屑第一世	1389
	（大空位期）伊他科列	1402
5	马哈默德第一世	1412
6	慕剌特第二世	1421
7	马哈默德第二世	1451
中世纪		
8	巴牙屑第二世	1481
9	塞利慕第一世	1512
10	索利曼第一世	1520
11	塞利慕第二世	1566
12	慕剌特第三世	1574
13	马哈默德第三世	1594
14	亚那托第一世	1603
15	摩斯他列阿第一世②	1617—1618
16	渥斯马第一世	1618—1622
17	慕剌特第四世	1623
18	伊布拉可么	1640

① 本表第一栏的"序号"及"苏尔丹名字"为编者所加，下面的序号也是编者编辑的。

② 奥斯曼帝国第15代苏丹摩斯他列阿第一世（今译穆斯塔法一世），1617—1618 年，1622—1623 年两次位居苏丹。

续表

序号	苏尔丹名字	年次（年）
19	马哈默德第四世	1649
20	索利曼第三世①	1687
21	亚那托第二世	1691
22	摩斯他列阿第二世	1695
23	亚那托第三世	1703
24	马毛度第一世	1730
25	渥斯马第二世	1754
26	摩斯他列阿第三世	1757
27	亚布特野路哈米度第一世	1774
28	塞利慕第三世	1788
29	摩斯他列阿第四世	1807
近世纪		
30	马毛度第二世	1808
31	阿布特野路那计度	1839
32	阿布特野路阿计	1861
33	慕剌特第五世	1876.5.30—8.31
34	阿布特野路哈米度第二世	1876

奥斯曼帝国苏丹（今译）列表②

序号	中文名	外文名	在位时间
1	奥斯曼一世	Osman I	1280—1324

---

① 索利曼第三世，有误，应该为索利曼第二世，今译苏莱曼二世。

② 此表为校注者添加，便于与原著的《土耳机苏丹之统系及即位时代表》对照阅读。

2	奥尔汗	Orkhan	1324—1359
3	穆拉德一世	Murat I	1360—1389
4	巴耶塞特一世	Bayezid I	1389—1402
	大空位期	Interregnum	1402—1413
5	穆罕默德一世	Mehmet I	1413—1421
6	穆拉德二世	Murat II	1446—1451 复位
7	穆罕默德二世	Mehmet II	1451—1481 复位
8	巴耶塞特二世	Bayezid II	1481—1512
9	赛利姆一世	Selim I	1512—1520 1517（称哈里发）
10	苏莱曼一世	Süleyman I	1520—1566
11	塞利姆二世	Selim II	1566—1574
12	穆拉德三世	Murat III	1574—1595
13	穆罕默德三世	Mehmet III	1595—1603
14	艾哈迈德一世	Ahmetd I	1603—1617
15	穆斯塔法一世	Mustafa I	1617—1618
16	奥斯曼二世	Osman II	1618—1622
15	穆斯塔法一世	Mustafa I	1622—1623（复位）
17	穆拉德四世	Murat IV	1623—1640
18	易卜拉欣一世	Ibrahim I	1640—1648
19	穆罕默德四世	Mehmet IV	1648—1687
20	苏莱曼二世	Süleyman II	1687—1691

续表

序号	中文名	外文名	在位时间
21	艾哈迈德二世	Ahmetd II	1691—1695
22	穆斯塔法二世	Mustafa II	1695—1703
23	艾哈迈德三世	Ahmetd III	1703—1730
24	马哈茂德一世	Mahmud I	1730—1754
25	奥斯曼三世	Osman III	1754—1757
26	穆斯塔法三世	Mustafa III	1757—1774
27	阿卜杜勒·哈米德一世	Abd al ~ Hamid I	1774—1789
28	塞利姆三世	Selim III	1789—1807
29	穆斯塔法四世	Mustafa IV	1807—1808
30	马哈茂德二世	Mahmud II	1808—1839
31	阿卜杜勒·迈吉德一世	Abd al ~ Mejid	1839—1861
32	阿布杜勒·阿齐兹	Abd al ~ Aziz	1861—1876
33	穆拉德五世	Murat V	1876
34	阿卜杜勒·哈米德二世	Abd al ~ Hamid II	1876—1909
35	穆罕默德五世	Mehmet V	1909—1918
36	穆罕默德六世	Mehmet VI	1918—1922

　　说明：此表为勘校者添加，便于与原著的《土耳机苏尔丹之统系及即位时代表》对照阅读。

光绪二十八年十一月廿五日印刷

光绪二十八年十二月初五日发行

亚剌伯史

[日] 北村三郎　编著

赵必振　译

应国斌　翦甜　校注

首 篇

第一章　地势说略

亚剌伯①者，北接亚细亚土耳机，西限红海及苏彝士地峡②，南面印度洋，东临渥马湾③及波斯湾。其面积凡百二十一万九千哩，人口凡三百七十万。自红海之沿岸及波斯湾边，野路哈兹沙属于亚细亚土耳机，故除

---

① 亚剌伯：今译阿拉伯。现在的阿拉伯世界，西起大西洋，东至阿拉伯海，北起地中海，南至非洲中部，位于亚、非两大洲的结合部，战略地理位置重要。阿拉伯世界有宽广的海岸线，倚靠大西洋、地中海、波斯湾、阿拉伯海、亚丁湾、红海、印度洋等水域，曾经孕育了一些著名的古代文明，如古埃及文明、亚述文明、巴比伦文明、腓尼基文明等。

② 苏彝士地峡：又称苏伊士地峡，为苏伊士湾与红海之间的地质断层。上新世中期此地被地中海淹没，而与印度洋连通，后来受到尼罗河三角洲东部地壳隆起作用的结果，使得地峡隆起于地面，阻断了地中海与红海相连。苏伊士地峡位于埃及东北部，亚洲和非洲在苏伊士地峡处相连，整个地峡是平坦的沙漠地带，宽度为135千米，面积约有2万平方公里。地峡北部因靠近海岸，分布着一连串咸水湖、洼地与沼泽。1859—1869年由法国人投资，埃及人民将苏伊士地峡拦腰劈开，挖成一条巨大的人工河流，这就是著名的苏伊士运河。

③ 渥马湾：今译阿曼湾。阿拉伯海的西北海湾。位于今阿曼、阿拉伯联合酋长国和伊朗之间，东接阿拉伯海，西通过霍尔木兹海峡与波斯湾相连。两湾周边多是世界重要石油生产国。南北线从阿拉伯半岛的阿曼国哈德角到伊朗的东南端加瓦特尔（几乎靠近伊朗—巴基斯坦交界处）。北方的外面不远就是巴基斯坦瓜德尔港。

之。亚剌伯为独立国，分为三邦，曰渥马①王国，曰洛哈的王国，曰希野倍陆希耶马是也。亚剌伯半岛之地，北纬自十五度四十分至三十四度，东经自三十二度三十七分达六十度，南北凡千五百哩，东西凡千三百哩。

亚剌伯半岛在高原之土地，其周围大半群山环之，惟向西里亚②沙漠一部最平坦。傍海岸之山脉，皆为峨峨岩石之堆积。及至渥马，则称绿山，其内地高低之度，相悬太甚。至渥希野度中央之地③，为最著之高原，或有达五千呎者。其土地以水湾分为其部分，丰饶甚夥。国产之首要品，为咖啡。亚剌伯之骆驼，国人呼之为沙漠之舟，为最大之利用。

亚剌伯虽分为三邦，而全体合为独立之国。于政治上为一国之休裁，通行于三邦。三邦之中，最大者为渥马，在东南之海岸。其余之二邦，渥兹野度占中央之高地。中央高地之南北，为沙漠之部分，漂泊之亚剌伯人住。其土地之高大，倍于前之三邦。此沙漠之中，各部落之人民，逐水草而转徙。其政治在族长支配之下。一部族即一村落之长，称为 Sheikh。其大者称为野米陆 Emir，又称为梭陆他 Sultan，为一定之社会群，又服其首领。

---

① 渥马：今译阿曼，指阿曼苏丹国，位于西亚、阿拉伯半岛东南沿海的一个国家，西北与阿拉伯联合酋长国接壤，西面毗邻沙特阿拉伯，西南靠近也门。阿曼的海岸南方和东方临阿拉伯海，东北方抵阿曼湾。它扼守着世界上最重要的石油输出通道——波斯湾和阿曼湾之间的霍尔木兹海峡。阿曼是阿拉伯半岛最古老的国家之一，公元前 2000 年已经广泛进行海上和陆路贸易活动，并成为阿拉伯半岛的造船中心。阿曼社会属于传统的农业社会，居民约 40% 从事农渔牧业。主要产物为大麦、椰枣、金、石油、铜、铁等。阿曼在 20 世纪 60 年代开始开采石油，因经济起步较晚，发展相对缓慢，仍算是一个较富裕的阿拉伯国家。

② 西里亚：今译叙利亚。位于亚洲西部，地中海东岸，国土总面积（包括戈兰高地）185180 平方公里。

③ 渥希野度：又译纳季德。位于阿拉伯半岛中部，又称中央高原，平均海拔约 780 米，北部最高处达 1500 米。北、东、南三面分别为大内夫得沙漠、代赫纳沙漠（小内夫得沙漠）与鲁卜哈利沙漠。主要山脉有图韦格山、艾赖迈山与塞勒马山等。气候干旱，河流都是涸河，如代瓦西尔河、哈尼法河与塞勒马河等。居民多集中在绿洲。阿拉伯半岛除了石油与天然气以外，最重要的矿物有金、铜、铝、铁、磷等。

亚剌伯英领之土地，自印度之孟买，为其管辖。其土地不胜枚举，曰野路野那海岸之亚丁①。亚丁者，在地中海上兹布拉陆他寨，居卫陪陆马特布海峡②之外，扼红海之咽喉。曰倍利摩岛③。倍利摩岛者，在卫陪陆马特布海峡之内，其地设有灯台。曰科乌利摩利耶群岛 Kooria mooria gronp。科乌利摩利耶群岛，散布于渥马可海岸之近傍。

墨加④及默德那⑤者，为亚剌伯之都。此两都者，为始祖马哈默德⑥之灵地。世界回回教⑦之信徒，群集于其所。

---

① 亚丁：位于今也门西南沿海亚丁湾的西北岸，扼红海与印度洋的出入口，是欧洲、红海至亚洲、太平洋之间的交通要冲，地理位置非常重要。

② 卫陪陆马特布海峡：今译作曼德海峡，也称巴布—埃尔—曼德。是连接红海和亚丁湾的海峡，位于红海南端也门和吉布提之间。位于亚洲阿拉伯半岛西南端和非洲大陆之间，连接红海和亚丁湾、印度洋。苏伊士运河通航后，为从大西洋进入地中海，穿过苏伊士运河、红海通印度洋的海上交通必经之地，战略地位重要。

③ 倍利摩岛：今译丕林岛。位于红海海口曼德海峡中的小岛，为一光秃火山岛，长约5公里，宽约3公里，面积13平方公里（5平方哩），海拔65公尺（214呎）。葡萄牙人曾在1513年来到此地，但是碍于奥斯曼帝国的情面没有进行占领。法国在1738年占领了该地。1799年，丕林岛被英国的东印度公司占领，为进攻埃及而做准备。1857年，英国重新占领了该岛并且对亚丁进行了殖民统治，在岛上建造了一座灯台。

④ 墨加：今译麦加。麦加·穆卡拉玛意为"荣誉的麦加"，是伊斯兰教的第一圣地，因为伊斯兰教创始人穆罕默德诞生地而名震寰宇。穆罕默德在麦加创立和传播伊斯兰教。630年，穆罕默德率兵攻占麦加，把圣殿改为伊斯兰教清真寺。

⑤ 默德那：今译麦地那，伊斯兰教的第二圣城。与麦加、耶路撒冷一起被称为伊斯兰教三大圣地。622年，先知穆罕默德在麦加受当地人排挤，被迫迁徙来麦地那，并在这里建立最早的伊斯兰教政权（乌玛），麦地那遂成为阿拉伯国家的第一个首都。先知穆罕默德和四大哈里发时代，麦地那为伊斯兰教政治中心和文化中心，因此在伊斯兰教历史上占有十分重要的地位，穆斯林们曾冠以"被照亮之城""和平之城""胜利之城"等美名。麦地那城内古迹众多，最著名的有穆罕默德亲自督建的先知清真寺，寺内有穆罕默德陵墓。

⑥ 马哈默德：今译穆罕默德（约570—632年），全名穆罕默德·本·阿卜杜拉·本·阿卜杜勒·穆塔利·本·哈希姆（含义为：受到善良人们高度赞扬的真主的使者和先知）。政治家、宗教领袖，穆斯林认可的伊斯兰先知，广大穆斯林认为他是安拉派遣人类的最后一位使者。伊斯兰教教徒之间俗称"穆圣"。享年63岁，葬于麦地那。他创建伊斯兰教，口传《古兰经》，统一阿拉伯半岛。

⑦ 回回教：伊斯兰教，世界性的宗教之一，与佛教、基督教并称为世界三大宗教。中国旧称大食法、大食教、天方教、清真教、回回教、回教、回回教门等。

第一篇

第一章　马哈默德之宏业

亚剌伯古代之史，邈不可稽。自马哈默德出，其国始兴，其民始显。马哈默德者，以旷世之奇杰，绝代之英雄，以救人而杀之，以杀人而救人，始立新宗教，终设新帝国。瞻彼茫茫亚剌伯之旷野，而产此奇杰英雄之男子。呜呼，不亦伟哉！

马哈默德者，生于耶稣降生后六百年，其地为亚剌伯之都城，曰墨加。其父称亚伯达，其母称亚昧那，家世称哥累斯_{即守护圣墓之人}。马哈默德生而伏地，自拜造化主，自言"此神为大，此外无神，吾为神之先知者。"_{马哈默德生时之事迹亦与释迦牟尼、耶稣基督及其余之教主同。恐出后人之附会。吾人于事涉诡怪奇异，不足深信者，一切删之。}二岁而丧父，四岁丧母，为其祖亚彪达勒①所养。八

---

① 亚彪达勒：今译阿卜杜勒·穆塔里布（约500—579年），伊斯兰教先知穆罕默德的祖父，阿拉伯半岛麦加城古莱什部族领袖。

岁，祖又亡。其子亚彪达勒①因父之遗命而抚育之，命习商贾。亚彪达勒为通商而赴西里亚。马哈默德年十二三，随之行。至二十岁，时哥累斯族与哥南族、哈怀生族共构兵，亚彪达勒为将，马哈默德亦从之，终得胜利。至二十五岁时，麦加一富商卒，其寡妇加地亚②，欲延一人而司商事。马哈默德赴之，拮据勉励，凡数年，处事公正而无私，人皆敬礼之。加地亚亦极爱敬，遂嫁之。时加地亚长马哈默德十二岁。马哈默德由是骤富。

马哈默德状貌雄壮，风采秀朗，目带茶褐色，锐而尖，炯炯射人。言语温和，与人交极真挚宽厚。每谓奉天命以救济斯世，立新教，大欲有为。其目的一本本国之教义，折中犹太教及基督教之善者，混合融化，新设一教。初，马哈默德之经商，往来埃及、犹太、西里亚诸国，深知各教之宗旨与教规，故视立教事为甚易。其创教极谨慎，及三十八岁，遂密出家，潜匿于山岳洞穴之中。其山洞名希腊者，以谢人事，潜神澄心，默思沉想。静观万物之形象，细究宇宙之真理。乃著教书曰《哥兰经》，其教曰伊斯兰。哥兰者，宣示之意。伊斯兰者，服从之义。马哈默德立法已成，以天所示，出告其妻。妻以为梦幻，不之信。马哈默德曰："《哥兰经》之教诫，是天使加伯赖之授余者。"妻遂深信而不疑。妻以其奇，告其表兄花拉加，花拉加亦坚信之，为其信徒之最先者。

马哈默德见妻已信，已而共得信者四人。一为其妻，一为其仆，一为

---

① 其子亚彪达勒：艾布·塔利卜（540—620 年），伊斯兰教先知穆罕默德的伯父，第四任哈里发阿里之父。全名阿卜德·麦纳夫·本·阿卜杜勒·穆塔里布·本·哈希姆，"艾布·塔利卜"为其尊称。生于麦加，在古莱什部族中享有一定地位，为哈希姆家族首领之一。受其父阿卜杜勒·穆塔里布临终前嘱托，将其侄穆罕默德抚养成人，并带领他赴叙利亚等地经商。生前虽未信奉伊斯兰教，但支持其侄穆罕默德传教，保护他免遭古莱什贵族迫害。620 年在麦加病故。

② 加地亚：赫蒂彻（约 555—620 年），伊斯兰先知穆罕默德的原配夫人。全名赫蒂彻·宾特·胡韦利德，555 年生于麦加，出身于古莱什部落阿卜杜勒·乌扎家族。赫蒂彻曾同麦加祖姆人两次结婚，后成为麦加富媹，独立经营商业。穆罕默德受雇为她经理前往叙利亚的商队期间，其才干和美德赢得了她的信任和好感，40 岁时由其叔父欧麦尔主持与穆罕默德结婚。他们伉俪甚笃，生有两男四女。赫蒂彻死于 620 年，享年 65 岁，葬于麦加。

其兄,一为富人。盖妻先信之,仆次信之。仆之名为徐而本海勒,以其信,遂免其仆。又次其兄信之。兄名阿厘,亚彪达勒之子,为马哈默德之嫡堂兄。又次则为富人信之。其人名亚彪庇结,即墨加之富者,大有权力,其人又劝墨加之富人信之。此四人者,后皆为马哈默德之股肱心膂,助其立教,又助其立国者。马哈默德创之四年,得信者九人,时年四十四。既而八年,信者稍众。于是墨加城中之官长,出令而禁人民入马哈默德之教。其时阿厘已死,马哈默德失其一臂。乃共其叔阿排司偕奔太一府。太一府者,在墨加之东八十里。居之匝月,复归墨加,待时而动。是时其妻加地亚亦死。马哈默德与加地亚为夫妇凡二十二年。又娶二妻,一名阿伊虾,亚彪庇结之女,一名兵太,撒马之女。寻又娶一妻,称哈抚沙,阿马之女。其妻父有信教之权力,马哈默德娶之。其教由此大兴。

第二章　弘教之十役

马哈默德见墨加之族众,既多信之,又去而他徙,赴默德那。默德那者,在墨加之西八百哩。是地犹太人及伪基督教人甚众。伪基督教人,分党相争,互相仇视。伪基督教人见马哈默德至,大喜,忽舍其教而从之。马哈默德初至,居亚彪亚伯之家,寻创设大教室以行其教。是年为耶稣降生后六百二十二年七月十六日,即回历之始。是时信从者日众,皆愿为之出死力。马哈默德见人有为哥累斯族所掠者,一日出九人而掠哥累斯族,获其骡马资财而归。马哈默德大喜,遂以其众与哥累斯族战于波头山,大胜之。初,马哈默德告人曰:"哥累斯族之行商,自西里亚而来,以千骡负其货,其商仅三四十人。"马哈默德令众擒之。族商之长亚彪索费安乞援于墨加之族长。族长以九百五十人援之。马哈默德集众三百十有三人,帅以进战。又分其众而守城，为退守之计，遂奋击而败其族众。由是名大显，皆尊崇之。马哈默德之临战也，令其信徒曰："宗旨所在，毋试空论。若有背戾此训令者，以死罚之。呶呶议论，非占伟绩者，宜以兵力而慑服此不信之徒。"于是众皆挺身激励，终败之云。

已而次年，亚彪索费安率兵千人来攻，又为马哈默德所败。三年，亚彪索费安复将兵三千、骑兵二百而来袭。时马哈默德之兵，不过千人，众寡不敌，遂大败衄。猛将数名，以战而死。马哈默德亦负重伤，仅以身免。经此败绩，其教徒稍抱疑团。马哈默德慰谕之，曰："天神审善恶之向背，罚其信力之不坚固者。今之蹉跌，乃天神之所警戒焉。激励奋战，凯捷在近。人生之运命，自有定数。亡于战争者，纵匿于家，亦当病死。为教法而舍一身者，死后必生乐国云。"其众大奋。

四年，马哈默德又与哥累斯族战，终驱逐之。其一部逃于加卫，其一部逃于西里亚。马哈默德之将，攻其逃于西里亚者，尽鏖杀之。获免者仅一人。是年于卑达等，又有数次之小战。其战争之时，兵士因酒而纷争，往往败事，于是马哈默德又大颁禁酒令。故《哥兰经》第五篇曰："恶魔以酒互启争端，乱其心而恼其神，而忘礼拜。故禁酒与博弈，必遵预言者之语，各慎其独云。"

五年，墨加人与犹太教之亚剌伯族为同盟，以亚彪索费安之兄弟为将，帅率一万人而攻马哈默德。马哈默德深堑高垒以守之。敌军围之数日，坚不能拔。而敌军之中，自生争扰，遂不战而逃。是役也，初甚危急，将有激战。及敌军既退，马哈默德遂袭犹太之宗徒，寻而降其数族。

当是时，马哈默德之威势日振，兵士益众。六年，进发墨克。于彼地之近傍，而为哈兹卑亚之战争，胜败不决，乃结十年之和睦。其条约于住墨加之回教徒，悉送于默德那。住默德那而从回教者，亦归于墨加。自后墨加之人，如至默德那，必要市尹之许状。若无许状者，则追返之。是时马哈默德之威震于四邻，德化亦被于人民。其势日炽，终即帝位于默德那，以教主而兼君主。

七年，马哈默德攻采罢城犹太人居住之地，围之，一战而陷其城。率兵而入，居古老海勒之家。海勒女西乃白备馔食众，置毒于羊蹄肴中。进食之时，马哈默德之从者白沙食之，中毒立毙。马哈默德亦食羊蹄。见白沙死，急哇之，犹留余毒，服药以解。或问西乃白何故置毒？西乃白曰："欲试其果为先知者否。若真成先知者，必知有毒。若伪先知者，毒死亦佳。"乃处以死。或云赦之。未知孰是。

八年，马哈默德欲取墨加。以彼轻破和睦之约为口实，率兵一万攻之。墨加城中大乱，皆出而从马哈默德。与哈默德进攻哥累斯族之城，复陷之。入城纵杀，终灭哥累斯族。是时亚彪索费安降于辕门，而归回教。马哈默德入格河白之大寺，毁诸偶像，去其供具。寺外田周之寺，合计三百六十，皆毁坏之。亚剌伯人素好信神，谓统宰世界唯一之神为亚拉他亚路，为神中之神，王中之王。此神与人间隔绝，必以偶像为其媒妁云。是岁，墨加之邻境，哈怀生等之诸族，闻马哈默德之夺墨加，乘其未备之际，而欲讨之。率一万二千人，两军邀战于贺那伊耶之谷口。马哈默德之军为所败绩。马哈默德谓众曰："今日之败，在于恃众骄敌，速自改悔。各自祈神，抛身命以奋战，必得捷利，以收复挽回。"遂发命令，以收败军。再击之，果获大胜。于是出兵各地，毁其所在之偶像及殿堂。一扫亚剌伯古来之宗教，其人民悉归回教。

马哈默德已征服各部族，亚剌伯全国，入其版图。又转兵而略亚西亚，及希腊属地。取贺兹科，攻他乌马及野拉之诸侯，悉为属国。命诸将管理各地。马哈默德亲于军中以指挥兵士。至九年而止。十年，四邻望风来降者，不知其数。教法亦蔓衍于全国。又遣诸将于各地，以兵力而阐布新教。威权赫赫，震于全球，为古今合君主教主而为一人之大英雄。

野史氏曰，余闻马哈默德初说默德那之人民曰："上帝命余藉剑戟之威，以宏布宗教。剑戟也者，天堂地域之钥匙也。苟为上帝洒一滴血，及执兵器一昼夜者，其功德胜于断食二月、礼拜三月。至天上审判之时，其疮痍之光，如红宝石，其香如乳香。战死者再生天堂，为侯伯，栖息游馆，四时如春。颜色美丽，至老不衰。处女七十人，侍于左右，奴隶七万人，供其使令。"一面以火铁之力以威之，一面以慈爱之德以感之。呜呼！此马哈默德雄大之事业，其效力所以最迅速钦。

第三章　马哈默德之卒去

十一年二月二十八日，马哈默德病卒，年六十三。死之日，为礼拜之第一日。其自墨加出奔之日，亦为礼拜之第一日。入默德那城之日，亦为礼拜之第一日。克墨加城之日，亦为礼拜之第一日。马哈默德之墓，在默德那城中。

马哈默德之为人，喜真实，喜公平，喜济贫，常以金养贫者四十人，故人民称之为贫者之慈父。其产甚丰，自奉极俭，平生唯食枣饮水。食必起立，与仆同食。履必自为，屋必自扫，自炊以食人。但其发怒之时，眉间之血管，变为黑色，凛凛烈烈，不能仰视。至晚年，放肆淫荡，其妻二十一人，五妻前死，六妻休去，十妻偕老。原配生四子四女，继配摩礼，亦生一子。回教之主义，大端六条，第一论上帝，第二论天使，第三回经，第四先知，第五末日复活审判，第六上帝预定之旨趣。马哈默德以此六条之主义，创建一新大教，一洗偶像教、多神教之积弊。于是亚剌伯人，始知唯一纯善之上帝。

回教以金曜日为安息日，众人悉休业，集会于教场，终日诵经文，或谈教义。非奉回教者，则不许其参拜云。亚剌伯人当拜独一真主之时，会员充满于堂内，其宗规主于默念，以严威仪。堂内肃然，殆如无人者。试与他教喧扰聒耳者比，相去若天渊云。拉马他达回教人所定之月次，以第九月行断食之典之断食法，最严重。苟奉本教者，犯之及再三，则处以死刑。

希幼梭评马哈默德之言曰："教祖马哈默德者，以旷世之英杰，崛起于平民之间，而创建一新宗教，一新帝国之基业。且其教法，传播迅速，鼎立于四大教主之间。其雄才大略，实有令人堪惊者。"

野史氏曰，释迦牟尼之振法幢，创建广大精微之哲学，以玲珑圆妙之手段，纵横变化，以经纬世界，是岂非释氏献身之智乎。耶稣基督之降生下界，发明无边无尽之神学，以绝大绝美之信爱，神通洞达，以济度世界，是岂非耶氏献身之仁乎。马哈默德之为教主，出释迦耶稣之后，折中各教，而自立一新教。其始也，志在兴教而已。其终也，竟至于创建帝国也。其事业雄大刚壮，如乔岳大川。虽其智不及释迦牟尼，其仁不及耶稣基督，而其豪胆英气，把持宇宙，笼罩一世而有余，复乎其过于二家者在此也。然则马哈默德之作用，其惟献身之勇乎。余尝综而论之，释迦牟尼者，智之神也。耶稣基督者，仁之神也。马哈默德者，勇之神也。愿与谈宗教者定之。

第四章　亚彪庇结①之勇略

马哈默德既卒，未嗣位。国内纷纷，聚讼不休。然当入嗣位者，是为阿厘②马哈默德之婿。阿厘秉性温和，有文事而兼武备，然不得军人之心。争论三日，国人相议，立亚彪庇结马哈默德之岳父为格立夫 Galif 译言即教主。

亚彪庇结即位之后，国中有谟色拉马③者，欲自立而创建教法，广募党羽以张其势。亚彪庇结命将军加勒④出兵而剿灭之。既平其乱，国政与教法，俱获安全。加勒武勇绝伦，有胆略，国人呼为神剑。

是时，国内之兵，好勇善斗，习惯自然，安居无事，必生乱阶，此必至之势理。故亚彪庇结又命将军神剑帅兵而攻邻国，北邻如东罗马，东邻如波斯，皆当时之弱国。神剑遂攻波斯，一鼓败之。又卒兵而入西里亚。

---

①　亚彪庇结：艾布·伯克尔（573—634年），伊斯兰教史上的第一任正统哈里发，阿依莎（穆罕默德之妻）之父。与欧麦尔、奥斯曼和阿里并称为穆罕默德的四大贤配。本名阿卜杜拉·本·奥斯曼·本·阿米尔（意为天房之仆）。出身于麦加古莱什部落台姆家族。麦加富有的布匹商。阅历丰富，刚直善良，谦恭持重，颇有威望。穆罕默德传教后，他首先皈信伊斯兰教，成为得力助手，"萨迪克"（忠贞者）称号。

②　阿厘：阿里·伊本·艾比·塔里卜（约600—661年），伊斯兰教历史上的第四任哈里发（656—661年在位）。出生于麦加古来氏族中的哈希姆家族，其父阿布·塔里卜是先知穆罕默德的叔叔。从血缘上看，阿里是穆罕默德的堂弟。后来穆罕默德又收阿里为养子，并把女儿法蒂玛嫁给他。在什叶派中，阿里被视为什叶派的第一代伊玛目，成为仅次于先知穆罕默德的尊贵者，地位在其他圣门弟子之上；而且阿里与法蒂玛的子孙也都继承伊玛目的地位与名号。阿里的坟墓位于伊拉克的纳杰夫，被什叶派视为圣地。

③　谟色拉马：穆赛利迈（？—633年），7世纪阿拉伯半岛中部地区部落叛乱首领，伊斯兰教贬称的"伪先知"之一。一译"穆赛里姆"。全名麦斯莱迈·本·苏马迈·本·凯比尔·哈乃斐。

④　加勒：哈立德·本·瓦利德（592—642年），又译作哈立德·本（伊本）·卡立德，伊斯兰教早期著名军事将领。麦加古莱什部落人。629年皈依伊斯兰教，由于战功卓越，被誉为"安拉之剑"。

又与东罗马帝、希腊古留之军而激战，连破之。进攻太马色革①，拔之。神剑愈战愈胜，愈胜愈战，势如破竹，乘胜而长驱。凡在邻封者，皆为其所蹂躏。

亚彪庇结既经略四邻，奉马哈默德之遗训，凡征服之外邦，必令其奉《哥兰》，致租赋，受剑锋。以是三者，复用最简单最勇拔之方法手段，兼弱攻昧，毫无顾虑。其势日强，其地日广，霸业忽焉而勃兴。

第五章　阿马②之雄武

亚彪庇结已衰老，欲传位于阿马。阿马辞。亚彪庇结曰："大教师之位，久望于汝。汝其践之，以继大业。"六百三十四年，阿马遂代而嗣位。

阿马聪明英武，继亚彪庇结之志，帅兵而攻亚里亚，大破之。希路波罗、耶路撒冷、安提阿亚勒、波亚诸邑，渐归其管辖。阿马取耶稣之庙墓，以为己功，飘然而跨赤骆驼，巡行街衢。身服布衣，左悬布袋，载谷与椰子，右盛饮料，三物皆阿马平生之所食，俭素淡薄，乃至如此。越四年，亚里亚之全地，归尽回部。

是时，波斯王哥士偻卒，其后无英王。州郡为侯伯所割据，政教共失，国势益衰。六百三十五年，阿马发兵侵波斯。连战数年，波斯军屡屡

---

① 太马色革：今译大马士革，建在丝绸之路陆路岔口的古塔绿洲上，正对黎巴嫩山脉。威巴斯人和日内瓦人都到此与旅行商队会合。公元前15世纪即有大马士革的记载，是宗教、政治、贸易中心，现为叙利亚国家首都，叙境内第二大城市，是世界最古老的城市之一。大马士革在历史上曾是阿拉伯帝国倭马亚王朝的首都，号称人间花园、地上天堂。

② 阿马：今译欧麦尔（584—644年），又译奥马尔，伊斯兰教史上的第二任正统哈里发。全名欧麦尔·本·哈塔布·本·努费勒。出身于麦加古莱什部落阿迪家族，为麦加有声望的贵族商人。据阿拉伯史载，欧麦尔才略出众，文武兼备，能言善辩，虔诚公正，生活简朴。在他执政的10年（634—644年）期间，穆斯林称为"辉煌的年代"，他本人也被尊称为"信士的长官"。

败衄，其气大挫。时六百四十二年，亚剌伯之精兵，渡低格里河，攻的西丰，拔之，与波斯军三万人而鏖战。波斯王叶得揭尔奔土耳机。其后还国，再图恢复，国人叛而弑王，时六百五十二年。由是，全国尽听亚剌伯之政令，为其属邦，而奉回教。

六百四十年，阿马命将军谙路攻埃及。先是，埃及久属于东罗马，厌苦其政令，见回教之兵至，无敢拒之者。唯亚历山得利一府，固守不下。长围十四月，乃陷之。府内之邸馆浴室，其数四千，游观场四百，市尘一万二千，犹太人皆住之，最称繁华富盛。有大书库，藏书数十万卷，或人请保存之，阿马谓之曰："此书与《哥兰》之旨不同，是无用之长物，存之无益。若有与《哥兰》反对者，则害毒尤甚，岂可保存之乎。"乃尽焚之。

第六章　亚剌伯之隆盛

六百四十四年，阿马于默德那之教院，为波斯拜火教之教徒所杀。阿多曼嗣立，出兵于亚非利加，取其北境滨海诸地①。阿多曼之族党，自夸其功，以蔑视国人。国人大嫌恶之。初，阿厘娶马哈默德之女法知麻②，以执教权。及马哈默德卒，未获嗣立。寡妇爱沙固执不听之。爱沙性狡

---

① 阿多曼，今译奥斯曼·伊本·阿凡（574—656 年），伊斯兰历史人物。先知穆罕默德的追随者和女婿。伊斯兰历史上第三任正统哈里发（644—656 年在位）。奥斯曼执政时代，阿拉伯骑兵所向无敌。伊朗高原被划入伊斯兰版图；高加索地区和塞浦路斯也在军事压力下成为伊斯兰世界的一部分。奥斯曼晚年任人唯亲的家族统治方略引发军队暴乱。

② 法知麻：法蒂玛（605—632 年），伊斯兰教先知穆罕默德之女。旧译法图麦、法帖梅。全名法蒂玛·宰赫拉·宾特·穆罕默德·本·阿卜杜拉·哈希米娅，因系圣裔，被尊称为"圣女"及法蒂玛·宰赫拉（意为"佳丽法蒂玛"）。

敏，遂举兵与阿厘战，而失利。马哈默德之弟子，尽降于阿厘。已而国人作乱，而杀阿多曼，立阿厘为格立夫。阿厘既立，国人多疑阿多曼之死出于阿厘之意。翁米亚之族摩亚维约①乘国人之疑阿厘而谋代之。埃及副教师阿门，亦赞其事。摩亚维约据太马色革，自称格立夫，率教徒而击阿厘。两军共战，迭有胜败，一时遂结和约而罢战。已而其一党据墨加之寺观，而起兵，且誓曰："除国害而救民患。"以谋先杀阿厘、摩亚维约、亚门之三人。阿厘为其所杀，摩亚维约、亚门走而得免。

六百六十一年，摩亚维约嗣位，定为子孙世袭之制，率兵而镇定四方。亚剌伯人之剑战，森立于君士但丁堡之城上，围之七年。再围之，历十三月，终不能拔之。欲用希腊火攻之计，以维东罗马之命脉。乃于君士但丁堡城中，以加利尼孤炼和石脑油、松香、硫磺等，以火药和之，盛于壶中，以投敌船，名为希腊火。入水不灭，以焚亚剌伯之兵船。亚剌伯人乃结和约而还。

六百八十年，耶昔②为格立夫。三年间，自称为格立夫者三人，各起兵互相争战。六百九十二年，亚伯亚尔马立③为格立夫，统一群雄，而治其国。适亚非利加之属邦，起兵而叛。亚尔马立命其大将木勒击降之，进逾亚太腊山，悉略定其地。其西界至于压烂的洋。

亚尔马立已卒，物立第一世立。是时，亚剌伯人已极亚非利加之西陲，更欲渡海而略西班牙。西班牙先据西峨尔人，扼兵于鸠答海峡。亚剌

---

① 摩亚维约：穆阿维叶·伊本·艾比·苏富扬（约606—680年），或译为穆阿维叶一世、摩阿维亚一世，阿拉伯帝国的哈里发（661—680年在位）。他是统治被称为"阿拉伯帝国"（欧洲文献中称之为萨拉森帝国）的广大阿拉伯国家的倭马亚王朝的创建者。

② 耶昔：叶齐德一世（645—683年），倭马亚王朝的第二位哈里发。他的统治时间是从680年至683年。什叶派穆斯林否认他的合法性，谴责他在导致侯赛因·伊本·阿里之死的卡尔巴拉战役中的作用。

③ 亚伯亚尔马立：阿卜杜勒—马利克（646—705年），倭马亚王朝的第五位哈里发。他下令统一文字和货币，确立阿拉伯文为官方通用的文字，凡公文、教育、记事、账目等必须使用阿拉伯文。

伯人攻之，不利。其后峨尔之将入里拿侯，招亚剌伯之兵，攻其营垒。寻而，峨尔人之大族鲁得力废其王回别牙而夺其位。亚剌伯人乘机而入西班牙，威势大振。已而亚剌伯之将帅沰立甫与峨尔人大战于安达罗西之热勒士野，破之。鲁得力王溺死于微达几瓜河。于是西班牙之全岛，悉为亚剌伯人所并吞。亚剌伯人遂建设摩路国。是时，亚剌伯国之疆域，自地中海而至比利牛斯山。峨尔之王族伯拉日疴，占其北隅之一部，于亚斯都里而立耶稣教国于一隅。

于是亚剌伯人，威力赫赫，震撼四邻。率众四十万，征峨尔而入罗马，进布哇兹额宫而说教。又陷君士但丁堡，又覆灭东罗马帝国之耶稣教。乃还太马色革，复命于格立夫，大陈其胜利之势。既而亚剌伯人，逾比利牛斯山，征略峨尔之南部。又更进兵，于纪元七百三十二年，与法兰西人战于希陆之野，以图进取之势。战争至第七日，十字架之剑，大挫于新月旗之锋。于是欧洲之耶稣教国，始庆安全。当时亚剌伯军既为法将查列斯①所破，自是遂得马特路 Maltal 之名称。马特路者，铁鎚之义，言查列斯攻击回回教徒于希陆之野，如铁鎚之击物云。

是时，马哈默德之去世，已近百年。亚剌伯人之领地，东自印度河，西至比利牛斯山，威势凛凛，帝国之盛，达其极点。苟非希腊之火与日耳曼之势力，则亚剌伯之范围，已贯通于地中海，而雄踞于欧亚之间矣。

---

① 查列斯：今译查理·马特（688—741年），人称铁锤查理，法兰克王国宫相。732年，阿拉伯人越过比利牛斯山大举入侵，查理·马特避其锋芒，任其取得大批战利品，丧失其骑兵的机动性，从而赢得集中兵力的时间。在普瓦提埃战役中，查理·马特布置重装步兵在两条河流的交差底部背水列阵，使正面进攻的阿拉伯骑兵陷入包围，全军溃败，主帅阿布杜勒·拉赫曼阵亡。查理·马特因此获得"铁锤"的称号。此战，法兰克仅损失1500人。

第二篇

第一章　亚剌伯帝国之分裂

七百四十二年，华里德为格立夫。明年，耶昔第三嗣之。既而麦尔绾继代之。将翁米亚族之格立夫摩亚维约定鼎于太马色革，至此凡九十年。渐流放逸骄奢浮华，大失国人之望。

当是时，阿厘之后裔法知米的之族，笃信教法，勤勉不怠，与马哈默德之叔亚巴士之后裔，大集党羽，谋夺格立夫。三党各各相争，各异其服色。亚巴士党，其服黑色；法知米的党，其服绿色；翁米亚党；其服白色。七百五十年，亚巴士党之亚尔撒法与麦尔绾而构兵，进战连捷，威振于沙兰生之东域。翁米亚族之亚伯耶拉曼，单身而走，遂据西班牙，自立为格立夫，以哥多瓦为首都。亚巴士之族设立帝国于低格里河畔，以帕古达为首都。

七百五十三年，阿利曼为格立夫。其后回教国分为三，一据西班牙，翁米亚族统治之。一据亚细亚，亚巴士族统治之①。一据亚非利加②，立豆志统治之。于是回教教徒，呈鼎立之势。

亚剌伯人欲逞其雄图于西方，并吞西班牙之全境。亚非利加亦为其所有，东方已得波斯。两路并进，一则自东南而攻印度，一则自东北而据印度与波斯之北之霍汗华基，及天山之南路。于是西自大西洋，东至印度洋，北及支那之沙漠，抚有如此广大之幅员封疆，以制内外，轻重之势，非英雄之士，孰能如此乎。然而盛极必衰，合久必分，此自然之势。则亚剌伯帝国之分裂，东西鼎峙，纷争所必至者。衰弱之兆，因之而起。况以翁米亚族之太平文弱，不足收揽其民心哉。

第二章　哈伦亚拉伯及哈伦亚拉什

七百七十四年，阿利曼卒，子马哈日立。七百八十一年，与东罗马而构兵。自是战斗相继。七百八十二年，大破罗马，乃与结约。寻征其贡金。七百八十四年，马哈日卒，长子马沙拉日立。明年，为人所害。

七百八十六年，哈伦亚拉伯立，聪明有智略。是时，亚剌伯国势尚强，西自大西洋，南自地中海，北自压的兰洋。至七百八十七年，又伐罗马，始立伊德鲁朝③。亚拉乃偃干戈以安国人，整制度，通贸易。大兴

① 阿巴斯王朝为阿拉伯帝国的第二个世袭王朝，古代中国史籍中称之为黑衣大食。于750年取代倭马亚王朝，定都巴格达，后于1258年被蒙古旭烈兀西征所灭。阿巴斯王室是伊斯兰教先知穆罕默德的叔父阿巴斯·伊本·阿卜杜勒·穆塔里卜的后裔，在该王朝统治时期，中世纪的伊斯兰教世界达到了极盛，在哈伦·拉希德和马蒙统治时期更达到了顶峰。

② 亚非利加：即非洲，本意是"阳光灼热"。

③ 伊德里斯王朝是中世纪北非阿拉伯人建立的第一个伊斯兰什叶派王朝，创始人穆莱·伊德里斯——什叶派伊玛目哈桑的曾孙，阿里和法蒂玛的直属后裔。

"测量""医术""星象""分析""工作""诗歌"之诸学术，文化粲然。亚剌伯之开化，冠于一时。其孙哈伦亚拉什嗣立，以文武之才略，名振于时。割东罗马之地，征其岁币，威武辉于四邻。又大讲习希腊、罗马之文学。于是文学勃兴，不特行于东方诸国，其风潮远被于欧洲焉。

哈伦亚拉什卒，诸子争位，内讧纷起。季子亚马门逐兄而自立。既而勘定内乱。亚马门有才干，大兴文学，建书院于各郡。网罗才艺智术之士，奖励学术，文运大兴。又出兵并西里齐克勒而为其属地。

第三章　亚剌伯之灭亡

当哈伦亚拉伯及哈伦亚拉什之时，亚剌伯之文化，极其隆盛。自是而后，国家日倾于文弱，尚武之气象不振。已而突厥<small>即土耳机人</small>渐杂居于国内，且握其兵权。亚剌伯之国运，遂至终衰。

八百三十三年，亚马门卒，其弟马太生立，用土耳机人为亲卫兵。其数五万，实为国家衰替之本。亲卫兵由是渐擅威权。其总督耶米亚温拉，频招土耳机人，愈集愈多，遂有尾大不掉之势。总督惟居大教师之宫，裁断百政，无异法兰哥之家宰。八百三十六年，乃迁都于新地。

马太生卒，子哈伦昔华立，其弟马力华格嗣立。八百六十一年，为其子所弑。国人立麦司丁为格立夫。亲卫兵不悦。越五年，军人又弑麦司丁。立马达司，又弑之。立马太狄，又弑之。立马太米德。九百零一年，麦太非为格立夫。越七年，军人终废之。寻又立之。二年，又废其位。寻又立之。九百十八年，终废之。

九百三十三年，国人立开侯。亲卫兵废之，立阿剌狄以代。九年而卒。马太凡立。国势益衰。麦司见非代之。二年，为马爱希所废，推马日为格立夫。马爱希世世执国政，愤土耳机人之跋扈，攻之。九百六十一年，与罗马构兵，连战十一年。太意立，未几卒。敦开豆立。寻而开茵继立。千六十一年，土耳机人攻达路别克，力屈乃约和。开茵卒。马帖日立。卒。马司太周嗣立。被弑。拉希德立。又被弑。马太非立。卒。马司但周立。卒。尼收代之。千百八十六年，萨拉丁为埃及、亚剌伯、亚里亚三国之王。伐耶路撒冷，克之。国势大振。千二百二十年，尼收愈愈柔弱。巴勒斯坦地，又与各国而媾和。尼收卒。太厚立。既而马司但收又代立。是时蒙古人攻沙兰生。土耳机人攻耶路撒冷，驱逐沙兰生人。已而土耳机人攻都城帕古达①，陷之。于是亚剌伯王国遂亡。

第四章　政治

马哈默德以前，亚剌伯国所以保维社会存立之诸要素，史简未备，不得而详。惟当时统治国家之帝王，不过一村落集聚而成，其中推有人望者为族长，是所谓族长制。马哈默德起于草昧愚蠢之社会，以其豪胆明智，驾驭天下，以定一国之教权，而统治其人民。如"道义""仪式""政治""教育"及"文学"等，为国家存立必要之要素，陆续而起；自为宗教之主宰者与政治之主权者，为政教兼统之君主。亚剌伯国之新社会，实由马哈默德而开，亦由马哈默德而进。国家之秩序，自是始定。然而马哈默德组织之制度，为政教一致之整体，未尝确定政治与宗教之区域也。

马哈默德既以政教兼统之权，传于后嗣，乃定格立夫之特称。盖与古

---

① 帕古达：巴格达，现为伊拉克首都，同时也是巴格达省首府，伊斯兰世界历史文化名城。在中国史籍中被称为"黑衣大食"的阿拉伯阿巴斯王朝（750—1258 年），最初定都在安巴尔。

昔犹太王，掌握政权教权于一手，实同一例。然马哈默德于法教之威权，以说教法上之规律为主，且执行祭式。其后至回历三百五十年之顷，政治与宗教，其区域始分。世俗之权，归于诸州之政事家。格立夫者，有名无实，所谓告朔之饩羊①。故格立夫虽于受拜之时，其名在王侯之上，至政治之权，不复在其僧侣教师之手。竟至俗官咸玩弄其政权。于是亚剌伯之整体，复为一变。

政教兼统之政治，一变而为有名无实之格立夫。军人政治之萌芽，又复同时而生。自马太生用土耳机人为亲卫兵，于是天子之特权与兵权，皆归其掌握。亚剌伯之君主，遂垂拱而仰其成。其废立黜陟，一归于土耳机人之掌中。而土耳机军人之视其君主，殆如孤豚偶像②，任其侮弄玩蔑，君主亦不得而制之。其兵权既归于土耳机之军人，于是亚剌伯之政治，又变为军人政府。格立夫之名实，俱无存者。格立夫之名实既失，于是回部独立之州伯，皆各有私其宗旨之权，而举格立夫以代之。土耳机则谓之为马耶兹。波斯则谓之为沙托陆云。

亚剌伯既现军人政治之变相，国家愈形败坏。土耳机人之跋扈，不至覆灭而不止。盖亚剌伯之国体，于君主上有独擅政教之二权。若有不能制驭，则必不能统治之。盖一国特殊之要素，一由其宗教而团结。格立夫既为有名无实，则独立之州牧，皆得而擅其权。此国势脆弱之原因，必然之势。而况格立夫之权，既有名而无实，已归土耳机军人之掌中。而欲国家之独立，不亦难哉。马哈默德数世之间，格立夫于政教之二大权，尚掌握于其一手。国民之团结，已达完全之点，社会之势力，亦为最大之极。存

---

① 祭祀的羊。相传，伊斯兰教的古代先知之一易卜拉欣夜间梦见安拉命他宰杀爱子伊斯玛仪献祭，考验他对安拉的虔诚。真主受感动，派天仙吉卜热依勒背来一只黑头羚羊作为祭献，代替了伊斯玛仪。

② 偶像：这里取其原意，人们所崇拜、供奉的雕塑品。

立之基础，亦最巩固。既而政教分离，国家遂致败坏。盖亚剌伯之国势，其宗教之要素，实所以发辉国民之精神，与政治相联系，有一日不可离之势。

第五章　文学

亚剌伯之文学，影响于世界之文明。鲜最著者，惟算数、测量之事，实有一种特殊之要素。

亚剌伯多数之人民，知读书者甚稀，惟诗歌开之最早。其国之历史，大抵以诗记之。不问老幼男女，皆相诵读。一则以增记忆，一则以起感情。故每有一种之聚落者，必有诗人。其民皆敬重之。

马哈默德之起，其强悍实出于以实马利①之后裔_{亚剌伯人皆出以实马利之后裔}。其性质气象，忽加一大变化。于是马哈默德为其国民大发挥其尚武之气象，又磨砺其真挚笃行之性质。一面又率人民以从事于战斗，且教以神之义务，学问之利益。是皆其《哥兰》书中重要之题目云。

亚剌伯全国并及巴勒斯坦、波斯、印度、埃及，以暨西班牙、亚非利加之北境，皆为马哈默德之教法所压，且服从之。及至亚剌伯之大教师，更偃兵戈，开发人民之智识。大兴"测量""医术""星象""分析""工作""诗歌"等之诸科学，且复讲习希腊罗马之文学。于是亚剌伯之文学，粲然炳耀于东方之世界。

亚剌伯人且为欧罗巴之根据，其人民亦能长于文学技艺。中世欧罗巴

---

① 以实玛利：亚伯拉罕之长子。阿拉伯人被广泛认为是以实玛利的后裔。伊斯兰教鼻祖穆罕默德自称是以实玛利的后裔。

之文学，其影响所及者实多。如亚刺伯人亚达拉的者，曾著书六百种，以发明医术与天文。当时哥多瓦府之学校，与帕古达之学校相竞，讲习"古文""历数学""哲学""医学""物理""天文学"等。文化之势力，敷及于四邻。

要之，国民之教育，及智识之势力，被于亚非利加者，虽不知其所至，然回教兵锋之所向，即《哥兰》教法之所弘布者。其境界所至，即其教界所至。吾人所不容疑者。亚刺伯文学之势力，亦大矣哉。

第八章　宗教（略）

第七章　亚刺伯之贸易

亚刺伯人古代以商业而建国，其教祖马哈默德，亦以商贾起身。其教戒中，故设贸易之律，以保护之。又称贸易为合天意之业务。当时回教主收纳土人之税，为十分之一。回教主以其所收之税，修道路，决井甃，穿涌泉，建道标等，供商旅之费用，以便于往来通商沙漠之地者。回教之教徒，皆必解辨其教书，故各国之教徒，皆研究亚刺伯语，大得通商交际之便。当回教之盛时，教主之宫中，各部之大府，极其华丽伟大。以贸易之隆盛，其工作建筑亦随之。

凡亚刺伯人之通商，其道有三：一则自南方而至亚非利加之地，以黄金及卖奴相交易；一则自东方而入支那，以绢布相交易；一则自北方而赴卑路额列，以高价之皮毛相交易。其输出于海外者，不过细货玩弄之品。

其贸易制作最盛之都会，为帕古达、卫斯拉、意希卑斯、贺斯度陆、亚列布希贺、太马色革、特列卑那特、撒马尔罕、喀尔布及希拉的等。亚剌伯人之工作物，今日最博世人之称誉者，为缎子、金巾、布刃等。

亚剌伯人既侵略亚历山得利，六百四十年以来，是地之贸易，极其盛大。而君士但丁堡则日即于衰。七百五十五年，帕古达创立之后，军事但丁之贸易，复极旺盛。帕古达者，居幼发拉的河与低格里河合流之处，最占通商互市之地势。五百年之间，为印度与欧洲之贸易场，百货荟萃之一大都会。当时印度之货物，输运于欧洲，自波斯湾而输入帕古达，则以骆驼载之，而送于西里亚之都会、阿列希贺、托列贺厘等。其海滨，则以热那、比萨、希匿斯之船载之。又自陆地帕古达而送于君士但丁，以输入欧洲之南部。盖君士但丁者，当十字军未兴以前，久已先沿多恼河，而与南方德逸志而通贸易。其货物辐辏之地，以维也纳与列契斯卑可陆科之二所。

乌淮他尼淹没之后，渥特陆河口并希野利岛之贸易，遂大著名。一千年之际，其繁盛之象，竟与君士但丁而比肩。外国之船舶，云集于其港口。而丁抹①、俄罗斯、萨逊人等，皆设市店于此地，以营贸易。然其居民，恃其土地之富饶，颇生骄傲。于是多怨仇者。至千一百七十年，遂为丁抹人所灭。其输出于各岛之商贸，大抵欧洲北部之物产，为琥珀、毛皮、木材、青鱼等，为最大宗。盖其交易之所，普及于亚细亚洲，皆有亚剌伯人之足迹。今日亚剌伯人之古金，输布亚细亚各地，犹不少云。

亚剌伯人一旦失其商势，势遂不振。近时又有挽回往时之势。其名颇振于海上。自红海直航于可贺利岬，自锡兰而涉马来半岛，远及支那扬子江近傍之江浦，皆其帆影之所往来。而印度洋各地，亦皆建设其商铺。当

---

① 丁抹：从15世纪起，对丹麦的称呼。

第八世纪之顷，又多移住于支那之广东者。其地次第而趋于繁荣，遂袭击广东之市街，恣其掠夺。当时海上之贸易，足与亚剌伯人相颉颃者，唯支那人。盖支那人乘其固有支那形之船舶，航通于幼发拉的河及亚丁等，并马特卫陆之海岸，以其绢帛及药味类，与西方诸国之原品及制造品相交换。故其商业，在当时足与亚剌伯人并峙云。

光绪二十九年二月十五日印刷
光绪二十九年三月初五日发行

埃及史

［日］北村三郎　编著

赵必振　译

应国斌　翦甜　校注

首　篇

第一章　地势略说

古代之邦国，其建国最旧，文华最盛者，除支那印度之外，则推埃及为首。至于近世，国运衰退，而受欧洲诸邦之侮蔑，悲凉抑郁，不堪回首，亦以埃及为首屈一指。呜呼！欲索埃及之隆替兴亡，俯仰茫茫，不禁无限之感慨矣。

埃及之地，占亚细亚、亚非利加、欧罗巴①之要胜，北枕地中海，南接苏坦②地方，东及亚剌比亚与红海之境，西滨里比亚之沙漠。亚剌比亚之连山，耸于东境。里比亚③之沙漠，蜿蜒于西方。其中更有直径九哩乃至十八哩之溪谷。沿北方之奈罗河，延长而为一低原。奈罗河之二支流，及地中海围绕之，为三角形，故世人称之为三角洲。Neltgl 为最丰饶之部分。

---

① 亚细亚、亚非利加、欧罗巴：今译为亚洲、非洲和欧洲。
② 苏坦：今译约旦。约旦哈希姆王国位于亚洲西部，阿拉伯半岛的西北。
③ 里比亚：今译利比亚。北非国家，位于地中海南岸。

埃及之文明，其源发于奈罗河①。奈罗河者，其源发于西比西尼亚②之高原。合亚非利加内地之潮流，滔滔汨汨，而为大河前横之势。贯穿其国境，自南而北，而注于地中海。盖其国土，初为硗确不毛之荒野，其河水每年夏期水量骤增，涨于岸上，弥漫于地，一望无涯。而水量最盛者，惟九月之末。其时连山之积雪融解而下，而源泉之地，又经大雨。地上所遗之泥泞，普及埃及之全地，而化为丰壤膏腴。故其沿岸之地，遂称为世界第一沃野，古来人类社会之组织最早。奈罗河之水涯，实为埃及开化之起点，而其文明之发达之总源也。

埃及之国势，自古分划为上中下三部。国之北隅，滨于地中海之地，称下埃及。由是而南，称上埃及。其中段之地，称中埃及。此三部者，上自风俗习惯，下至政治宗教，多相异者。今日埃及本领之人口六百万。此外苏坦地方之诸望族，亦颇多。至近世纪，欧洲人之来住者，总数至二十余万。其物产，则谷类、木棉、蔗糖、椰子等。其动物，则鳄鱼、河马为最著。

埃及者，其国土属于亚非利加，其人民即哈米兹科人种。其人种初住于亚细亚，后始移于亚非利加。故后世之史家，以埃及编入亚细亚之国史，职是之由。

要之埃及之地势，占东西形胜之咽喉。其文学为宇内之精华所钟，其美术极世界之灵妙，其历史可为隆替兴亡之鉴。今日者，埃及自寻灭亡，古来烂灿之文学及美术，虽已烟消泡散，无复存者。然其国家之隆替兴亡，可为殷鉴。则其历史之事情，岂可忽之而不研究视察哉？

---

① 奈罗河：今译尼罗河。河长6670公里，是世界上最长的河流。

② 西比西尼亚：或译伊索比亚，即今埃塞俄比亚。

第一篇　上世纪

第一章　埃及之开国

埃及者，世界之古国也。其开国远在数千年以前。然溯其开国之起源，其几何年，史家各异其说，茫昧无稽，不可考定。据埃及史家 Mrnethon 氏之说，相传上古埃及之王统，其数二十有六。第一王统之始祖，称米尼斯①。米尼斯即位之时代，妙不可考。或云五千七百二十年，或云二千九百零九年。征略下埃及，创建孟斐斯②之首府。自米尼斯始，是为埃及开国之始祖。

米尼斯之苗裔，于孟斐斯近傍契仔伊，建筑绝代之金字塔③，称世界

---

① 米尼斯：也译作美尼斯，古埃及的开国始祖，传说是他统一了上下埃及。1898 年，在耶拉孔波利斯发现了著名的纳尔迈调色板。在该调色板上，纳尔迈佩戴着代表上埃及和下埃及的徽章，人们由此推论他可能就是统一上下埃及的米尼斯。

② 孟斐斯：世界上最古老的城市之一，有 4700 多年的历史，是古埃及中古王朝时期的首都。它的遗址位于开罗以南的拉伊纳村，南距开罗 32 公里。孟斐斯有著名的阶梯状的金字塔，有巨大的拉姆西斯二世花岗岩雕像等。

③ 金字塔：古埃及的帝王（法老）陵墓。在尼罗河下游，散布着约 80 座金字塔遗迹，其中最高大的是胡夫金字塔。

之伟观与最大土木之诸王。其中最著名者,为契野列野,即希腊史家希罗特太①士之所谓契渥拍其人者。又当孟斐斯府势力最盛之际,于上埃及,更建立一国。其中央称西伯斯府。后此两国归于一酋长之管辖,为亚那诺列一世所统一。此新酋长第六世之王亚那诺列三世,始开凿耶利斯湖,以便土地之灌溉。

犹太之始祖亚伯拉罕,移住于埃及,实当其十二朝之时,即亚那诺列一世至四世,渥路他希一世至三世②。据野倍路斯诺路马科科氏之说,又据俄人契渥陆希乌拉斯托氏之说,曰:当十二朝之时,建筑之遗迹,吾人尚能知之。埃及当时之图画存于今日者,虽极其少,然就吾人之所见者,若铭志及图画,与《创世记》所记亚伯拉罕③旅行埃及之事,犹可想见其大概。倍意哈兹沙渥在北纬二百八十度近尼罗河之右岸之地,有其王与法光二世渥希路他希十二朝之县令及显贵王族之塚堂与迁居酋长等之铭志。尚可考见者,如亚布希耶,出自亚摩族。亚摩者,又总称闪族,西米托之语称亚摩者,大义即指民云。又埃及人又称游移之民为奚欹斯乌。其至埃及之时,携其家人,谒县令,其县令殷恳待遇之。其状可见者,酋长之面貌,以各色之细片缀缝之,其衣服亦用各色之细片。其闪族之人,明丽可喜。且此图者,为亚伯拉罕初至埃及之时,将至巴勒斯坦,其旷野所在之游民,又其半则为游移之民族,及旅行埃及之景像等。其详细虽不可得而知,然吾人就经典之所纪,可以追想世界之原始,亦可推测埃及当时文化美术之进

---

① 希罗特太:今译希罗多德,公元前5世纪(约前480—前425年)的古希腊历史学家。他把旅行中的所闻所见,以及第一波斯帝国的历史记录下来,著成《历史》一书,成为西方文学史上第一部完整流传下来的散文作品,希罗多德也因此被尊称为"历史之父"。

② 埃及第十二王朝:公元前2000—前1786年。亚那诺列,今译阿蒙尼姆赫特;渥路他希,今译赛索斯特里斯,最后一位统治者是女王索布克尼弗鲁。

③ 亚伯拉罕:原名亚伯兰,是犹太教,基督教和伊斯兰教的先知,是上帝从地上众生中拣选并给予祝福的人。

步云。

其后西伯斯府，益益强盛，其威力远及伊西阿比亚之地方。至其晚年，国内分裂，为数等之小王国，互相对峙，无统合之者。国力遂日衰退，终为克苏士族民所袭击，其国愈微。

第二章　比克苏士之来侵及埃及朝之恢复

埃及自十四朝至十七朝之时代，比克苏士族①之民来攻。此时代之朝廷，一称为牧人之朝，一称为比克苏士。同时又占领上埃及，又称埃及朝。

纪元前二千一百年之顷，游牧之民种，比克苏士乘机侵入国内，迫下埃及，征略孟斐斯，更进入上埃及，颠覆西伯斯。纪元前千九百年之顷，占领埃及全国。比克苏士者，为亚剌比亚人种，游牧诸方之一民族。比克苏士，译语即为牧者。

比克苏士王阿贺兹斯征略下埃及，即王位。子孙连绵，至五百余年，称为牧者之朝②。

上埃及当时虽为比克苏士所蹂躏，然时欲恢复之。法老拉贺仔渥即王位，其子亚那斯嗣立，与比克苏士人战。遂征服拉贺仔渥之旧都达意斯，驱逐其族民出埃及。是为埃及十八朝之初王③。

阿那斯王再兴埃及。王国禁绝比克苏士人契利渥贺利斯及阿恩所设立人类献祭之例，而保护以色列人。当此时，以色列人之移于可希野之牧地

---

① 比克苏士：今译希克索斯人，又译喜克索斯、喜克索、西克索等，为游牧部落。
② 占领埃及即王位的希克索斯人，今译杜狄摩斯，为游牧部落。
③ 埃及十八朝初王阿赫摩斯一世，其子为阿蒙霍特普一世。

之约瑟之一族，皆获生存安全。其国民渐次增加，而猜忌之念又起。如虐待奴隶之制，凡新生之男子，尽投于奈罗河。事载《犹太史》。

阿那斯之后，埃及之权柄，又归其后妃渥列由路他利。初，摩西之出奔米田也。当亚耶列渥特丕一世之时，其养育摩西者，为那耶斯王之女列亚利耶。继而亚耶列渥特丕王及兹可托木奚斯一世，出军迦南，至米所波太美亚。其后兹可托木奚斯三世，又复出军，占领以色列人之巴勒斯坦。十七年以前，迦南联合之诸侯，攻击于那歆度托之野，至是时而征服之。当时兹可托木希斯之英武，辉于四邻。至兹可托木希斯四世之时代，又出军而远征埃及亚细亚。

第三章　拉墨塞之勋功及诸朝之兴废

纪元前千三百八十八年，拉墨塞二世即位后，称拉墨塞大王[1]。希腊史家之所谓西琐斯德里士是。是为十九朝之王。

拉墨塞，英迈有数略。于小亚细亚，亚非利加，及欧罗巴之南端，与地中海滨，屡立战功。拉墨塞之所经略，遂非甚巩固，然其伟绩，存于西琐斯德里之大理石大柱者_{勒石纪功之意}甚可观云。又据一说，拉墨塞有大志，欲统一万国。自将骑卒五十二万，自都城而发，随地建设大理石大柱以勒其功，自称百王中之王。及后石柱破坏，事迹乃不备传。

拉墨塞之武功，辉于远近，复好建筑工艺。今日遗存之古器物中，往往自刻其名。拉墨塞天性长于文学，复用心教育，创设一大文库，名曰"人心医馆"。又长艺学，常招埃及人士，大奖励文学技艺。埃及之文学，

---

① 拉墨塞大王：拉美西斯二世，也称拉美西斯大帝，公元前1279—前1213年在位。

由此振兴云。

拉墨塞崩，其子那列拍托嗣①。自是之后，国势渐至衰微。不但失其先王所略取之版图，及至纪元前九百年，为伊西阿比亚王沙梭可所侵略。自后五十余年间，皆听其命。及后埃及人复起而驱逐沙所可。僧侣与军人，轧轹又甚。又兴剧烈之战斗。而皇位竟为军人所占。继而僧侣亦有登其位。

纪元前七百年之顷，埃及又为亚西里亚人所侵略。国内为十二列国②。

纪元前六百年之顷，十二列国中之一侯沙摩那兹加斯，再起义兵。复借爱亚尼亚国及加利亚国之雇兵，脱亚西里亚之管下，进兵征服诸侯，统合之而为一国。恢复埃及之独立。是为二十六朝之王③。

沙摩那兹加斯用心贸易。闻邻国之交通，遂与希腊人及腓尼亚亚人，互相贸易。埃及之商业大兴。

第四章　埃及之覆灭

沙摩那兹加斯王殂，其子渥可嗣④。越幼发拉底河而进军，既近希陆

---

① 继承拉美西斯二世王位的是梅内普塔赫，也译作莫尼普塔，公元前1213—前1203 年在位。

② 指利比亚统治者，共 12 位法老（国王），舍松契一世至五世、奥索尔孔一世至四世、塔克罗特一世至三世。

③ 萨姆提克一世（公元前 664—前 610 年），为二十六朝之王。

④ 渥可：即萨姆提克二世，公元前 610—前 595 年在位。

西亚摩府，为巴比伦王尼布甲尼撒所要击，乃退军①。其后渥可用力于通商贸易，欲益图其隆盛。乃试开凿运河，以联络地中海与红海。竟奏其功。于是腓尼西亚之航海家，回航于红海与亚非利加之沿岸者，皆颂其功。

当渥可王之孙亚拍利斯之时，阿马计斯起叛兵而夺王位。阿马计斯颇尽心以治其民，又与希腊人大通贸易。纪元前五百二十五年，其子沙那意他斯时为波斯王冈比西士所侵击。国王拒之，力不能堪，全国皆属波斯之版图。而受沙托拉兹拍波斯之地方奉行之制驭。先是埃及雇用外国佣兵之风习既起，遂招土兵之不平。其数乃渐减少。土兵既日减少，则备兵遂日增加，弊害日甚。一战之后，遂为波斯所征服。

纪元前三百三十二年，希腊之历王山②征服波斯及埃及，新建首府于埃及之海岸，名称亚历山得利亚，为后来世界之贸易及文学之中心点。

第五章　政治

埃及之政治，虽世袭君主独裁之政体，而与其余之东洋诸国，稍异其趣。僧侣之权力，最为强盛，并擅君主生杀与夺之权。不仅乎此，即至日

---

① 历史上有两个尼布甲尼撒，尼布甲尼撒一世在位时约为公元前1124—前1103年，曾经攻占古代埃兰国的首都，但没能战胜亚述人。本文指的是历史上最著名的尼布甲尼撒二世（约前634—前562年），新巴比伦王国君主，在位时间约为公元前605—前562年，伟大的政治家、军事家、战略家。他曾征服犹太王国和耶路撒冷，并流放犹太人，《圣经》上对此也有所记载。他的事迹被记录在《但以理书》中，并且圣经的其他章节也提到了他。公元前598年、前587年两度亲征犹太王国，前586年攻陷耶路撒冷，将犹太的国王、贵族及一般居民掳至巴比伦尼亚，史称巴比伦之囚。

② 历山王：亚历山大大帝，公元前356年至前323年在位，即亚历山大三世，马其顿帝国国王，亚历山大帝国皇帝。曾师从古希腊著名学者亚里士多德，以其雄才大略，先后统一希腊全境，进而横扫中东地区，不费一兵一卒而占领埃及全境，荡平波斯帝国，大军开到印度河流域，世界四大文明古国占据其三。征服全境约500万平方公里。

夕私室之行为，悉以宗教的条规束缚之。盖埃及之君主，单有创定法律之权，并无其余重大之势力。其平民以下之勤劳，则由官吏监督，或鞭笞以迫之。又其有司有验察各家族之职，不但罚其犯则，其人民之资财，亦必报告于政府，若拒之则科以死罪云。

埃及之社会，为阶级的之制度，人人各以自己之智职才艺而谋其荣达。僧侣之子孙，必为僧侣。军人之子孙，必为军人。是其惯例。无论何人，皆为其家系所限制。今别其阶级为三等：

第一，僧侣。僧侣者，位于社会之第一流，最有权力。其职务不独宗教，凡属于医学、数学、法律及哲学等皆属之。且受政权之优待，自政府加以十分之俸禄，并领一国三分之一之土地。而遗传其子孙，并免其租税之负担。又有间接与直接以制人民思想之势力，上自王侯将相，下至农工商贸，皆受其牵制。

第二，军人。次于僧侣者为军人。亦占社会枢要之地位。其中分"弓手""枪手""剑者""棒兵"，其数四十余万人。而一人每得八野科路_{约日本之四段地}之土地。此阶级之所有，亦达全国三分之一，与僧侣同，而免租税之负担。

第三，平民。平民者，为下级之阶级。不能有不动产，亦不能有政治上之权利。其阶级又分三种。第一，农夫、猎夫、篙夫等属之。第二，工人、商人、机械师等属之。第三，牧人、雇夫等属之。而如牧豕者，最为贱劣，不齿于社会，又禁其出入神堂。

盖埃及于上古为文明进步最早之国，实为上古黑暗世界之灯台。然其文明，稍进而止，历时未久，已陷于保守退撄主义之极，遂至衰颓。因其以阶级的制度而牵制人才，竞争心由之灭绝，希望心由之消灭。是为人间社会进动发泄之原由。埃及之文明，与印度之运命，固一辙也。

第六章　美术

埃及人自上古早富衣食之资，人口随而增殖。其用力于工业者，亦胜于他国。故其高尚之美术，宏丽之建筑，亦非他国所能比。

建筑

埃及最早之进步者，为建筑术。其技术模拟形似，兼备风采，自尽灵奥精妙。其手段殆合天地鬼神为一致者。以绝奇绝丽之雕刻，而文饰其殿堂。其大者可以今日美国第一之寺院建设其中。有金字塔者，为埃及国王之坟墓，建筑于孟斐斯之近傍。其数甚多，今日尚存者，犹不下数十。其最大者有三，其高达四百八十尺，其基础之平方达七百六十尺，有十三野科路_{注见前}之面积。其一石之重量，大约千六百吨者。当日搬运此石之时，所用人力时日亦必非常。试悬度而计之，一石须用二千之人力，则必费三年之时日，乃克运之云。

那利斯湖_{湖名与那利斯王同音，非借用其名也}之近傍，又建筑广阔之厅，夥多之亭，以成迷楼。其半居地上，半居地下。盖此建筑者，为防卫埃及饥馑之祸，招集埃及郡国议员之会议所。当时有斯托拉贺氏，准王居之数，郡国之数而为之。号之曰"迷楼"。宛然一小埃及国之全境。

其余如西伯斯府之纪念标、神堂、宫殿、石坟、尖碑，又以一石而成高柱，最高者达百零八尺。其最著者，为纪念标，皆画文字以饰之云。

雕刻

雕刻之术，亦埃及人之长技，其技术则以优美佳丽宏壮雄大为主。彼大理石之雕刻，其利器非铁而铜，而其精妙，匪夷所思。其余日用凡百之器具，皆其雅致。其乐器亦极精巧。

绘画

埃及人之画，概以淡妆浓抹为宗。如密如疏，如远如近，其光景在云烟缥缈之间。是盖本于宗教的思想，别成一种之画品云。

第七章　文学

文学

上古埃及之文学，皆画文学。又称为象形文字。此文学者，盖上古之僧侣，用以雕刻神圣云。画文字有二种，一音字，一意字。音字即画鹰之形，如英语 A 音之类。意字者，如人合掌之图，即礼拜之义。如人携刃之图，即罪恶之义。埃及上古之文字，奇怪诡密，不可读之。虽今百年以前，拿破仑第一世率远征军留滞埃及时，附属军队之机关士，一日开凿尼罗河畔之炮台，偶发见石板一枚，乃上古之石碑。其表面乃三体之文字，其一为画文字者，即埃及古代之文字；其一为特木兹科者，为民间造用之文字；其一为希腊之文字。又其碑文，乃全记国王托列美野丕列野渥司即位之颂辞。当时拿破仑之随行法国学者希耶摩贺利渥，通希腊语。由是反译其画文字，渐次研究之。自是欧洲之学者，为解读画文字之始①。及记文字之材料，以哈海拉斯之草而制纸，而为书卷。后世称哈路。盖相传之讹。其造书至今尚有存者，留为古制云。

学术

上古埃及学术之进步，冠绝于万国。如"算术学""化学""测量学""建筑学""天文学""医学""雕刻"及"美术"等，其进步皆居最早。但昔日有名之亚历山得利府之文库，自罹兵燹，奇书珍籍，一将扫荡者，不知其数。然其残简遗编，存于今日者，亦不为少。今略举其已而。如列他贺特兹拍_{第五朝之时}所著之道德篇，为极有用之书，名论极多，今尚保存于法京巴黎。其余如"医药书""修辞书""数学书""法律""政治"之书，其断简残篇，尚可翻译，以传于今。又如小说、诗歌等，译行于世者不少。又如称赞拉（黑）［墨］塞大王之伟绩，拍他之诗篇，最为雅典秀丽，称之为伊利耶度。可想见其一斑。

教育

教育之事，一归僧侣之管督。诸学之中，最以数学及习字为要用。又

---

① 1798 年，拿破仑远征埃及，在开罗一处神庙附近发现了后来被称作"埃及艳后之针"的方尖碑。1799 年，法国远征军官布夏尔在埃及罗塞塔发现一块非同寻常的黑色玄武石碑，学者们大胆假设：这是同一篇文献的三种文字版本。其中希腊文为人们认识，在正确地译出那段希腊文以后，再设法找到希腊文字和那些象形文字之间的关系，由此揭开古埃及象形文字之谜。1822 年，法国学者商博良（1790—1832 年）对罗塞达石碑的象形文字释读成功。

如音乐、唱歌，亦一且普教之。盖以涵养儿童之德性。颇奏其效云。

第八章　宗教

神说

埃及有渥希利斯，兹知贺，贺陆斯之三神。渥希利斯者，为爱护万物之善神。兹知贺者，为破坏宇宙之神。贺陆斯者，为立于中间关涉百事之神。又为中庸调和之神。

尊崇之神祇

又有特别尊崇之神祇，以地方而异同。下埃及所奉之神，为捕达，称为太阳神之文。上埃及所奉之神，为阿木，称为捕达之母。阿木者，为洋沌之神。捕达者，为元始之神。此两神之外，更有许多之神祇。全国所最尊崇者，为那兹可_{太阳初升之神}，亚托摩_{太阳将堕之神}之两神。

动物之信仰

其余动物之种类，尤为信仰。于牛羊最尊崇之。如阿木之神，其肖像人身羊首。又牛羊全身黑毛额上带白点者，尤为神圣中之神圣。孟斐斯之殿傍，建宏壮之神祠，以鞠养其牛，每年施行大祭一次。盖埃及之人民，得动物之利益甚多，故遂认识各种动物，为包含神质。

埃及人亦信灵魂游转之说。其说以为人类之灵魂，非如形体之委于尘埃化为烟雾。不生不灭，随凡百之动物而转，永无止时据诺古氏之说与支那日本薪尽火传之说相同，盖想像人魂游转之理想。其余种种之诸说，不复赘之。波披利托亚利斯教谓人为全异二种之元始，偶然配合元始之一。即人不死之灵魂，是为独立不离之我，以漂游于无形世界。再入世界以来，与以前之身，绝无关系，而别投新身，以自己机关的之作用，因趋向而成形体，是为地上形体开进之结果。其灵魂永不弃遗因其组成之元质，而依附于万有。故灵魂离其旧躯而投新籍，则别寻新形体而附之。其种种游魂之说，与印度、希腊、西利山得利之希伯来之列伊洛，与加兹拔利托斯犹太人渊微之教暨耶稣教，并渥利契教士之意见颇同。希腊哲学［家］曾曰："灵魂者，脱出肉体，与动物之生命，而归大块"有书以供参考。木乃伊英语谓之 Mitniny 之法，于埃及谓人死之后，于上帝之前，凡今世之罪恶，受判决而后许结合灵魂之肉体，而涉渺冥之思想。故以净布包其遗体，而以药嵌之，以防其腐败。以其遗体埋之于土地，谓之为加他可摩布云。加他可摩布者，英语谓 Gatacomlo。

埃及人最以宗教为重，随处设许多之寺院，而藏教书经典。其部类为"神谱""神敕""誓约""诫文"等。在诸典中，以流布于后世，最为完全，其一部之誓文，百四十六篇。其对死者之善神，而设十条之誓约。今录于下。

一　尊崇平素之神，即神畜亦不敢蔑视之。

二　不问亲疏，凡幼稚儿女，皆宜爱之。

三　正夫妇之别，决不为不伦之行。

四　不以诈伪接他人。

五　不论人畜之生命，皆不得毁害。

六　使役他人，必给予适当之雇钱。

七　不得攘取他人爱护一介之物品。

八　不得久甘怠惰，消费有用之光阴。

九　不得枉用权衡，以贪不正之利。

十　不得违背友人忠告之言。

第二篇　中世纪

第一章　多礼美朝①

凡对峙于宇内，称独立自主之国者，皆有特殊之精神气象以维持之。若其特殊之精神气象，如枯草浮萍，何维持其独立乎？埃及也者，非文化的之国民耶，非美术的之国民耶，然其文化美术之点，其在上古，虽无其比。而其国民特殊之精神气象，则甚不免于微弱也。故其至上世纪之末造，立于政治上受动之地位，遂不能独立而自主。而泰西人从而握其枢权矣。

纪元前三百三十二年，埃及既为希腊之英雄历山王所征服，继而王崩，其版图四分五裂。至纪元前三百二十三年，历山王之将多礼美刺基②

---

① 多礼美：今译托勒密。托勒密王朝（前305—前30年），或称托勒密埃及王国。是在古代马其顿君主亚历山大大帝死后，其将军托勒密一世所开创的一个王朝，统治埃及和周围地区。

② 多礼美刺基：即托勒密一世（前367—前282年），埃及托勒密王朝创建者。托勒密原本是马其顿帝国亚历山大大帝麾下的一位将军，公元前323年，亚历山大病逝以后，托勒密在巴比伦分封协议中成为埃及总督，随着马其顿帝国的分崩离析，托勒密很快在埃及建立自己的势力。前305年，托勒密宣布自己为国王，建都亚历山大港，开创托勒密王朝在埃及近300年的统治，史称托勒密一世。

遂代而统治埃及。是为多礼美王朝之始祖。

多礼美有武略，征服四邻，屡建战功，威名播于远迩。自三世之间，埃及国运日兴，创设大文库于亚历山得利府①，藏书七十万卷。其结构宏大雄丽，冠于一时。又建修书院，备百般之学术，分局而教授之。又命犹太之学士，以希腊语而译希伯来之经典即旧约书，世谓之七十译司圣经②。当时历山得利府，又为商业最盛之地，供给印度及其余亚细亚之产品于世界，为东西贸易之中心点。其商贾以富鸣于天下。当时之商人，能以独力维持陆军之资力。其繁盛之极，即此可以知其一端。故当多礼美一世至多礼美第三世，三王之时，史家称之为黄金时代。

至多礼美第六世，庸暗之君主相继，骨肉相残，祸乱无绝。时事迹之可传者绝少。

多礼美的哑尼苏第十一世，以纪元前五十一年，与其姊姑丽娄巴多拉③并立为王。姑丽娄巴多拉，仍埃及之旧例，共弟为婚，共君临一国。其后以事生怨隙，姑丽娄巴多拉为其所驱逐。时罗马大将该撒④，自亚历山得利府而来，以援女王。与多礼美第十一世之军战，大破之，遂斩其

---

① 大文库：即亚历山大图书馆，托勒密一世亲自下令修建的世界上最古老的图书馆之一。它的建成，吸引了阿基米德、欧几里德等著名学者来此从事研究，促使古代西方的文学、数学、力学、地理学、天文学、解剖学、生理学等学科取得很大进展。像《荷马史诗》第一个校定本就出自亚历山大图书馆馆长芝诺多德斯之手，厄拉托斯蒂尼也是托勒密埃及经过测量后，计算出了子午线的长度（与实际相差仅300公里左右），并进一步提出了"地圆说"。可惜的是，这座举世闻名的古代文化中心，却于3世纪末被战火全部吞没。

② 七十译司圣经：即圣经《旧约》的七十士译本。按照传说，多个译者各自翻译，却有相同的成果，传统的译者是七十人。他们似乎是属公元前115至前100年，亚历山大犹太社群的犹太人。

③ 姑丽娄巴多拉：即克利奥帕特拉七世（约前70—约前30年），通称埃及艳后。是古埃及的托勒密王朝最后一任女法老。从此以后，埃及成为罗马帝国的一部分，直到5世纪西罗马帝国的灭亡。与克利奥帕特拉并立为王的是托勒密十三世。

④ 该撒：今译恺撒（前102—前44年），全名盖乌斯·尤利乌斯·恺撒，史称恺撒大帝，罗马共和国（今地中海沿岸等地区）末期杰出的军事统帅、政治家，并且以其卓越的才能成为罗马帝国的奠基者。公元前44年3月15日，恺撒遭以布鲁图所领导的元老院成员暗杀身亡，享年58岁。恺撒死后，其甥孙及养子屋大维击败安东尼开创罗马帝国并成为第一位帝国皇帝。

王。于是姑丽娄巴多拉遂为埃及全国之女王。因此战争，亚历山得利府之文库，遂遭兵燹。重大之古籍，及文书古器具，悉为灰烬，不知其数云。姑丽娄巴多拉，天姿绝艳，才调明敏，然其性极凶悍。已杀其夫，又杀其母弟，毫无恻怛之情。猛将勇士，皆惑其才色，无抗之者。

已而罗马之安多尼①，治罗马之东半，定都于亚尼山得利，亦惑于女王姑丽娄巴多拉之色。至去其妻太维亚②，即屋太维亚之妹，而纳之。且与以罗马之州郡。屋太维亚③大怒，声讨其罪。率海陆之精锐数万来攻。安多尼邀战不利，姑丽娄巴多拉见势将去，先弃安多尼军而逃。安多尼尾之，伏剑而死。姑丽娄巴多拉亦仰毒而死。初，安多尼攻不庐太加西约，姑丽娄巴多拉暗助不虞太。安多尼欲问其罪。召之，姑丽娄巴多拉驾扁舟而来。其船镂以黄金，华丽如画。以美锦为帆，择处女而为水手，荡白银之橹而进。橹声咿呀，音乐悠扬。姑丽娄巴多拉设座于甲板之下，帷幕四围，遂入德尼河。清风微漾，香气袭人，荡漾而来。中流容与，婵娟窈窕，宛若神仙。以安多尼之豪雄，见之恍如梦境。欣然握手，前事胥忘。既而埃及遂为罗马之属国。实纪元前三十年。

第二章　外国之来侵

埃及自姑丽娄巴多拉之死后，入罗马之版图者，殆及七百年。当纪元

---

①　安多尼：即马克·安东尼（约前83—前30年），古罗马政治家和军事家。他是凯撒最重要的军队指挥官和管理人员之一。公元前33年后三头同盟分裂，前30年马克·安东尼与埃及女王克利奥帕特拉七世一同自杀身亡。

②　太维亚：即奥克塔维娅，罗马帝国的第一位君主屋大维的妹妹。

③　屋太维亚：今译屋大维，即盖维斯·屋大维·奥古斯都（公元前63—公元14年），罗马帝国的第一位君主，元首政制的创始人，统治罗马长达40年。

六百四十年之顷，沙兰生人乘罗马帝国之衰运而起兵，遂占领埃及①。于是埃及又分为四部之管辖。及回教副王都于改罗府，亚剌比亚及亚细亚各邦之人民，多徙从之。其风俗宗教，渐变回回教人。而埃及属回部之管辖者，自是又复六百年。

当第十三世纪，马默鲁古②土豪起，统御埃及全国。马默鲁古明奴隶之非义，乃赎收西尔加西亚种族于回教王，而编制为卫护兵。此战奴皆极彪悍，大显战功。其数数万，屡世属服于回教王。撰其富于才干智勇者二十四人，为总长，握其兵权。竟至举埃及全国之领土，而归总长之分配。而此二十四人者，遂组织议院，共同而议国政。内政外交之实权，乃尽归其掌握。

已而土耳机人起，驱逐沙兰生人。势力日炽，埃及亦为其所侵略。纪元一千五百十七年，遂为苏尔丹塞利慕第一世③所覆灭。塞利慕第一世征服埃及之时，马默鲁古土豪之威力未衰。强悍苦难制驭，乃许其自活。全国之政，悉决于酋长会议。自土耳机封其侯爵一人，而为埃及太守，且为酋长会议之议长。以护卫兵一队而镇其内。然其国内之实权，依然归其酋长之手，与前无异。其后为拿破仑所占领，乃废其制度。继而英军退去埃及之后，旧制又复其全。至墨非默德阿厘之时，乃尽戮其储酋长。埃及遂灭④。

---

① 395 年，罗马帝国被分成东西两部分，埃及属东罗马帝国，继续归"新罗马"的皇帝管辖。640 年，埃及被阿拉伯人占领，随之开始阿拉伯化。

② 马默鲁古：今译马穆鲁克，原意是"奴隶"，因为音译的不同，也被译为"马木留克"。马穆鲁克是中世纪服务于阿拉伯哈里发的奴隶兵，主要效命于埃及的阿尤布王朝。后来，随着哈里发的势微和阿尤布王朝的解体，他们逐渐成为强大的军事统治集团，并建立了自己的布尔吉王朝，统治埃及达三百年之久（1250—1517）。奥斯曼帝国时期，马穆鲁克建立的埃及马穆鲁克王朝长期与奥斯曼土耳其帝国为敌，直到 1517 年被土耳其苏丹塞利姆一世击败。

③ 塞利慕第一世：今译塞利姆一世（1467—1520 年），奥斯曼帝国第九任苏丹（1512—1520年）。

④ 1798—1801 年受法国统治，1869 年后英国势力侵入。

第三篇　近世纪

第一章　墨非默德阿厘之雄略

镇定内乱

墨非默德阿厘者①，自千七百六十九年，生于希腊亚陆拍耶之海滨加麻拉之一小市。天资英迈，倜傥有大志。幼丧父母，养于市尹某之家。至壮年，乃展其志。

法国革命之际，拿破仑建经略东洋之策。率精兵四万，千七百九十八年七月，自亚历山得利府而上陆，直拔之大破埃及留在之土军。遂进而降改罗，占领埃及。土耳机之朝廷，闻之大惊，征兵于四方。墨非默德阿厘应其召集，乃赴埃及。为一队之长，与法军战，颇显其胆勇。当时拿破仑

---

① 墨非默德阿厘：今译穆罕默德·阿里（约1769—1849年），出生于卡瓦拉（今属希腊共和国），奥斯曼土耳其帝国驻埃及总督，穆罕默德·阿里王朝的创立者。被称为现代埃及的奠基人。

之远征埃及，不过一时之奇策。而英刚勇武之墨非默德阿厘竟能维持土耳机朝廷之权力，终为埃及之国王。

已而拿破仑留其麾下，先还本国。乃为英军所驱逐。英国之威权，又大盛于埃及。当时埃及之太守哥士罗侯，能制马默鲁古人之强悍桀骜，乃掌握其兵权。然阿路卫意耶之兵士，因给与不继，大愤而酿乱，逼太守，焚宫殿。太守孑身以逃。土廷乃以他海乌侯代之。然他海乌侯，又以失众望而被刺。

国内纷乱，靡所底止。于是墨非默德阿厘，乃与马默鲁古人同盟，屡败土军。其后科陆希乌度侯之埃及太守来攻，血战七昼夜，胜败未决。墨非默德阿厘之军，粮食已竭，弹丸将罄。正存亡危急之时，而土廷忽止其战争，竟封墨非默德阿厘为埃及太守①。科陆希乌度乃大愤懑而归。

墨非默德阿厘，虽登太守之职，内则兵戈倥偬，府库萧然。外则同盟土军之豪族，万口嚣嚣，盛抱非望。于是墨非默德阿厘用奇策②以化其顽梗，敢不服从者，一扫而除之。诱土豪之酋长，诛戮其强梗者。又率将士而张讨伐，以消埃及数百年来内忧之巢窟。然其兵力未足，暂缓进取，遂退而蓄锐于内地。

野史氏曰，李唐当藩镇政治之时，威断发自天衷，挫其骄蹇，于是宪宗一扫藩镇之积弊。至于五代，为军队政治之时。迅机鬼断，颠倒一世。彼之武断政府，一变而为立君主义。于是周之世宗起而代之。墨非默德阿厘者，激破马默鲁古土豪之积弊，而自把持兵权与政权，亦与宪宗世宗无以异耶。若墨非默德阿厘者，其宪宗世宗之流亚欤？

① 1804年，开罗发生起义，穆罕默德·阿里帮助了起义者，起义胜利后原总督被废黜，1805年，穆罕默德·阿里被埃及人拥戴为埃及新任总督，奥斯曼帝国也允许了事态的发展。
② 为了最终摧毁马木鲁克的势力，穆罕默德·阿里阴谋屠杀了马木鲁克的首领。1811年他邀请马木鲁克的埃米尔参加庆祝会。在马木鲁克的首领们进入要塞的瓮城后，穆罕默德·阿里下令关闭瓮城的大门，瓮城上埋伏的士兵对瓮城内射击，其他士兵进入瓮城使用斧剑杀死了依然活着的马木鲁克。

外征之武略

初，墨非默德阿厘，娶市尹之女，生七男三女①。其长名伊布拉嘻摩，次名托沙，次名伊斯那珞，又其次名齐特。墨非默德阿厘以内乱已定，千八百十二年，命其子托沙而征亚剌比亚。破之，陷墨加。然亚剌比亚之军勇武善战，不能屈之。于是墨非默德阿厘亲征。乃破之而略其地。

千八百十六年，再命伊布拉嘻摩②而伐亚剌比亚。复破之。千八百二十二年，乃命伊布拉嘻摩为亚剌比亚之管理。其酋长出其不意，起兵而袭。不能敌伊布拉嘻摩之武勇，而战死。

其后希腊王国，回复独立之举。土廷遣兵讨之。不胜。土廷乞援于埃及，且约更增其封土。墨非默德阿厘乃命工子伊布拉嘻摩而代往。千八百二十三年，伊布拉嘻摩率大军而进发，与希腊之海军战于克礼德岛，为其所破。已而伊布拉嘻摩自美礼亚岛之西方而上陆，陷拿霸利诺城，奋击而破之。土将列斯兹乌度侯，久围米兹斯洛歆，终不能拔。千八百二十六年一月，伊布拉嘻摩急拔之，纵横奋斗，乃陷其城。更出兵四方，大破希腊之军。已而英俄法三国，干涉其战事，共援希腊之军。同盟军之舰队，于拿拔利诺河中，袭击土埃之舰，大破之。土埃之军舰，半成薤粉。实千八百二十七年十月二十日。时伊布拉嘻摩闻信，疾驰而归。未几，亦班师而还。

土埃之权臣，谗墨非默德阿厘于苏尔丹，谋遣刺客而刺之。墨非默德

---

① 穆罕默德·阿里妻妾众多，至少有 15 位妻子，她们共为其生下了 18 子 13 女。
② 伊布拉嘻摩：今译易卜拉欣，即伊卜拉欣帕夏，是 19 世纪埃及穆罕默德·阿里王朝的一位将军，他是穆罕默德·阿里的儿子，在 1848 年 7 月至 11 月作为摄政王领导国家。1831 年 10 月 31 日，他发动对叙利亚的战争。

阿厘激怒，始怀独立之志。千八百三十一年，发大军而向西里亚，略耶路撒冷，围亚克尔，擒其太守亚捕特可陆。土廷遣军防之，连战皆北。埃及之军，勇气凛凛，进迫土京君士但丁堡。于是英法两国，乃与媾和。墨非默德阿厘，遂获全胜，奏凯而还。

当是时，墨非默德阿厘之武略，震动四邻，威信广布。其领地自希腊海岸克礼德岛，而经西里亚沿亚剌比亚之西岸，远达红海之东湾英领亚丁。英国大忌之，谗之于苏而丹而褫其爵。

当时西里亚之管领者，为勇武绝伦之王子伊布拉嘻摩。土军击之，不利，全军大溃。伊布拉嘻摩疾驱而进，将陷土京君士但丁堡。时苏尔丹马毛度崩，幼主即位，乃与媾和。其事渐定。而墨非默德阿厘借驻扎土京之各国公使，而求埃及之独立。于是英俄德奥四强国，与土国相结。千八百四十年七月十五日，订结条约于伦敦，议定埃及万国协定之地位，以压制墨非默德阿厘之志。法国初未与之，后乃加名。墨非默德阿厘，刚毅勇迈，固执大义而不从。遂与五大国之军而激战。然众寡布敌，不得已陨涕而从强国之协定焉。

内治之政略

墨非默德阿厘聪明英武，威震四邻，扩张版图，用志于内外之政治。富国强兵之术，日日训练而研究之。其事业之最著者，为扩张军备及国民教育之方策是也。

墨非默德阿厘，凤慨国势之凌迟，欲恢复之。乃扩张兵备，而先定其根本。乃聘法人西美为军师，付与以那列马侯之尊号，大改革其兵制，以训练步骑。一时埃及之兵，以精军称于天下。又欲扩张海军，大造军舰，以训练士官。故其海军亦一时称雄于地中海之东极。

墨非默德阿厘又欲扩张国民教育，乃兴普通学校以教之。其余又设医学校、外国语学校等于各地，又派遣志趣宏大之书生于外国，以期培养人才，苦心孤诣。故其时之人物，亦接踵而起。

又复奖励殖产工业，整理财政。故其贸易亦隆盛极于一时。凡诸善政，皆尽心筹划。所建之策，毫无遗算；所筹之事，毫无废功。其治绩卓然，推为中兴之雄主，有造于埃及者，实为不少。

野史氏曰，英刚聪明，真人君之器。豁达雄武，备兵家之略。如墨非默德阿厘者，埃及数千年间，果有几人乎？然以墨非默德阿厘其人者，终不能使埃及为纯乎独立之王国，而究不免为所谓万国协定的之位置者，何也？鸣呼！国民特殊之气象精神，既陷微弱，虽如墨非默德阿厘英雄之主，亦无奈之何。君主独裁之政体，其关系于国家之运命，不过如此。国民之精神，岂可忽哉?！

第二章　亚伯斯及齐特

千八百四十九年，墨非默德阿厘以病卒。先是，王子伊布拉嘻摩以墨非默德阿厘之年已老，专摄国政。千八百四十八年，先其父而殂[①]。伊布拉嘻摩，具文武才，沉毅有大略。佐其父阿厘拨乱反正之大业，为功尤最，亦如李世民之于唐高祖。不幸先其父而殂，不禁为埃及惜之。

嗣伊布拉嘻摩而登埃及“契兹乌”[②]之位者，为托沙之子亚伯斯[③]。

---

① 1848年，默罕默德·阿里患上失智症无法治理国家。长子易卜拉欣病入膏肓，但于1848年7月成为摄政王，11月10日易卜拉欣病逝；次年8月，默罕默德·阿里也病逝。

② 契兹乌：今译“赫迪夫”或“赫底威”，这名号由埃及和苏丹的穆罕默德·阿里王朝所采用，意指“君主”，来自古波斯语“主人”。

③ 托沙：即穆罕默德·艾哈麦德；亚伯斯：今译阿巴斯，即称阿巴斯一世（1848—1854年）。

亚伯斯性严而顽，其治世中，一意以锁国保守为主，绝不经营武事。于文化贸易之事，亦不谋及之。契兹乌以千八百五十四年殂。或云为臣下所弑。

齐特①者，嗣亚伯斯之后而为契兹乌。齐特性轻跳而急躁。其治世中，往往眩迷于欧洲之新事物。朝令暮改，失威堕信，遂陷于模仿文明之境界，以招后来埃及之衰亡，实自齐特始。盖齐特以一国人君之身，徒拘泥于区区之空文，以绞人民之膏血，装饰政府之外面，骄奢佚乐以自喜。但慕欧洲之文华，而不问其利害，悉采用而模拟，之而不思考其道。如开苏彝士之运河②，其事业之创世，亦在齐特之世。其功绩虽似不可没，然埃及之财政，究因之萧然而一空。亡国之因，未尝不由于此。

译者案，苏彝士河之开通，其利益于世界者不浅，虽亡一国而利世界。君子当许其功也。

千八百六十三年，齐特殂。伊布拉嘻摩第二子以斯迷儿继登契兹乌之位。至以斯迷儿之时，适当齐特骄奢之结果，于是埃及之运命，遂日陷于零落凄惨之绝域矣。

---

① 齐特：即塞伊德一世（1854—1863 年）。
② 苏伊士运河，是 18 世纪英法两国加紧争夺的产物。法国企图沟通地中海与红海，直抵东方，以打破英国对好望角航道的控制。英国为维护其在东方、特别是在印度的利益，则反对开凿运河，主张从亚历山大经开罗、苏伊士、叙利亚、幼发拉底河至波斯湾修筑一条铁路。1851 年，英国获得埃及的许可，开始修筑亚历山大至开罗的铁路。法国也不甘落后，支持工程师 F·莱塞普斯骗取埃及的信任，于 1854 年签订关于修建和使用苏伊士运河的租让合同，并于次年成立了"国际苏伊士海运运河公司"。资金法国股份占 52%；埃及股份占 44%。1875 年，英国趁埃及财政拮据，用 400 万英镑廉价买进埃及持有的全部运河公司的股票。1882 年英国占领埃及后，直接控制了运河。

第三章　以斯迷儿及丢比克

以斯迷儿以千八百六十六年继齐特之后而即位①。夙游历于英法，专受法国之教育，天性明敏，富于才智。而惜其缺于自立之气质，惟知崇拜外人，瞑眩于外观的之欧洲风，心醉于皮相的之文明业。倾一世之国力，而欲输入欧洲之新文明，至其极点，竟招亡国之惨。呜呼戚矣！

以斯迷儿即位以来，其计划之事业甚多，其便益亦大，其弊害亦大。如铁道、运河、灯台、电信、桥梁等之大工事，固为文明之利器，进化之美举。然不问其时期何如，而欲一时创设之，因之而募外债不知其数。又如建设立宪政体，改制法典，皆为进步之盛事。然又不察时势何如，徒迎外国之欢心，以求一时之虚名。创设之，制定之，与其国民之气象精神，不能相副，以致外国干涉其主权。

译者案，以斯迷儿之各举，未可妄诋。其弊也，在国民之气象精神不能相副，是其亡国之原因，读者幸毋借口而长顽固之焰也。有国家之义务者，以之为殷鉴则可，以之而陷于顽固则不可。

又复建筑多数之宫殿楼阁，极其宏大壮丽，皆以藩王之贿赂而成。其竞虚荣贪虚名，大率类此。又如从事远征，而散国家之费。又用欧化主义，以冀改革农业，皆为亡国之媒。

以斯迷儿在位十余年间，其债合计四亿万余元以上。以斯迷儿，又为偿还外国债之原则，举自己之土地财产及诸王族之财产，以暨铁道、电信、堀割□□等，并其余工业之收入，悉抵当于外国债主。一任外国债主

---

① 以斯迷儿：即伊斯梅尔一世（1863—1879 年）。

之代理人，擅施收敛，以苛虐农民，嗟怨悲愤之声，遍于全国。千八百七十八年，于各国混合裁判所，竟以斯迷儿之家具器物，为负债之抵当品。加之英人利卫斯乌野路耶，法人布利意由，受本国政府之命，管理埃及政府之外债，称以外债监督委员之名，同受埃及政府之委任。乌野路耶为大藏大臣，布利意由为工部大臣。专擅收敛，以媚外国之债主。竟至减节军人之给料，以至食物被服等之细事，皆节约之。军人等忿不能堪，遂逼以斯迷儿退彼二人之职。于是英法两国，要请于苏尔丹，终废以斯迷儿，以其子丢比克即位①。然而虚拱无为，太阿悉持于外人之手。

丢比克即位，在千八百七十九年。实埃及国步，极其艰难之时。而丢比克亦如以斯迷儿，轻躁浮薄。虽非眩于欧化，其识见则如一人。善善不能用，恶恶不能去，胸中毫无定识。然当时之埃及，内忧深入膏肓，外患又迫。虽俊杰之士，尚难挽回，而况一无胆无识之庸主，庸有济乎？

英法两国既废以斯迷儿，各派遣委员一名，干涉埃及之内治。肆意诛求，无所不至。千八百八十二年，有志之士，悲愤激昂，誓欲挽回已倒之国势，遂组织爱国党，公推亚利比侯为其首领，集众要求，以开临时国会，黜其从前大臣。以塞利夫侯为总理大臣，共谋改革国事。而为外国所妨碍，不能直行。英国遂发军舰十余艘，自亚历山得利府而上陆，炮击府城，而破爱国党之军，遂驱逐之。英国乘战胜之威，愈愈干涉埃及之主权。埃及之兵制，自宪兵而至巡查，皆为英国所节制。又因爱国党掠夺亚历山得利府英国之财产一千万元，焚毁英商之家屋七百五十万元，又其余各地所烧失损害英商之财产，偿费五百万元，悉索取于埃及政府。

---

① 1879年，奥斯曼帝国与欧洲势力串谋罢免伊斯梅尔，扶植陶菲克帕夏。丢比克，即杜菲克一世，1879年继位。三年后，埃及和苏丹的独立地位仅是象征形式，英国入侵并占领了埃及，表面上支持陶菲克对抗艾哈迈德·阿拉比的民族主义运动。名义上，赫迪夫仍统治埃及和苏丹，权力却落在英国高级专员上。

爱国党卵石不敌，一时瓦解，于是国疲民瘵，不过仅仰英国之残喘，保其生命而已。呜呼惨哉！

第四章　阿剌比侯之传

当埃及危急之时，磊磊落落之一英雄，应运而出，则阿剌比侯①其人是矣！抱雷雨经纶之志，寄身于寒烟瘴雨之乡，风月寄怀，山水陶性，飘然而为一谪居之闲人。然其一片爱国之精神，凛凛如秋霜烈日，负担国家之义务，而矢志不挠。非人杰孰能如此。

阿剌比天性严厉，重气节，胸襟洒脱，和气蔼然。状貌魁梧，秀眉炯眼，毵毵霜鬓，矍铄不挠。其于国事，始终如一。所谓"仕君门则存忠而废寝食，奉高堂则纯孝以慎始终"，殆阿剌比之谓矣。

阿剌比生一农家。当齐特之时，始为士官。性刚直，沉毅有识。自千八百七十六年，尽力组织自平民出身之文武官诸士而为秘密党。千八百七十九年，升大佐。千八百八十一年以来，爱国志士推戴阿剌比为爱国党②之首领。千八百八十二年，当塞利夫组织内阁之时，乃任将军而授侯爵。

初，埃及之政府，以国债日见其夥，苦于日陷危局，力筹子本偿还之方法。乃开设国会，而谋改正关于财政一切之事项。然当时英法派遣之监

---

① 阿剌比：即艾哈迈德·阿拉比，前埃及军官。早年深受哲马鲁丁·阿富汗尼思想的影响。1875 年加入青年埃及协会。1879 年创立祖国党，主张埃及独立。曾两次领导起义，要求实施宪政。企图摆脱英、法对埃及的控制。1882 年领导埃及军民抵抗英军，失败后被捕，流放斯里兰卡。1901 年获释。

② 指 1879 年由埃及知识分子和爱国军官成立的"祖国党"，以陆军中校阿拉比为领袖。祖国党提出埃及独立、反对"欧洲内阁"等主张，利用群众斗争的威力迫使总督伊斯梅尔改组政府，辞退外国官员，通过宪法，加强议会权力。英国怂恿土耳其废黜伊斯梅尔，任命他的儿子杜菲克为新总督。杜菲克听从英国摆布，解散议会，逮捕祖国党人。

督官，亦参内阁之议。其余埃及政府之下，负担公务之外国人数十名，大小之事，皆其主宰。故国会之议论及举动，仍不能稍杀外国人之权力。而英法之使臣及监督官，屡言于本国之政府而请处办。两国政府，直容其请，极力而图干涉之。至千八百八十二年二月，国王以马么度侯沙希为首相，更组织新内阁以图之。乃命英法之监督官，于其最要职务之部分，凡关于岁出岁入之诸件，皆付之内阁议定，以夺其权。必待将来国会之可决，乃得施行。于是其监督官既失其权，其从来之职务，因之顿减。本国政府乃稍收其自主之权力。数旬之后，法国之监督官，乃退其职。既而英法两国之使臣，遂连署决意书，以要挟埃及之政府。其要领一则陆海军大臣阿剌比侯，当退其职。二则别放外务、文部两大臣于内地。三则解散内阁。是为英国两国干涉埃及内政之始。国王丢比克优柔不断，欲恃英法之援，以自保其地位，允两国之强请，姑图一身之安全。于是内阁诸大臣，一同辞职。

阿剌比侯常以国家之忧为忧，欲救国民而脱外国之羁轭，以恢复其独立之主权。以一身为一国之柱石。故英法二国大忌之，不啻蛇蝎，必欲除之而后已，乃乘机而逼其退职。然阿剌比侯之德望，为全国国民中有志士民所瞻仰，且握一国之兵权。既得内阁大臣辞职之报，诸酋长、议官、学校并商人会社之总代等，蚁集于王宫，恳愿于国王留阿剌比侯在职。国王拒之，又以新拉契捕侯为首相，以组织新内阁。然此内阁者，虽出于英法之本意，而究由前内阁而起，阿剌比侯依然任其旧职。其基础坚不能摇。然英法之忌，愈不能已。且新任之诸员，多由法国使臣之怂恿。法国之利益最多，而英国反大失望。英国于是一面对埃及则备巨舰精炮以示兵威，且逞外交上之强谈，胁吓逼迫，无所不至。一面则开公会于君士但丁堡，借诸大臣，连衡结合力，以逼土廷，而谋达其欲望。

先是英人出其军舰至亚历山得利①。埃及之志士，大相团结，组织爱国党，而奉阿剌比之命，修筑炮台于埠头。英人乃向土廷请绝其工事。国王不得已，乃暂中止。后复增筑数处之堡寨，整饬巨炮，以示防战之用意。英人见之，忿怒不已。其舰队长乃照会埃及政府曰"限二十四时间，毁弃炮台则已。不然则以大炮碎破之。"爱国党之志士，则谓吾修国防，以整军备。固我国之权力。外国政府决无干涉之理。毅然不屈。于是英国舰队长命其所率诸舰，攻击陆上之炮台，实千八百八十二年七月十一日②。当时居住亚历山得利之欧洲人，皆已逃于碇泊之诸国。商船兵舰，亦以前夕而解缆。亚历山得利之港中，惟如山如陵之英国军舰十余只而已。

英国乃于其预告之二十四时中，适当午前五时，英将先定攻击之计划。拟于午前七时，揭发炮之指挥旗，同时以大军舰三艘攻击位于市街西南之炮台。又以其余之四大舰，发炮而向东北之炮台。阿剌比之军，乃始发炮。一时两军之炮声，轰如巨雷，弹丸喷雨，烟焰迷天。时英国之小军舰数艘，察机应变，旋转攻击。英国之士卒，死者已五六人，负伤者三十人许，其舰亦受损伤。至十三日，遂夺诸垒，大破埃及之军。

阿剌比侯以势不可支，乃收兵退居内地。亚港之市街，于十一日午后，忽闻大火起。欧人之居住地，悉为灰烬而无遗。土人之居，亦同其祸。火焰三日未息。惨淡之景，不可名状。休战后数日，英舰队长渐命海兵而上陆，以占据其诸炮台。以护卫国王，防御市府之诸门，专行巡查之职，且保护其国民。乃解阿剌比侯之职，而数其罪状曰：不待国王之命，擅率兵而退亚港。坏铁路，绝电线，罢邮便，归住亚港，而抑留人民专修军备。且拒国王之命而不离亚港，云云。此宣告者，乃自英人草之。令诸

---

① 亚历山得利：即亚历山大港，在埃及的北方，濒临地中海。

② 1882 年 7 月 11 日，英国分舰队炮轰亚历山大港。经剧烈交兵，埃及伤亡 2000 人。英军 2.5 万人登岸，占领海港，并大举洗劫。

省长官署名，皆惮阿剌比侯，不敢下笔。乃强其国王同署名焉。阿剌比侯既得此书，急遣使于改罗府①，以告同志者。且曰，国王既为英国所囚虏，而困于英人之营中，此宣令决非国王之本意。宜于首府速开国会，以议现今之急务。于是急开国会于改罗府。志士会议定废国王而立新政府。然此举颇失急激，未细审其实况，然后处理之。乃派委员于亚港。七月二十一日，阿剌比侯，乃发檄文于诸方之州令，以宣布其宗旨，其文曰：

英国之舰队炮，击我炮台，又挟我国之寇敌苏尔丹，以蔑视我主权。故我党遵国法由内阁之决议，应其炮击。此今日战争之由，且今日之酿国乱者，果何人乎？非常自称保护我埃及之英人乎？我国王已为英军所胁迫而奉其意，内阁诸公，亦幽闭于亚历山得利。岂非英国之欲逞其私欲，以杀我国之权力，以奴隶我国之国民乎！如彼内阁议长军备废之命令，亦出于英军之强迫，谓之无效之号令可也。抑如我国今日之衰颓，诚极点矣。而以文明自许之外人，如彼英法者，其来我国，其所借口辄曰："欲导我埃及之文明，欲进我埃及之自由。"其言之甘，令人鼓舞。实按其行而察之，何其相反也。彼等虐待我国民，掠夺我财货。其贪如狼，其苛如虎，惟彼英人为最。盘踞我国，以埃及为其私土，以国民为其奴隶。其暴虐无道，鬼愁神恫。我党与彼，岂有不共戴天之仇耶！呜呼！今日国家之兴废安危，在于顷刻。而长袖缓带，以偷一日之安寝，岂非我国民丧心折节乎？惑于外人之巧言，而弃其母国，是岂国民之所忍乎？阿剌比者，不过埃及之村民耳，然奉我大祖马哈默德之法，荷本朝之厚恩，是以因天下之兴望，顺人民之推心，爰②举义旗，以清妖孽，欲安社稷而图富强。凡我

① 改罗府：今译开罗，埃及首都，位于非洲北部、尼罗河下游。
② 爰：读音 yuán，此处作"于是"解释。

国民，有忘大义而背名分者，则以兵法从事。

阿剌比既发此檄，天下之志士，益益纠合义徒，屯于内地各所。时与英军交战，而改罗府之爱国党，皆不从国王之命，而奉阿剌比。别立一新政府，以示重于天下。

八月二十四日，英军夺加沙希，而退阿剌比之军。阿剌比侯乃撰险要之地形，而定本营。盛集兵马粮食，拔倍加拉梭以示威。即特路契披城是也。英军总督乌渥路斯列将军欲拔其本营，计较十余日，乃于夜间而密进兵。距埃及军六哩，其步兵总数一万数千余人，骑兵二千余人，大炮六十门。其右翼则置骑兵与大炮为二大队，其左侧，则列步兵第一旅团与骑兵队。将军古拉哈摩率之，可诺托亲王为后备。其左方则以大炮四十二门为纵队，以步兵而补缀之，第二旅团为左翼。又以印度之兵而备苏士渠之南，与海军之兵，定约于天未明时，由铁道线而进。既而总督下进击之令，诸军乘暗而急袭之。当时阿剌比之军，其步兵二万人，骑兵二千五百人，大炮七十门，并诸酋长所率之兵六百余人，皆决一死而苦战。屡屡击退英军。然而众寡不敌，终不能支。阿剌比侯急策马而向改罗。未几，英军又夺特路契披路之要地，乘胜进四十哩，遂略沙额希科。此役也，乌渥路斯列将军，身被重伤，佐尉官之死伤者二十余名。兵卒之死伤者，三百六十余名。英军激战数次，乃败埃及之军。乘胜长驱，直至改罗府。阿剌比侯终为所擒。然以其忠愤，义免其死，流谪于英领锡兰岛。

野史氏曰，余闻我日本人，曾有于印度航海中而寄港于锡兰岛者，特访败将阿剌比侯。阿剌比侯谓其人曰：

老将窃察欧洲人对东洋之举动，实所大恐。其始经营人国也，而自称为朋友，以暗营其私利。或貌为丁宁恳切之状，或惠与以金钱，或贷付之

而不取其利息，且扬言而为之除害而兴利。或为手传，或相密谈。已而遣
其家人，扫廊下，修庭前，设游园，备宾馆，一切务结其欢心，其友谊亦
如骨肉兄弟。于是其主人如哑者，其执事如聋者，其仆隶如木偶，全家唯
唯诺诺，以听其指挥，而唯恐偶拂其意。而彼之权力，遂为非常无限。以
侵夺人之主权，且伪慰其主人曰"吾人欲期贵家永远之隆盛，保后世之福
祉。事成则赐归休。无所希冀焉。贵家由是自立，而不倚赖于他人，以独
步于乡党，一跃而列素封之籍。不亦壮哉？"主人信而不疑，于是一变其
家政，而惟恃于外人。

目前之现象，暂现文明之灿烂，遂信为家门隆盛之吉瑞。而其负债，
已积如山。故旧友朋，忽焉涣散，而陷于迷梦，不知后图，反欣然而喜
曰："果吾家之福祉也。"然而一旦外人既去，主人而欲自整理之，则家政
紊乱，不可收拾。且积年余弊，深入膏肓。故旧友朋，弃之不顾。倾家破
产，不可挽回。至于此时，其债主傲然布告言于天下曰："此地所此家屋
者，应为吾所有。吾为其债主，吾应得之。"而前者所谓如骨肉兄弟之友
谊者，今已为破家之仇敌。而且从而倡言曰，彼为保维本家之福祉，而负
债如山，以作亡国之俑。今不并其动产与不动产而掠夺之，何所取偿乎？
所谓朋友之举动如此，所谓兄弟骨肉者如此也。

彼欧洲人巧唱人间平等之说，而粉饰其言辞，而究之人间以人种而区
别。平等云者，毕竟为彼欧洲人同种中使用之必要。指各之种族而言，彼
固未尝视东洋人为同类也。其口虽曰"东洋人者，吾之朋友，患难相扶，
危急相救，通财货，取智识。毋鼠首两端而挟疑心于其间，毋逡巡而失归
向之途。"而其心则曰"汝东洋人，速早灭亡。吾将取汝之国，并如土地
生育之动植等，而归于吾。吾人之输金力，输智力于汝者，盖预付国土之
遗利也。文化焕发，被于四方，而后为吾人人间栖息之都邑也。"

呜呼！彼欧洲人，以此心算，而行此手段。而其手段，又分为二种。

一种则借精舰巨炮而达此目的，一则遣其人而为顾问官，参与其政治，扰乱其财政，以使其国库欠乏，负债山积。国运亦随而尽焉，而终失其独立，于是随丧于彼之手。此二者，皆彼等达其贪欲之秘诀，所赖之以为城壁者也。而其言则托于文明世界，无可摘指，暂免铁血。而俟内政衰颓之机，则挥债主之利剑，以截断其国脉。其方法之巧如是也。彼等之施于人也，前者之方案，不足以动之，则彼模棱试之而遂止。至于后者之方案，则极其狡敏。勿问其方略如何，其前后皆出一辙。

其始至也，则遣宣教师，扶恤老幼，惠恤废疾，又将贷与金钱。其冠昏丧祭，亦与执干斡旋之劳，而为深尽友爱之状。乃其势成机熟，则曰"请贷与我以尺寸之土，得以设立马额希库焉。"国人若有异议者，彼则挟之曰"吾固以义接彼，何容疑之？"必得允许。自是交通日，多贸易日盛，国内奢侈之风日生，费途百出，浑如漏卮。及至资本缺失，则彼欣然而贷与以金钱，言及返济之事，则又预泊兵舰，先置兵队，以期恩威之并行。

由是国内文物，改其面目。文明之风潮，渐浸染于全州。则彼乃直遣派顾问官，以建种种之策略。而所聘顾问官之空气，渐渐注入政治社会。一旦又以顾问官而饵其国焉，顾问官之狡智，但笼络庙议，以抒其意见，不问其利害何如。虽有欧洲实行之良案，而不问事之便否，亦必行之。势至于此，则百官僚属，咸惴惴而仰一顾问官之鼻息，此必至之理也。于是天下之事，而为一顾问之天下。国家独立之实，早已失之。由一顾问官而生二顾问官，二顾问官而生三顾问官，互相攀援，以成羽翼。皆曰，设宾馆，筑宴室，则某法，用某制。人民之归向所不察，人民之程度所不顾，国情之由来所不审，徒汲汲于创始之事。

视国帑如粪土，而弃之如敝屣。告以国库之缺乏，则曰"为买文明，虽降血雨亦所不辞，况以金钱博开化之实乎？是为策中之上，无容过虑者。夫金钱者，世界共有之物。开化者，一国共沾之利。吾人之目的，在增进世界之文明。国库国告欠乏，吾人可申告于本国之政府，当资以金而流用于费途。姑且休养民力，以期永远之画策。除其障害，以图斯文之奎连。苟国本巩固，吾人则辞而归本国。贵国之政治，一委之于国人。此后文明之竞场，日见其着着而进步。既至旁观者啧啧惊叹，以为不可企及之程。是即吾人之荣誉也。今当国势衰颓之际，吾人暂任顾问官，虽参与政治，不过一时之代庖。吾人之本意，一俟国步日进，人智日开，则悉委之于贵国人之手云。"

既而年年岁岁，进步无闻。负债如山，利金溢母，财政大紊，民力日穷。而彼则又曰"今日国内之事业，略见端倪。若农若工，吾人皆当经始之任。今已文物发辉，百事就绪，将见新起。吾人将无所用。久糜贵国之财，徒渎重职。守成者国人之担任，宜以贵国人为之。请赐吾人以骸骨。"乃拂袖而归其国。于是国人乃脱其羁绊，于政治之局面，始自经理。而财政则已紊灭，不可收拾，虽国手亦无术以医之。百计已穷，众毒俱发。物议喧于内，强敌迫于外。或欲振兴而图改革，或欲激昂而抗外人。议论沸腾，人心汹汹。于是彼欧洲又复腼颜而至曰："方今贵国之形势，实不易图。财政内乱，物议外生。国是无一定，财政之前途甚觉束手。盖再起用前者之顾问官，略备文明之具，以俟百事就绪。则贵国之独立，其庶几乎。今观贵国人之所为，其将振之业，渐即于衰颓，渐兴之工，日就于萎缩。内治之法既误，外交之术不讲。若求消却外债之法，于政务中，凡百大切之事项，曾确定立案者，是非贵国之义务乎？吾人将代债主与负债者，调理财务，休养生民，徐徐挽回其衰运。吾人保全债主之权理，毋失利益。而又一面以保全我人民之生命财产。"大遣军舰派兵队以威吓之。

呜呼！彼欧洲人，舞债主之剑，唾手而取人国者，其初孰非与东洋人结为朋友，存亡相扶，危急相救者乎？然其终也，以种种之狡策，而坏朋友之国而为其属隶，而彼反莞然冷笑曰"吾之画策，何图而幸中也！"噫嘻！彼顾问官者，造负债之柜，以债柜作亡国之俑，而彼拍掌称快，可不惧哉！夫彼之为顾问官之寸舌，较之艨艟百万尤甚焉。至于负债之害，则蚁穴之类也。彼艨艟百万之攻击，得以防御之。顾问官寸舌之攻击，直冲肺腑，必陷于贫血之症，以至于死而后止。呜呼！东洋人之所注意者，惟是等之攻击，为不可御也。嗟我同洲，嗟我同种，其慎之乎！

野史氏曰，余幼年七八岁时，每诵文天祥正气歌①，未尝不慷慨而流涕。呜呼！当赵孤葬于鱼腹之时，天祥独唱大义于百城瓦解之际，浩歌悲愤，从容就死。虽天非其天大约暗无天日之意，而天祥之天则甚明也。阿剌比之心，则天祥之心也。今日阿剌比之地，则天祥之土室也。老将实验感泪之语，正我国之殷鉴也。岂惟我国，凡在东洋者同之。

第五章　政治

埃及当千五百年之时代，为土帝塞利慕第一世②所征略，世世属于土耳机之宗主权，为半独立国。及近世纪千八百四十年，英、俄、德、奥、土缔结伦敦之条约，苏尔丹非得此等数大国之承认，凡关涉埃及之内政，契兹乌之政治，独立自主之权利，皆不得干涉之。纯然有内治外交之独立

---

① 文天祥：1236—1283 年，字宋瑞，号文山。江西吉州庐陵人，宋末政治家、文学家、爱国诗人。祥兴元年（1278 年）十二月，在五坡岭（今广东海丰北）抗元被俘。次年，元朝蒙、汉军都元帅张弘范将其押赴厓山（今新会南），令招降张世杰。文天祥拒之，书《过零丁洋》诗以明志。后被解至元大都（今北京），元世祖忽必亲自劝降，许以中书宰相之职。文天祥宁死不屈，元至元十九年十二月初九（1283 年 1 月 9 日）于大都就义。

② 塞利慕第一世：今译赛利姆一世，奥斯曼帝国的苏丹（哈里发），1512 年至 1520 年在位。埃及是在 1517 年被奥斯曼土耳其征服的，成为奥斯曼帝国埃及行省。

权。然而埃及虽名为土耳机之藩属国，其实谓之为居于欧洲强国牵制之下，亦无不可。

埃及自得自身改革国政之权利，遂因诸大国之协赞，于是欧洲各国之干涉利益甚。其国内竟至并行十七国之法权，纷议集于一时。埃及政府，不堪其弊，乃急撤去加披兹野拉希幼。加披兹野拉希幼者，掌土耳机与东方诸国及欧洲各国之特权者，即今日所谓治外法权是也。于是外国人乃置于埃及法权之下，但责其改正现行裁判，以回复其少许之法权。屡向欧洲各国而请求。而欧洲各国，逞其贪婪，不顾当然之理，竟拒绝之。久而不能达其目的。至千八百六十七年，法国政府有不容不问之事情，及许埃及政府之请求。审议之末，乃认改革埃及现行裁判为必要。又设混合裁判所，以治裁判之事。

于是埃及政府，乃开万国委员会，选意野拍陆侯为议长，审查各国之法律，更调制议案。此裁判所之构成，有多法之外国法官，虽任埃及政府之任命，然纯乎为外国籍之法官，而竟公然以外国法官之资格，执行埃及之法律。又控诉院之裁判，与始审裁判所之裁判，外国法官亦占其多数。而其外国法官，竟为裁判长。又控诉院者，亦为最高之法廷，立于大审院之上，以保他院之权衡。有不当之裁决，可破弃之。于是混合裁判所，一变而为外国裁判所。埃及之政府，其司法之独立自主权，荡然而无存矣。

野列马陆他曰，万国裁判所者，以现行之组织而成。其在埃及国内，为占欧洲全盛之势力，试观其埃及法官干预之诉讼，无寸毫之效力。而欧洲法官，无论何等之裁判，皆占其势力之地位。而埃及法官则反之，其裁判所之裁决，必从欧洲之法理。其法理不但埃及人民所不解，即埃及之法官，亦所不解。而埃及人于法庭，不得任其辩论。其相手人则任以法国语或意语，有言论之自由权，而埃及国语_{即亚剌比亚语}则放弃之于度外。其万国混合裁判所，占领主权者之权利。又宣言契兹乌某某税法之不适法，遂责契兹乌政府返还其税，且赔赎之。又此裁判所者，对契兹乌之身份，对埃及国家，对行政官，其判决皆故意与之相反。而受其判决者，皆实行适法之权利。事载于原敬氏所著《埃及混合裁判所》，言之最详。

千八百六十七年以来，埃及政府为裁去领事裁判，虽苦心焦虑以掩其事实，而徒汲汲于空文，以窃外观的之虚名。亦不问其建国之"历史""风俗""气象"主义何如，漫然编纂其法典。其所翻译拿破仑之法典，修造其事项，拔摘其条章，其所编成《民法》《商法》《刑法》《治罪法》《诉讼法》等，而于国家之实力，国权之充实，人才之培养，毫不注意。故一旦与外国竞争，仍然瞠乎其后，反掷其法权而付与外人。埃及至此，果谁之过欤？毋亦埃及之国民而不自振以至于此极也。呜呼！

第六章　财政

埃及之财政，至亚伯斯之时，颇为整理，国库尚见裕余。及齐特侯即位，心醉欧风，豪奢自纵，其国库遂日见欠缺，始募外债而作俑。后来埃及之财政，忽招洪水横流之祸者，实由于此。以斯迷儿侯继之，益益心醉欧洲之文物，华丽自炫，骄奢是逞。或为制度文物之输入，或为园囿宫殿之建筑，或为歌舞逸乐之事，或为夸示于欧洲人，或为买外人之欢心。其消费之资财，无非募集于巴黎、伦敦之国债者。

以斯迷儿为争目前之骄奢，昧永远之长计，频频募集外债，不知其恶因之果，忽招埃及亡国破产之域。千八百七十五年，埃及政府信用欧洲之理财世界，其财政遂愈堕地。以斯迷儿在位之间，埃及政府早已默许欧洲人代破其产矣。

埃及之财政，因其外债而沉于洪水横流之底。于是英法之债主，各借本国政府之援势，以督促契兹乌，逼迫胁吓。于是债主极其债主之政府，精查埃及财政之实况，且限埃及之财源，以交赋于欧洲债主。并决定其承诺，而与以相当之权利，其委员则自埃及派出。当此时，埃及政府之金库萧然一空。其将士官吏，竟至数月不能受其俸给。国民困于重税，农不聊生。至千八百七十八年，审议关于债主之事，及组织埃及财政及实际之情况，而设万国高等委员。此委员者，即逼迫埃及政府要求改革其政治者也。

已而以斯迷儿应欧人之要求，以意可拍陆侯为议长，以组织新内阁。英人乌野路耶入为大藏大臣，法人布利意由入为工部大臣，以左右政权，威权赫灼。千八百七十九年，以国民激昂之舆论，解散欧人混合之内阁，而命塞利夫侯更组织内阁焉。以斯迷儿遂去其位。

埃及之内阁，虽以自国人组织而成。至千八百七十九年，其新内阁者，自英法派遣总监督官而任其指挥。于立法行政之实权，总归英法两国政府派遣总监督官委员之掌中。此总监督者，由于英法两政府之任命以顾问之资格，列席于内阁会议，参与其议事。于公务上，有最广大监察之权。

埃及既陷破产之域，本由外债而作俑。一国之财货，已全涸竭。农困于租税，官失其给俸。举国之民，流离困苦。饿殍横路，惨不忍睹。而其立法、行政、司法三大权，尽为欧洲英法人所占夺。国权堕地，不可挽回。其陷于惨状苦境者，实由于财政紊乱。其财政紊乱者，实由于募集外债。其募集外债者，实由其君主宰相无定识远忧。而其君主宰相无定识远忧者，实由其国民无规谏忠告。而国民之无规谏忠告者，实由于民智不开，民权不伸故也。呜呼！君民共失。埃及之破产，其自取之也哉！

第七章　论埃及之衰运

野史氏曰，一国之自立，惟其声价耳。其国之声价不立，则国家亦随之而亡。而所谓身价者，必由于国民自重之精神。若国民而欠缺此，则山河破碎之悲况，可拭目而见也。埃及其殷鉴[①]哉。

埃及者，自墨非默德阿厘逞英迈之姿，持尚武主义，以风励一世。修文练武，障狂澜之东逝，挽堕日于虞渊[②]。一时欧米各国，无足比肩者。及至以斯迷儿王即位，皮相外国之文明，不捐细大，万事模仿，心醉之极，不量国力，不顾大义，募巨万之债于各国。在位十余年见，国债之高，合计四亿余元。其利子之最高者至割合，最低者至九朱与七朱。然其国王不知募外债之方法，"手数料""礼金""割引"等之名义，除而去之，正昧受取之金额，不过二亿一千万元。国王即位之时，埃及之外债一千六百万元，以人口一人计之，宛付三元之割合。而数年所出外债之额，次第增加，几为五亿元。人口一人，竟付九十元。此外债以随分高利之故，其利子自埃及支拂于外国债主者，竟至五亿元以上。竟溢其原金之大数。以此贫弱之埃及政府，而贷若此高利之金元。重以英法两国之银行，为千八百六十二年与六十四年及六十六年之三期，斡旋外债之事。遂以铁道电信等抵当于英商的兹西。其余之外债，皆以地租等为抵当。以斯迷儿为偿还外债之原利，其自己私有之土地财产及诸王族之财产，以及铁道电

---

① 殷鉴：泛指可以作为后人鉴戒的往事。《诗·大雅·荡》："殷鉴不远，在夏后之世。"意思是殷人灭夏，殷人的子孙，应该以夏的灭亡作为鉴戒。

② 虞渊：又称隅谷，古代中国神话传说中日没处。《淮南子·天文训》："至于虞渊，是谓黄昏。"向秀《思旧赋》："余逝将西迈，经其旧庐。于时日薄虞渊，寒冰凄然。"

信堀割等，及其余工业之收入，尽委之于外国债主。其地租亦尽为外国债主之抵当。故其一时文华灿烂，以饰外观。而埃及人民内部之精神，日极腐败，倏忽而亡其国，而不自知也。呜呼！

一国之声价者，决不在浮华文学之上，而在国民活泼雄毅之中。决不在空疏仪节之烦，而在国民敢往踔厉之气。埃及政府，于欧洲各国之施政上，徒拘泥其结果，而绝不问其原因，依样胡卢，漫画徒设。其声价日贬，而不知自惭。其失自立也，不亦宜哉。今反覆而读其亡国史，悲风飒飒，暗袭虚窗，灯火摇青，沉惨抑郁，如闻四壁鬼哭之声，啾啾而竖毛发也。

以斯迷儿王[①]，锐意而募外债，已先涸竭一国之财源。其在位十余年间，其施政上之结果，洵足为亡国之殷鉴也。当王之时，埃及本部人口，自四百八十万而增自五百五十万。耕作之地，自四百万意科陆而增至五百四十万意科陆。政府之岁入，自四百九十万磅，增至八百五十万磅。自外国之输入额，自四百四十万磅增至千三百八十万磅。又铁道之长，自二百七十五哩增至五千八百哩。堀割之长，自四万四百零千哩，增至五万二千哩。以斯迷儿王又废太阴历，用太阳历。至千八百六十六年，仿欧洲各国之制度，而开国会。其国会者，凡年龄二十五岁以上之男子，皆有选举议员之权。除大都会之外，其选举议员之权，专为豪农所占。于国会亦有议租税论法律之权。既而又因外债过多，英法二国代理员，遂干涉其国政。于是所设之国会，皆为画饼，毫无效用者。既而以斯迷儿王，又设地学协会于亚历山得利府，布地方自治之政。凡民法、刑法、诉讼法、治罪法，

---

① 以斯迷儿：伊斯梅尔一世，也称伊斯梅尔帕夏（1830—1895年），是埃及和苏丹的世袭总督，穆罕默德·阿里王朝第五位统治者，于1863年成为赫迪夫，1879年被英国废黜。他在位时致力于埃及近代化，同时让国家负债累累。他的理念可见于1879年说的一句话："我的国家不会再在非洲长存，我们已经是欧洲的一部分。我们得放弃以前的做法，并采纳适应社会状况的新制度。"

皆模仿法国之法典，纸上之空文。殆如精金美玉，毫无间然，而实际之上，则全无实效。又设立自国之裁判官与欧洲各国之裁判官，而为混合的裁判所。又名立会裁判所，为国家最贵重之裁判权。于是独立之主权，尽毁损而不可收拾矣。

夫以斯迷儿王者，谓为愚暗之人主不可，谓为才智之人主亦不可。然其胸中自有独立之定识，惜其徒醉于欧洲之文物，不分泾渭，不论是非，茫然舍身而为文明之奴，开化之仆，甘覆其国于文华绚烂之中。故以斯迷儿王涸竭一国之财源，而采用欧洲之典章文物，惟顾国民之利，而不顾国家之害。即如苏彝士地峡之堀割①，埃及政府费用三千万元余之金额。于埃及之财政，并无特别之利益。而英人则坐享其利焉。其关隘亦为英人所占夺。大开外国干涉之源。又堀割灌水之河渠，变百三十万野科陆不毛之壤而为耕地。然其每年所收入，不及千百万磅。又费三千万元开砂糖制造所，过半而休业。又费千二百万元余，改良亚历山得利港之工业，其过分之利益，工事皆为请负人所占，每年之收入，不过原金百分之一。其铁道电信之收入额，不过费用原金百分之五。又新设公立学校，其数四千六百三十二所，其费用一千八百万元。又为因农民而为高利贷债主所逼迫，于各村又设小银行，所费之金额，又四百五十万元。又建筑宫殿，仿造巴黎之剧场，而雇法国之俳优，以用飨各国帝王贵族之来游者，其费用又在五百万元以上。又买入尼罗河蒸汽船会社之株券，损失者合计七十五万元。其余优遇欧洲之学士艺术家与公使领事等之费用，亦为巨大之款。交际之盛，所绝罕观者。此外又如土耳机苏尔丹申受契兹乌之尊称_{即国王之意且受}

---

① 堀割：开挖或建设之意。苏彝士地峡今译苏伊士地峡，这里是讲苏伊士运河建设。苏伊士运河位于埃及东北部，贯通苏伊士地峡，是欧、亚、非三洲的重要海上通道。1859 年始建，1869 年竣工并正式通航。通航后即由法国控制，1882 年后由英国控制，1956 年埃及宣布将运河收归国有。

长子继嗣之免许，献于土耳机之金额，又数百万元①。又发远征军于尼罗河上流之地，及征服中央亚非利加之番地，又费数百万元。此等各地，虽入埃及之版图，然不时叛乱，屡发兵而征讨之，其费用之不胜数。因道路险恶，不便通信，而开垦之，徒损人命，消费库金。又为无数之巨项。

以斯迷儿王之在位中，募如此巨大之外债，而不以偿还为忧，反有洋洋自得之色者。因其即位之初，适值米利坚联邦之内乱，棉花之输出因之减少。而埃及之棉花，俄以非常之高价，以卖于欧洲之市场，埃及遂收莫大之利益。既而美国内乱既平，黑奴得其自由，美人之劳动家，又不注意于棉花之业。于是埃及之棉花，愈卖愈高，妄信其利益，足以偿还外债，必不足忧。而所募愈巨，益去益远。此其误国之由。呜呼！浅识短虑，一至于此。此所以困难而不振欤！

野史氏曰，是为埃及政府募集外债之颠末也。呜呼！心醉于浮华的之文明，朝布一例，夕行一法，自以为得。而兴不急之土木，营不急之第宅，缓歌漫舞，日夜沉湎于其中。国家之运命，已趋于尽而不自知。以斯迷儿王者，其殆丧心病狂者哉。追溯夫墨非默德阿厘，以百战艰难，而得埃及之声价。传至以斯迷儿，以一幻梦而送断，是岂独以斯迷儿之罪也？国民乏自重之气象，与自爱之精神。故其空文仪饰，共烟雾而灭散，一至于此。噫！

---

① 塞伊德一世逝世后，伊斯梅尔在 1863 年 1 月 19 日宣布成为瓦利。与自祖父穆罕默德·阿里以来的埃及统治者一样，伊斯梅尔继承了赫迪夫的称号，奥斯曼帝国的朴特并未予以承认。1867 年，伊斯梅尔成功游说阿卜杜勒－阿齐兹一世颁布费明（勒令），承认赫迪夫以换取更多的贡品。另一个费明转变了继承办法，由兄弟继承转为子裔继承。1873 年的费明确立了埃及独立于朴特。

第八章　埃及于列国之关系

野史氏曰，埃及于列国之位置，而在浮沉摇动之间。其副主之居，有如囹圄。对外国而不能出一言，真所谓"寇来色骇然，寇退复恬熙。悠悠三十日，未闻一策奇"者。今日以之评埃及，呜呼，埃及之运命，亦极矣！

吾人闻之，当埃及事件葛藤初结之时，欧洲各国之意见，皆有协同联合之势。土耳机独不欲与诸国联合，以和解埃及之内乱，而欲独用兵力，派遣办理大臣，以实行土帝之实权。于是诸国平和之方法，不奏其效。及闻土军出征，挟持异议。法国窃谓土耳机若果扩张其威权，则法国于亚非利加之权势，必大减杀。土帝之主权，不能实行于埃及帝王，当与欧洲诸国之仲裁人等。然墺国反之，甚欲土帝实行其权力，以表翼赞之意见。乃欲与诸国赠同一之书于土耳机，以请其出兵。议论分歧，相持许久而未决。既而各国协议，乃互表其同情。

将赠土帝以书翰，方脱稿之时，诸国各以其本意，宣布于土廷。议论未定，忽得英舰炮击亚历山得利港之惊报。于是关于该件之情事，倏而一变。英国外务大臣额拉乌维陆侯，无论土耳机出兵与否，用兵之外，无复他策。危急日逼，乃告知诸国，又公会于土京，英国大使亦得公报。当时诸国之大使，陈述各人之意见。既经数日，乃劝告土耳机以与英军联合之利。英法则以土廷参与公会而拒绝之。更开公会于欧洲，以论决其事。诸国皆入会而图埃及事件。卑斯马克公意见不同，于是法国自退其提出之策，其对埃及之政略，又一变。盖当时法国外务大臣扑列希渥之计画，大约二途：一则曰，法国须与英国联合；一则曰，不与英国联合，则宜从欧洲诸国会同之决议，以决其进退。然此二策者，扑列希渥熟虑已深，知英国之政策颇为急激，不与英国联合一策，深惧议院人民所不允。而欧洲列国之决议，必先运动德义上之赞成。又恐卑斯马克公意见不同，难达其志。此推出提出议案之原因。至于此时，法国人心，亦颇摇动，物情汹汹。或曰法为英国所煽动，比之于突尼斯之事更引埃及一层重大之困难。或曰卑斯马克公乘埃及之事变，而怀困难法国之意。于是扑列希渥更画一策曰：埃及事件中，于苏渠保护之问题，提为别案。若未议定，则法国于埃及一切之国乱，皆无关系。唯苏渠保护之件，必用若干之实力以图之。用以内镇人心，外保国威，为两全之策。幸而英国外务大臣额拉乌维陆与之同意。英法两大使，于公会之时，提出苏渠保护之论题，且公言曰：关于埃及之事，所得诸国之承诺者，无论其实施与否，唯苏渠保护之件，必于公会审议，必任某国之委托。盖苏渠保护之件，英法两国联合以图之。而又为卑斯马克公所斥。英法两大使，乃告于公会，曰两国政府于苏渠保护实施之用意，诸国中有一二国同意者，愿联合之。无赞成者。扑列希渥又大失望。

扑列希渥之政策，既经二次之失败。卑斯马克公又恐法国内阁更招更迭之原因，若急进党别自组织内阁，直接而办交涉，更为不利。卑斯马克公又欲扶助扑列希渥，勿失其职，以便共图。此时土耳机方得参与公会之诸，且纳照会于诸国，许其出兵员于埃及，实为意外之举。然而英国急欲用兵，英大使又发英土联合之议。又预于土兵上陆之前，主张要结军事之条约。然此问题者，他国未得参与之。英法两国既约定，乃赋于公会之议，仅以一部分而定议焉。于是东方诸国，心大怏怏。俄国亦以退会之事命其使臣。意国使臣，亦显愤懑之色。卑斯马克公察知东方诸国最不满足者惟俄，且欲保全扑列希渥之颜面，以维持其内阁，更提出一新案以图之，即共护苏渠之策是也。盖卑斯马克公之意，以为法国全绝埃及之关系，必与诸国联合一致，以保护苏渠而制英国之专制。意国外务大臣马希兹意固欲付回本件，遂乘机会以伸意国之权势而张国威，密请于卑斯马克公，提出其私策于公会。

兵戈惨淡，炮声如雷。外交官之议，不能不止。于是诸国亟欲埃及休战，以延公会之期。惟土耳机独自希望开会，欲求诸国一致以抵抗英国之擅行，故密探诸国之赞成何如。土国委员，遂于公会暗中商议英土之条约，以提出于公会，以试诸国赞成土国委员之意见与否。诸国以英国大使因公会之条约已有异议，决意退会独行。英国既已退会，土廷之希望，乃不能达。

英国无论土耳机之联络与否，频整兵备，而欲达其目的。五大国者虽守中立，然关于苏渠之事件，暗表同情，以欲同制英国。然土帝方彷徨于联合英国之间，故皆踌躇，不能决行。

俄国一旦忽辞参与公会之列，世人之疑俄助土抗者英不少。其实俄国决无煽动土人之意。窃希望英土和亲，以维持欧洲之治安，周旋于土帝与英大使之间。盖俄之自谋，以为英土若和，则德墺联合之势必减，是其利一。法既得志于突尼斯，英亦将垂涎埃及，则必不拒俄人之图黑海与君士但丁堡，是其利二。英法既与土合，德国亦必扩张其势威。则俄人亦可伸力于土耳机之境，英法不能抵抗之，是其利三。此俄国周旋于英土之间而别有冀望者也。

野史氏曰，埃及之事件，各国之方向运动，大概如此。埃及立于各国牵制之间，不能以一语而自表其意见。而弄于各国之掌上，任其潮势，随之而上下泳游。国家之运命，已至于此，虽有贤者，无能为力矣。呜呼！埃及之陷于此境遇者，谁不归罪于其政府？然吾不责其政府，而独责其国民，以其国民无特殊之气象与特殊之精神，所以一至于此也。杜牧①《阿房宫赋》之言曰："呜呼！灭六国者六国也，非秦也。族秦者秦也，非天下也。嗟夫使六国各爱其人，则足以拒秦。秦复爱六国之人，则递三世，可至万世而为君。谁得而族灭也？"呜呼！灭埃及者埃及也，非各国也。

附言，近时日本之论客志士，其谈外交，动以埃及与日本相比较。然而埃及决非日本之可比。其建国之历史风俗，固非可拟。而国民之气象精神，亦全然相反。余深悲其比较之失当，且其不伦亦太甚矣。呜呼！我国人者，惟鉴埃及之衰亡，以大奋起，一变外交之局面，则诚国家之幸福也。

光绪二十八年二月十五日印刷

光绪二十九年三月初五日发行

---

① 杜牧：803—约852年，字牧之，号樊川居士，唐代杰出的诗人、散文家。杜牧的《阿房宫赋》是借古讽今的赋体散文，通过描写阿房宫的兴建及其毁灭，形象地总结了秦朝统治者骄奢亡国的历史经验，向唐朝统治者发出了警告，表现出一个封建时代正直的文人忧国忧民、匡世济俗的情怀。

腓尼西亚史

[日] 北村三郎　编著

赵必振　译

应国斌　翦甜　校注

第一章　腓尼西亚^①之兴亡

腓尼西亚者，出自西米兹科^②人种，于东洋诸国之中，占重要之地位。其地在地中海，与巴列嫩^③山之间。其部分颇窄狭，长百八十哩，广十二哩。虽为撮尔之一小国，其海岸正居港湾，舟舶便利，其在巴列嫩山外之都邑，柏树^{俄语谓之契度陆，英语谓之 Cgoldr} 森立，坚固硬实，宜造舟舶。故腓尼西亚人，于航海贸易，最得便利云。

腓尼西亚者，以多数独立之王国，联合而成。虽有统一之君主，而各行其政治，各有其主权。然其中自存协同联结之旨，互相维持保护，而立

---

① 腓尼西亚：今译腓尼基，是希腊人对迦南人的称呼。古代腓尼基相当于今黎巴嫩地域，北起苏克苏、南至阿克、东起黎巴嫩山、西至地中海。最初的腓尼基人为胡里特人，约公元前3000年起，迦南人迁入，同化了当地的原有居民。由于腓尼基地狭人稠，他们便向其在航线上建立的贸易据点殖民。地中海的西海岸，特别是西班牙和北非都遍布他们的殖民地。许多现代城市，如马赛，便是在腓尼基人的殖民地上建立起来的。腓尼基从未形成过统一国家，城邦彼此林立，以推罗、西顿、乌加里特等为代表。根据考古资料，公元前5000年，腓尼基人居住的国家大多都建立在海边礁石上，易守难攻。

② 西米兹科：今译作闪米特。闪米特人一词由德国人 August Ludwig von Schlozer（1735—1809年）于1781年提出，用来表示特定人群（语言学上属亚非语系闪米特语族的人群），灵感出自《圣经》中亚伯拉罕的长子 Sem（汉译闪）。汉译为闪米特人，简称闪族人。阿卡德人、迦南人、阿拉伯人都属于闪米特人。

③ 巴列嫩：今译作黎巴嫩。黎巴嫩山，地中海东岸山脉，与海岸平行。为一灰岩背斜，长240公里，绝大部分在黎巴嫩境内，最北端进入叙利亚，南部与巴勒斯坦的加利利高地相连。

一盟主，而为联邦。是等制度，以西顿①为最古，推罗②次之。当推罗富盛之时，推西顿为盟主。至纪元前千零五十年，推罗乃起而代之。

腓尼西亚人，富于勇敢之精神，于诸所而据殖民地。如居比路③、西齐里亚④之诸岛，及小亚细亚希腊海滨之诸地，皆系其所开拓。其余至西班牙、亚非利加之地方，亦皆其人民居住之都邑，商业隆盛，声名大显。然其各国，互竞雄长。当其力争之际，其都邑之富者，常为干戈之媒介，此必然之势也。然其国太小，虽暂能独立，而不能日久维持，终为强国所征服，而为藩属之邦。纪元前九世纪之顷，属于亚齐礼亚⑤。至第七世纪之终，属于巴比伦。其后又为波斯之冈庇西士⑥所征服。又为埃及所攻略。至第四世纪，属于历山王。最后又受罗马之侵入。至纪元前六十三年，终为其州郡。其国遂亡。

---

① 西顿：古代腓尼基北部奴隶制城邦，滨地中海东岸，即今黎巴嫩的西顿。约建于公元前二千年代初，与推罗并称为腓尼基两大商港城邦。手工业发达，尤以染料和玻璃制品著名。二千年代后期向海上殖民，占塞浦路斯等岛屿，势最盛。公元前六世纪被波斯统治。公元前333年被马其顿亚历山大占领。前64并入罗马。

② 推罗：位于黎巴嫩南部，是一座古老的腓尼基城市，大约在黎以边界向北12英里。推罗是建造在大陆和邻近的近海岛上的城市，公元前2700年的时候由来自西顿的殖民者所建立，这座城市很快便变得竞争力十足，并最终作为腓尼基渔业与交易中心超越了它的姐妹城邦西顿。在公元前9世纪，来自推罗的殖民者在北非建立了迦太基。

③ 居比路：岛屿名称，即塞浦路斯，地中海东北的一个海岛。地中海第三大岛，资源土产丰富。

④ 西齐里亚：明朝时意大利传教士利玛窦绘《坤舆万国全图》，称西西里岛为西齐里亚。西西里是地中海当中面积最大、人口最多的一个岛屿，盛产橄榄油，迷人的自然风景与人文景观非常和谐地融为一体，历史上西班牙人、希腊人和阿拉伯人在西西里居住过。

⑤ 亚齐礼亚：今译作亚述，古代西亚奴隶制国家。位于底格里斯河中游。公元前3000年中叶，属于闪米特族的亚述人在此建立亚述尔城后逐渐形成贵族专制的奴隶制城邦。亚述人在美索不达米亚历史上活动时间有一千余年，大致可分为早期亚述、中期亚述和亚述帝国三个时期。公元前9世纪到前8世纪是亚述人强大扩张的时期，建立起庞大的亚述帝国。首都尼尼微成为世界性大都市。

⑥ 冈庇西士：今译作冈比西斯。这里指冈比西斯一世（约前600—前559年），领导着一个臣属于米底的波斯部落联盟。他使波斯从一个伊朗高原西南隅的小邦变成一个庞大帝国。他宽厚大度、睿智多谋，被波斯人亲切地称为"父亲"，是古希腊各邦尊敬的"主人"，犹太人心中永远的"涂圣油的王"和"恩人"，享有"万王之王"的尊号。

腓尼西亚人，既为藩属，其国民之有志者，常抱愤懑之色，朝贡不以其时。且腓尼西亚人所专重者，惟商利之何如。至如政治之问题，颇为冷淡。故其独立与否，与其人民，似不相关。其商业之昌盛，无少更变者。是为腓尼西亚人特有之性质。

第二章 贸易一

在古代小亚细亚贸易旺盛之国，以腓尼西亚为最。腓尼西亚人者，初以海贼为业，剽掠于海岸，胁迫人民而卖之为奴隶。其后悟而大悔，遂从事于商业，声誉由是大振。

其贸易，始之于近，次第推及于远。初，其航海互市者，在居比陆。因其地之金矿，遂建立殖民地及都邑焉。既而又至小亚细亚希腊等，渐至亚非利加之北滨，西齐里、巴里利岛、马幼路加、米诺路额岛及西班牙等相传腓尼西亚人一日至西班牙发现银矿，其银甚夥，以之修缮船舶，铸造铁锚，犹取之不竭，用之不尽云。腓尼西亚人，既知贸易之道，遂与各国订结条约焉。

腓尼西亚人，既富于进取敢往之精神，其贸易决不甘限局于地中海。又于大西洋之海岸，而达契陆科斯之灯台①。遂自大西洋海岸，而至不列颠岛，发现锡矿。故当时不列颠岛，又称为锡岛。又自波罗的海而达普鲁士，以觅琥珀古昔人民以琥珀为贵重。且其贸易，不但西方诸国已也，又及于东南之诸邦。于波斯湾，则设贮藏所，以便转输货物于印度。相传埃及之法

---

① 灯台：埃库莱斯灯塔，位于西班牙西北部，距离加利西亚拉科鲁尼亚2.4公里的一个半岛上。建于古罗马时期，是至今仍然使用中的古罗马时期灯塔中历史最悠久的，迄今已有1900多年的历史。1791年曾经翻新，灯塔塔高55米，屹立在大西洋的西班牙海岸上。灯塔的名字"埃库莱斯"来源于希腊神话的大力神。

老，托腓尼西亚之舟人，巡视亚非利加之全洲。其航海者，沿于亚剌比亚①海，出帆埃及。时天苦多雨，乃于海岸而造屋宇，以蒔②谷类，待其收获，始泛远海，周航于亚非利加。岁历三年，乃自地中海而归帆埃及。事载俄人所著之《万国史》。其如此之壮举，在上古之时，尤可惊叹。阁龙③犹其后起者也。

推罗、西（推）［顿］及其余之市街，皆为通幼发拉底河及红海等平坦之大道，且占密接地中海海岸便利之地位，以送印度之货品于中央地，皆为商业之最要点。由此而次第繁盛。以及红海而达南部亚剌比亚之诸港，又远通商于印度海岸。当时腓尼西亚之殖民地，其船舶骈列于地中海沿岸之地，远达于不列颠及亚非利加之西海岸。其余若红海、波斯湾及印度洋等，无不见其帆影。质而言之，当时海上贸易之世界，皆归于腓尼西亚之掌握。世界之富，皆注入于腓尼西亚之街市。就中尤以推罗之市场为最。如波罗的海边之琥珀，可庐呜渥陆之锡，支那、印度之珠玉、绢帛、药物类。其陈罗于市场者，令人目不暇给焉。

推罗、西顿之富盛，经数百年。腓尼西亚之交易益广，其户口日益繁殖。国内不复统一，国人多移住于南方。又为贸易之都会，如亚科野列、度扑马斯及沙伊托计亚等。至纪元前六百年，波斯国建设之时，乃顿衰颓。至历山王，推罗遂为所陷。腓尼西亚人之商业，次第移于希腊人之手。

① 亚剌比亚：今译作阿拉伯。亚剌比亚海即阿拉伯海，为印度洋的一部分。
② 蒔：有秧苗、移植、栽种的含义。既可作动词，也可作名词。
③ 阁龙：今译作哥伦布。克里斯托弗·哥伦布（1451—1506 年），探险家、殖民者、航海家，出生于中世纪的热那亚共和国（今意大利西北部）。他相信大地球形说，认为从欧洲西航可达东方的印度和中国。在西班牙国王支持下，先后 4 次出海远航。开辟了横渡大西洋的航路，先后到达巴哈马群岛、古巴、海地、多米尼加、特立尼达等岛，在帕里亚湾南岸首次登上美洲大陆。

第三章　贸易二

　　腓尼西亚人之贸易，不独擅威于海上，于陆地之商卖，亦极广大。又大兴结队之商族，购置骆驼，载果物于其背，而越茫茫之沙漠，陆续为串线以进行。于北方之亚尔米尼亚①，则买马及奴隶。于东方之巴比伦，则输运绢及酒。于南方之亚剌比亚，则金及香脂（俄语谓之拉度诺，英语谓之 Lnee，译言乳香，以俏祭牲者），皆其输出品。然腓尼西亚人，惟知汲汲营利，绝不务强武而谋攻伐之事。其交易之物品，或以自国工作之品，或转输此国之物于彼国，或制造产物而商卖之。

　　如玻璃，本为腓尼西亚人所发明。相传腓尼西亚之舟夫，一日偶然取硝石造支柱于灶内，硝石为烈火所溶解，与灶内之砂相和合，遂成玻璃。故腓尼西亚之都会，称沙列卜他，为产玻璃之名所。古代之玻璃，惟用为修饰之具，而不知制杯作镜及窗棂等之作用。其后炼制玻璃之法，传至埃及，埃及人乃大精研之。

---

　　① 亚尔米尼亚：即亚美尼亚。位于亚洲与欧洲交界处的外高加索地区。亚美尼亚的历史可以追溯到 2500 年前，历史上亚美尼亚的传统疆域远远超过当今的疆域，其疆域一度包括今天的高加索地区和土耳其东部的广大区域。后来在外族不断入侵和压迫下，亚美尼亚国的领土不断缩小。前 95 年至前 65 年间，在提格兰二世的领导之下，亚美尼亚成为当时西亚最强大的国家之一。其疆域从今天的里海、地中海一带一直绵延到埃及。

其发明紫色者①，亦始于腓尼西亚人。相传腓尼西亚有牧人，其所饲之犬，一日因咬海蝓之介，其口染为浓赤。遂取比介之汁液而染物焉。于是腓尼西亚之亚麻布、木棉、毛织之类，皆染紫色，以贩卖于四方，大得其名。希腊人虽仿其制，而造紫终不及腓尼西亚之美。纪元五六百年之顷，紫色之名渐衰。而君士但丁之紫色，起而代之。既而为土耳机人所攻略，其制法遂废。

织毛法，亦出腓尼西亚人之意匠。其所织之毛，用自国之产，又有自西齐里亚及亚剌比亚之输入者。其麻苎则用自印度而来埃及者以织之。又当时流行于世，美饰之细货，亦出于腓尼西亚人之工作。或以玻璃，或以琥珀作之。又以亚剌比亚及亚非利加之宝石、宝玉，印度之钻石、黄宝石、碧宝石等，琢磨雕镂，而鬻于巴比伦者最夥。又以波斯湾及锡兰②之真珠，而饰巴比伦之戒指_{当时巴比伦之俗，皆用戒指}，更显奇形之美丽。又取东方诸国之象牙，互为交易。以西班牙之银，而作银器，而交易亚剌比亚之金。其余如亚剌比亚之香脂、薰水、芳油等，行贩于犹太、希腊之诸国。又锡兰之桂子，波斯湾之亚麻布及绢，巴勒斯坦及西齐里亚之葡萄酒及油，皆运输于埃及，而交易其谷于北方。则亚尔米尼亚之铜、铁、钢，及马，皆为互市。而贩卖奴隶之恶风盛行。其奴隶者，即今之日尔地及西尔加西人，古今共称为人类之美种者。

---

① 紫色，在古代不能通过动植物等天然染料制作出。古代腓尼基人因为发明了紫红色染料而闻名历史，大发横财，连腓尼基（Phoenicia）这个名字都与紫色有关，是"紫红色国度"的意思。英语单词 purple 来自希腊语 porphyra，原本指的是腓尼基人所生产的这种紫色染料，后来逐渐演变为表示"紫色"这种颜色。

② 锡兰：今斯里兰卡，南亚次大陆南端印度洋上的岛，西北隔保克海峡与印度半岛相望。接近赤道，终年如夏。各地年平均降水量1283—3321毫米不等。风景秀丽，素有"印度洋上的珍珠"之称。

又腓尼西亚人，夜间能航海上，随星辰之方向，以发明航线。又发明金类货币及算术等。是等之发明，皆为航海与商卖当时之必要。腓尼西亚人之神智巧才，亦后人之所惊叹者。以撮尔之小国，而握当时贸易之霸权，岂偶然哉。

第四章　文学

腓尼西亚人，不但为贸易之先导者，于文学亦占运输者之第一位。完全字母之发见，亦实始于腓尼西亚人。至今日为欧米各国之所宗。

古代之字母，用于人民者，皆非完全。不过本发音而制作，以勉强用于世者。如埃及之时，所行之书文字 Hieroglgyhp。欲由一定之文学，表一定之发音，则势所不能。又如巴比伦及亚西里亚所用之楔形文字 Cbneiorm。不过单纯之音饰，而欲其表一定之发音，亦必不能。而腓尼西亚人一出，能集单纯之音韵若干，而表若干之文字。亦如埃及及亚西里亚等之言语，不过仅字母之数，竟以同一之文字，而表同一之发音，殊无障碍。其于文学上，可称为万世之功。彼之希腊字母，近时欧米人所宗者，实本于罗甸①字母，而实传自腓尼西亚人。其自传授之次第，虽希腊亦不得其详。然其传说，尚略有可考。腓尼西亚，初传十六字母于加度马斯②。德罗之战争中，拍拉耶度又传四字于意度斯。其后复传四字。虽漏略不可

---

① 罗甸：今译拉丁。拉丁文原为意大利中部拉提姆地区的方言，后随着罗马帝国的扩张和天主教的流传扩展为欧洲通用语言。现仍为梵蒂冈使用。

② 加度马斯：今译卡德摩斯。传说中"卡德摩斯式字母"传播到爱琴海和海腊斯地区，腓尼基字母表通过这一方式孕育了最早的希腊字母表，并成为所有西方字母表的祖先。卡德摩斯，古希腊神话中的英雄。腓尼基王子，提尔之王阿革诺尔和王后忒勒法莎（一说是腓尼克斯）之子，欧罗巴、菲尼克斯、基尔克斯的兄弟，忒拜的创建者，又是传说中将腓尼基字母传入希腊的人。

考其次第，然以加度马斯所传之字义，以希腊字母与腓尼西亚之字母相对照，多相近者。大抵出于腓尼西亚人云。

腓尼西亚人，于上古之文明，虽所裨益者不少。然其余之文学及词章，则寥寥无闻。故腓尼西亚之文学，传于后世者绝少。惟农业及工艺之著述，撰述，其存于今者，尚未全废云。

腓尼西亚之宗教，与亚西里亚及巴比伦相类。所最尊崇者，为日月等神。其国人谓日为魏洛摩，又称为木罗贺摩，皆同俄语。称月为阿斯他露托，亦同俄语。而其尊崇之方法，常以人为牺牲①，以供之于神前。战争之前后，每断数多之人命，以奉神。其野蛮竟至于此。

---

① 牺牲：古代指祭祀或祭拜用品。供祭祀用的纯色全体牲畜；供盟誓、宴享用的牲畜。

第五章　加达额之历史

腓尼西亚之殖民地，最重要者为加达额①。加达额者，在地中海之滨，亚非利加之北岸，距今日之突尼斯，不甚相远。其地形，一面临海，而水深可泊大船，三面接陆，多丰饶之沃野，邻境多游牧之土人，实为海陆贸易之要地。加以其地住民，以敢往有为之气象，故其地为腓尼西亚之第一等之殖民地云。一说，当纪元前八百八十八年之顷，推罗之酋长卑科渥之妹野利斯沙杀其夫，率其党而去国，而来此地。请于土人，求一牛皮之地。土人许之。野利斯沙乃裁切牛皮为纤细之纽，环绕一区，遂占据其所环绕者。是即加达额之国。其说荒谬，姑存以备异说云。

加达额者，上古有两种之人民。其一为富裕之地主及豪商而成，为上等社会；其一为普通之人民，为下等社会。其政治，于名义上，有二王，即计耶兹，有议会，即元老院。于实际，王及元老院者，皆必屈从贵族议院，称为哈度列托兹耶计。又有一般之市民，于政治上之势力，极微，殆

① 加达额：今译迦太基，腓尼基人建立的古国，存在于在前8世纪—前146年，位于今北非突尼斯北部，临突尼斯湾，扼地中海要冲。公元前9世纪末，腓尼基人在此建立殖民城邦。公元前7世纪，发展成为强大的奴隶制国家。首都迦太基城（今突尼斯城）。疆域包括北非西部沿海，西班牙南部，西西里大部以及科西嘉、撒丁岛和巴利阿里群岛，垄断西地中海海运贸易。公元前3世纪70年代，罗马对外扩张，爆发了古代史上著名的三次"布匿战争"。前147年，迦太基城被罗马军夷为废墟，迦太基亡国。

近于有名无实者。

初，加达额人，于地中海之滨，设数所之殖民地。又占夺腓尼西亚所领亚非利加之开垦地，与其近邻之游牧土人通商，大获其利。是为隆盛繁衍之源。希腊人方设地中海西岸殖民地之时，与腓尼西亚之殖民地，大启竞争。加达额遂离本国之管辖，自立于其近傍，而统御腓尼西亚之诸领。于是加达额人，遂为北亚非利加之盟主。而在西齐里亚、西班牙，并吕地亚①之希腊人之殖民地，屡屡振其威力。当推罗府为波斯征服之时，该府之绅士族民，多移住于加达额。由是推罗之势力顿衰，而加达额之势日进。然当时西齐里岛之希拉野斯府者，于希腊之殖民地中，为最盛大之海国。恐其遂取加达额，于纪元前四百八十年，加达额与西齐里岛及希腊诸都府之人民开战。自纪元前四百三十九年至四百九年，剧战未已。加达额以勇毅活泼之气力，征服其该岛之西半。自纪元前三百十七年至前二百七十五年之战争，计拉野斯之君主亚额梭科列斯，为希腊之将帅，屡与加达额奋战。及亚额梭科列斯殂，野披拉斯王披路拉斯代之，为同盟军之首领。此战争者，互胜互败，相持日久②。其结局也，加达额人终得胜利，而握海上之霸权。后为罗马所覆灭。事详于《罗马史》。

---

① 吕地亚：今译为吕底亚，小亚细亚中西部一古国（前1300年或更早—前546年），濒临爱琴海，位于今土耳其的西北部，其居民的语言为印欧语系—安那托利亚语，以其富庶及其宏伟的首都萨第斯著称。它大约在公元前660年开始铸币，可能是最早使用铸币的国家。

② 自公元前6世纪始，迦太基与欲染指地中海西部的希腊人发生冲突。大约在公元前535年，迦太基人联合伊特拉斯坎人，在科西嘉岛打败了其中一支希腊人的舰队。前480年，叙拉古的领主格隆和阿克拉加斯的领主特隆统率的希腊军队在西西里岛大败迦太基军队。此后百年间，迦太基与希腊为争霸地中海而纷争不断。直到公元前4世纪初，希腊在经历伯奔尼撒战争后元气大伤，停止在西西里殖民。而皮鲁斯大王于西西里为希腊城邦作出最出一次对抗迦太基的战事后，取而代之的却是与更可怕的对手——罗马发生战争。

第六章　贸易一

　　加达额人，初与近傍之游牧土人通商，大获其利。其游牧土人，多蓄养骆驼，结队而为商旅。加达额之商货，以骆驼载之，而过列披之沙漠，以与埃及交易。又自大沙漠而经撒哈拉，赴亚非利加之内地苏坦^①<small>即意契利兹</small>而交易。撒哈之沙漠，幅员九十余里，道路艰难，商人困惫。其路次无滴水可饮，毒风飒飒，扑面而起。众商一时毙死者，不计其数。沙尘茫茫，天地昏暗，人畜每每埋没于其中。然此渺渺之大漠中，而忽有一膏腴草木繁茂之地。商客至此者，大开欢颜，慰困惫，养疲劳，由是而远赴亚非利加之内地。其输出品，加达额之制作物，及诸种之细货，与波斯枣^②。波斯枣者，自加达额而驮送，途中经契兹野利，而至波斯枣国，又经达沙漠，或依山，或依湖，以盐制之，为交易品。但其盐价甚不廉，其坪量^③与苏坦人之金等。苏坦之金者，当暴雨之时，自劳科山而流出，为结队商归路货物中之第一品。又以奴隶交易，或卖之于他方，或以为加达额水夫之使役，于列意斯第二役。加达额之大将为哈斯度利可卫路之水军，一时卖奴五千人。

　　加达额人，陆地之贸易，如此其盛。而同时海上之贸易，亦同之。地

---

　　① 苏坦：苏丹，位于非洲东北部、红海沿岸、撒哈拉沙漠东端。

　　② 波斯枣：椰枣，又名番枣、伊拉克枣，是枣椰树的果实，《本草纲目》称无漏子。原植物属棕榈科刺葵属。椰枣产于中东、北非以及中国的福建、广西、云南、广东等热带或者亚热带地区。椰枣树主要生长在中东地区，呈乔木状，高达35米。

　　③ 坪量：平方米重量。如：坪量50克——每平方米的重量50克。

中海西方之诸岛，西班牙及日布拉太峡①外之地，皆腓尼西亚人足迹之所至，而加达额人起而代之。其航海贸易，又从土地而开拓新地。及其新地富强之时，又虞其抗敌本国，颇压制之。加达额人虽与邻邦共结贸易条约，然其私意，每欲擅其国产之利而为己有。如巴里利、撒丁、野陆披、马达之诸岛，西齐里亚及西班牙之沃地，悉为其所领。

巴里利岛者，送黑种之奴隶及葡萄酒，而交换其骡。其岛民长于抛掷之术，为队伍之雇役，而达于马达岛，交换木棉与毛布，野路斯岛之铅钱，哥塞牙岛之奴婢与雇兵，撒丁岛及西齐里亚之教会。又西齐里亚之各产葡萄酒与油，皆为加达额人之交易品。以运输于亚非利加海岸之计列尼，以交换其物产。又西班牙所产之银甚旺，为属于其所辖，为加达额之名将汉尼巴尔②之所有。又西班牙之倍可野洛之银矿，所出之银，每岁不下十六万斤。于西班牙建一都府，名为新加达额③。

加达额人，当追腓尼西亚人之踪迹，赴英国而获锡，赴东海而获琥珀。纪元前五百年中，其国人嘻米露马为船队长，遣于欧洲之西滨，以观察其地理。是年，又其国人哈诺率殖民兵三万人于亚非利加之西滨，设立殖民地六所，以便于马利他意即非斯、摩洛哥之贸易。以其细货与玩物而易其黄金、象牙、狮虎之皮。又于海滨多捕海鹿，腌之，以输入加达额，又更输出之，故其利益甚夥。大西洋中，如加内黎诸岛及马德剌岛，加达额人之移住者，自成都邑焉。

---

① 日布拉太峡：今译作直布罗陀海峡，位于西班牙最南部和非洲西北部之间（西经5度36分，北纬35度57分），长58千米；最窄处在西班牙的马罗基角和摩洛哥的西雷斯角之间，宽仅13千米。

② 汉尼巴尔：汉尼拔·巴卡（前247—前183年），北非古国迦太基名将、军事家，是欧洲历史上四大军事统帅之一（亚历山大大帝、汉尼拔、恺撒大帝、拿破仑）。第二次布匿战争期间，汉尼拔奇迹般地率领军队从西班牙翻越比利牛斯山和阿尔卑斯山进入意大利北部，并多次以少胜多重创罗马军队，被誉为战略之父。

③ 新加达额：即新迦太基。北非迦太基人渡海，在伊比利亚（今西班牙）建的殖民城邦。

第七章 贸易二

以勇毅活泼之加达额人，于广大之土地，以贸易于内外，以致国家于旺盛富荣，岁入之税额，纳于国库者甚夥。然而加达额人者，其气象精神，颇与腓尼西亚人异，不专以贸易为主，而兼用力于武权。其海陆军之费用，亦颇不少。其盛时，备二百余艘之水船。于陆军，自将校士官之外，皆用他邦之府兵。但其府兵，颇难节制，屡生内乱云。

盖因保护海陆之贸易，而海陆之兵备，固不容少。然于贸易国体之国，连用兵力，不但荼毒于国家，且招国家之覆灭。如加达额者，即其殷鉴也。加达额之人民，虽富于尚武之精神，而究以贸易为国体。贸易以外，别无要素。故加达额人之从事于兵力，为失策之最甚者。初，加达额人欲占夺西里齐亚，而与希腊殖民地之计野契可司等构战，竟至二百余年之久。国力为之疲弊，终不能占领此岛，反启罗马之战端。先是，加达额与罗马结贸易条约，已及二回。至纪元前二百六十年，大开战端，危急存亡，间不容发。其第一役之终，至纪元前三百四十年，加达额悉举地中海西滨之地而失之[1]。第二役和议未成之时，纪元前二百〇一年，加达额海

---

[1] 第一次布匿战争（前264—前241年），主要是在地中海上的海战。开始在西西里岛交战，接着罗马进攻迦太基的本土，迦太基被打败。

外之所领，悉为罗马所占夺，其贸易亦受罗马之管辖①。于第三役之终，纪元前百四十六年，是为勇毅活泼之加达额运命将尽之时②。然当第三役之初，加达额人，元气凛凛，凌锋冰霜，如烈火焰腾，有勃焉兴复之势。罗马人大恐，乃亟谋奋力而图歼灭之。故其条约曰："毁汝之都城。凡有兵器，悉纳于罗马。凡离海岸五里之新开地，悉移之。"加达额人闻之，激怒不堪。国人皆据都城，欲誓死而决一举，极力防御，无策不尽。苦战二年，终为罗马人所征略。斩杀无算，血流漂杵。六日六夜，兵火不息。十七日间，国人七十万，免死者仅五万人，皆为捕虏，卖之为奴隶。于是加达额之全土，悉归罗马之版图。

加达额者，本腓尼西亚之一殖民地。其贸易的思想，卟如腓尼西亚人，警敏明察，能忍耐以事其业。性刚毅，不顾成败。至其尚武之气象，敌忾之精神，亦远出腓尼西亚人之上。以区区弹丸黑子之地，雄名轰于一时，不亦宜哉。然而加达额之国者，与腓尼西亚同，贸易的之国，非尚武的之国也。其对他国而用兵力，可谓为失计之甚，无过此者。然加达额，当其国富民荣，其汲汲而热心武事，遂自负其势力，以侵略他国，而忘其贸易之本。其气象雄大可喜，然以贸易的国体而论之，终不得不谓之为失计也。

加达额之非尚武的之国家主义之国，是诚然矣。然吾人之论，尚不如德意志之大家 Kdaagoai Hoogeadopff 之说之精确。亟为录之。其说曰：武勇之二面，皆紧要之事也。其一面，则刚胆，须身体强健者。其一面，则谦

---

① 第二次布匿战争（前218—前201年），迦太基主帅汉尼拔率6万大军穿过阿尔卑斯山，入侵罗马。罗马则出兵迦太基的本土，汉尼拔回军驰援，迦太基战败，丧失全部海外领地，交出舰船，并向罗马赔款。

② 第三次布匿战争（前149—前146年），这是一场罗马以强凌弱的侵略战争。罗马主动进攻，长期围困迦太基城，最后迦太基战败，惨遭屠城，领土成为罗马的一个省份——阿非利加行省。布匿战争的结果是迦太基被灭，迦太基城也被夷为平地，罗马争得了地中海西部的霸权。

逊，须善守规律不误定期者。是之谓一身之武勇。有此二者，则致国家于
隆盛，所不可缺之性质。而进国民于德义，亦必由此而成也。故兵军之技
术，亦如财政之问题。其达国家之目的者，不过恃此之一器具，而必以国
家内部之组织，一国之元气为根柢。而兵马之必要，如资财智谋次之，则
何为而不成，何欲而不得。练兵既多，益以雇兵，而善指挥之，是兵制之
最上乘矣。然就历史上之所见而论，正见其然。然而欲以此说而定罗马与
加达额之战争之成败，欲据之以为千古之铁案，则有大不然者。以加达额
而与罗马比，其资产之丰，遥出其上，军船亦多，而且善良。其余之兵
器，亦皆完全。其大象队，与其他米计耶之骑兵，托卫列耶兵之投石术，
皆冠绝于天下。其兵略之优劣如何，更无论矣。斯兹披幼者，又非披陆加
之比。何以故？汉尼巴尔者，本古今独步之雄将。故欲论汉尼巴尔之人
者，不可以古来之习惯、外面之幸不幸评之。若以真正公平之论而评其
人，则古今来无一人足与比肩者是言赞之少过。

　　贺摩西尝评汉尼巴尔之父哈米陆加斯披路加斯①曰：古来人间之竞争，
未有如彼之盛者。而其子汉尼巴尔，更胜其父。当抱入虎穴而探虎子之壮
志，欲进入罗马而歼灭之，何其雄壮也。天若助之，大功告成，则世界之
历史，又必异其面目。卫陆加率加达额爱国之士，智谋达识，奋进无前，
兼备勇将与政事家之气象。认识旧法之阙典，更欲以其国民之武力，开创
国家兵力之基。更欲改革宪法，以达其目的。而惜乎深谋宏虑，适遇寡人
政府而抵抗之，而不能终见其效也。抑亦卫陆加功业之盛，为执权者所
忌。然而考其致忌之由，亦有所自来者。盖一国之兵力，必以国家之体内
为根柢，不可徒恃外物之器具。若恃此器具一朝之活机，而遂发扬自己之

① 哈米陆加斯披路加斯：哈米尔卡·巴卡（前275—前228年），迦太基将军、政治家，西班牙
的开拓者，巴卡家族的第一代领袖，其三个儿子汉尼拔、哈斯德鲁巴和马戈均为名将。

精神，其国家之危险，有如累卵。盖此精神者，与彼之国家主义相反。故彼执行者之首领哈诺①深虑之，故遂逞其狡猾卑劣之术。于汉尼巴尔之战胜，愈招哈诺之大忌。其功愈大，忌之愈深。木特斯耶由尝谓："汉尼巴尔之欲征服罗马帝国，而欲建加达额为共和国。其遭遇之危难，固不能预测之。观其既败还国之后，骚乱屡屡不止。苟其战胜罗马帝国，则其事业之如何，吾人可测而知也。"彼当时哈诺一族之党，议欲送致汉尼巴尔于罗马，非惧罗马也，为惧汉尼巴尔之在本国而谋出之也。哈诺党尽其毕生之力，以抗汉尼巴尔者。至托列卑托拉计那渥加渥之役后，其力益甚。故汉尼巴尔之困于意大利，而不援之。盖欲汉尼巴尔之威名，由是困乏。及至罗马之兵，袭入亚非利加，又复召还汉尼巴尔，以求其援。遂开兹阿马之战②。盖加达额者，本非以国家之体内，护国之兵力为根柢，而实欲自促其国于灭亡，而不欲恢复也。若罗马，则不然，其兵力皆以国家为根柢。闻一将之得胜，则全国之人民，皆附掌祝之。其祝之也，出于国民之至诚。故罗马虽加败衄，而终能保。是其护国之力，外方之资，全注于国家中心之所致也。故其愈败愈壮，愈挫愈奋。此加达额以兹阿马之败而死，而罗马以加渥之败而兴也。然而汉尼巴尔之人物，终出于罗马人之上。若非执权者之奸谋，虽罗马人之耐忍勇武，恐不足以屈服之。呜呼！以汉尼巴尔之豪杰，虽经数年之后，罗马人尚惧其威名。其于议院，常以必灭加达额为志云。然则以如此之人物，而终不得奏其功者，抑谁之罪

① 哈诺：汉诺，迦太基执政官，早年从军，第一次布匿战争后，迦太基丢失地中海上的岛屿，但是汉诺率兵占领西北非，也算为迦太基挽回了一些损失。之后从政，主和派首领，是汉尼拔的主要政敌之一。

② 兹阿马之战：扎马战役，迦太基在此役战败后对汉尼拔的军事能力失去了信心，于是随即向罗马投降，正式结束第二次布匿战争。战后罗马向迦太基定下了极为苛刻的条款，除了巨额战争赔款之外，迦太基失去了所有海外领土，海军解散至只剩下十艘防海盗的军船，并从此不得在未经罗马许可下建立军队。

欤？其果加达额之兵制不得其宜乎？抑亦加达额之国是主义不得其道乎？噫嘻！

其论之痛快剀切，发明其致败之由。呜呼！以贸易的之国是，漫执尚武的之政略，所谓羊质而虎皮也。加达额之覆灭，有国者之殷鉴哉！

光绪二十九年正月二十日印刷
光绪二十九年二月初十日发行

东亚将来大势论

原名《支那问题与日本国民之觉悟》

[日] 持地六三郎　原著

赵必振　译意

应国斌　剪甜　校注

《东亚将来大势论》译序

　　吾闻昆山顾氏[①]曰："有亡国者，有亡天下者。"吾请申之曰：有亡家者，有亡国者，有亡种者。涂山不祀，玄鸟继兴[②]；姬篆失轨，祖龙奋辙[③]，一姓之成败兴亡，渺乎小哉？典午解纽[④]，羌胡云扰；天水陆沉，冒顿[⑤]代主，一国之成败兴亡，渺乎小哉？悲夫悲夫，立于地球之上者，洲以五，种以五。吾起而披瀛史，稽寰录。非之洲，如焉；澳之洲，如焉，寂然而无国。非无国也，国而不国，与无国同。又钩索夫色别、貌别、身躯别者，若红者，若黑者，若棕者，微矣微矣。以洲言，则如此；以种

---

　　① 昆山顾氏：明末清初杰出的思想家、经学家、史地学家和音韵学家顾炎武（1613—1682年），与黄宗羲、王夫之并称明末清初"三大儒"，明朝南直隶苏州府昆山（今江苏省昆山市）千灯镇人。

　　② 涂山，在今安徽省怀远县，山上有涂山氏祖庙。古代神话传说中大禹的妻子的氏族，最早见于文献《尚书·皋陶谟》和《楚辞·天问》，"娶于涂山。辛壬癸甲。启呱呱而泣。矛弗子。惟荒度土功。"《尚书·皋陶谟》，"禹之力献功，降省下土四方。焉得彼涂山女，而通之于台桑？"玄鸟，古代中国神话传说中的神鸟。《史记·殷本纪》记载，商契的母亲简狄在郊外，因吞玄鸟卵而生下商契。这就成为后人所谓玄鸟是商祖先这一传说的根据。

　　③ 姬，中华上古八大姓之一，为黄帝之姓、周朝的国姓。姬姓的得姓始祖为华夏民族的人文初祖——黄帝，黄帝因长居姬水，以姬为姓。祖龙，一般特指秦始皇帝。"祖，始也；龙，人君像。谓始皇也。"

　　④ 典午解纽：典午，"司马"的隐语，晋帝姓司马氏，后因以"典午"指晋朝。解纽，喻国家纲纪废弛。

　　⑤ 冒顿（？—前174年），冒顿是人名，姓挛鞮，公元前209年至前174年在位。单于是匈奴部落联盟的首领称号。前209年（秦二世元年），冒顿杀父头曼单于而自立。

言，又如彼。悲夫悲夫，岂苍昊有所私耶？何蓇然①而不恤也。何优然②而私于欧、私于美、私于白也。吾亚吾黄，将续其辙矣。亚之国，黄之种，足以代表者，惟吾国，惟日本，唇齿也，辅车③也。吾退而觇吾国，方大昏，方博夜，狮而睡，怪物而机滞，冥冥然，蠢蠢然。悲夫悲夫。然则瞩于日本乎，一柱弗支厦，一撮之灰弗塞流。吾亡，日本孤。孤则不能立，亦随之而亡。彼欧彼美之白者，将一世界。苍昊何其私耶！吾国懵然癃然，弗之惧。彼日本，方勃然者，而惧，而大惧，而日日警其国民而木铎④之。

持地六三郎者，彼之法学士，洞于幽，烛于微，燎于几之先。哀哀而鸣之，如救焚，如拯溺。彼方兴者尚如此，而吾国泰然，谨于槛，呶于牢⑤，而不知屠者之将至。泥于若夏商、若周、若秦之亡家者，若晋宋、若明之亡国者。于吾亚吾黄，无与焉。于吾国民，无与焉。向也同室之人斗，若者胜，若者负，无伤焉。胜者负者，皆同其血统。今非其种者，覆而宗，灭而族，殄而类，而弗觉焉。悲夫悲夫。汤沐沸矣，虮虱夷然；栋宇炎矣，燕雀尚贺。我有目根胡弗见，我有耳根胡弗闻，岂五官弗备耶。吾则惧，吾则大惧。彼日本勃然兴者，且惧，且大惧，何论吾也？吾述持地六三郎之说，译之以木铎吾国民。吾拜手稽首，尸之祝之于我国民曰毋河汉，毋郛廓，毋视为病呓者之言。

壬寅春⑥，武陵赵必振曰生　译叙

---

① 蓇然：音 mǎng rán，指众多貌。见清代龚自珍的《乙丙之际箸议第七》："前代所以兴，又非革前代之败耶？何蓇然其不一姓也？"

② 优然：仿佛，隐约。

③ 辅车：比喻事物互为依存的利害关系。典出《左传》："辅车相依，唇亡齿寒者，其虞虢之谓也。"

④ 木铎：是铎的一种。中国古代用以警众的响器。铜舌者为金铎，木舌者即为木铎。古代宣布政教法令时，巡行振鸣以引起众人注意。引申比喻宣扬教化的人。《论语·八佾》："天下之无道也久矣，天将以夫子为木铎。"

⑤ 谨于槛，呶于牢：谨呶，读音为 huān náo，喧哗叫闹。典出《诗·小雅·宾之初筵》"载号载呶。"毛传："号呶，号呼谨呶也。"

⑥ 壬寅：即 1902 年，同时也是清光绪二十八年；日本明治三十五年。

《东亚将来大势论》原叙

去年于役台湾，今年以事为散官，奔走荒扩瘴疠①之边，勤务周岁，冀致尺寸之效绩。足迹所至，南则渡海，直达于美之新领土宾非律之境，东则至英领之香港，及南清一带之地，皆在一苇衣带水之间。与支那之现状，相接既近，其一事变一动摇，激刺于吾之脑筋者，尤为颖敏。对外的思想之衷，郁勃而不可遏。今年春，复官游南清一带，所经过者，虽不过中国之偏隅，其文物之美，物产之饶，有令人叹美弗置者。如此江山，坐付他人，不禁感慨系之。比者，国事之暇，翻阅支那历史，读西人关于支那之著作，而追想支那之将来。复回顾我膨胀的进取的国民之前程，茫乎不知其涯涘②。悲感怆凉，辄不能已。返驾帝京，端居多暇，援笔而摅其意见，欲以排遣胸中之垒块，褒然成帙，不欲以暴于世也。友人见之，固请上梓。予初峻拒之，既而翻然曰："予亦国民之一员，予之言，亦国民之所欲言者，亦国民之义务，何必吝之。"乃允其所请。若果因予之言，以振起我国民之迷蒙，以大发显我国民膨胀的进取的之气象，岂独予一人

---

① 瘴疠：亦作"瘴厉"。感受瘴气而生的疾病，亦泛指恶性疟疾等病。《北史·柳述传》："述在龙川数年，复徙宁越，遇瘴疠死。"

② 涯涘：指水边；岸、边际；界限。见南朝梁国之沈约的《与范述曾论竟陵王赋书》："夫渺泛沧流，则不识涯涘。"

之私幸，我国家之幸福。何幸如之。

予观支那，譬之巨富者，其主人罹不治之痼疾，今濒于死，而其族中，绝无可续之人。然其人固旧家世族，其祖先之贻谋者，富甲于世。然而继之者，不知世运推移，徒守旧式，而无进步之轨。而代理之者，又复不得其人，大讼时起，负债累累，家政紊乱，达其极点。然及今而整理之，犹不失其丰富。而室外之人，欺其羸弱，欲谋而并吞之。或故为亲昵，或故贷资财，以干涉其病者之事。既而借为口实，而取调其财产，计其土地，握其利权，公然入此病者之家，肆行无忌。然而病者有邻焉。今虽异派，元同血统，若祖若父，关系匪浅。追念旧谊，自顾将来，安能袖手坐视而不竭力以维持之。以看护病者之身世，而示以改进之方针欤。

呜呼！此非支那帝国之现状乎。予辈于支那情事，注意已久。每于西人之著作，窥其底里，至若国人之所述，不过文人墨客优游谈记之类，关于重大事项者绝少。此吾国民之缺点也。盖国人之注意者，不出于支那之政治上经济上社会上之状态，而于文学美术上，足见支那之真相者，绝未调查探究之。此书之作，行箧之藏书绝少，关于支那之典籍尤不备。良用歉然。俟我国人调查探究之事业，益益进步。当续有撰述，以示国民。我国民研究支那之事业，日臻日盛，以存我东洋之文明。此则予所希望之奢志也。

明治三十四年①十月，持地六三郎　自叙

---

① 明治三十四年：1901 年。

凡　例

是书原名《支那问题与日本国民之觉悟》。嫌其太冗，今易名之曰《东洋将来大势论》①。似为简括。

日本人议论之文，每多往复回环，叠言不已。不善译之，辄成复笔。译者不文，每蹈此弊，愧恧无似。阅者谅之。

是书不尽译其原文，颇多增减。窃以私意附益其间，以圆足其说，题曰译意，以明原非直译也。然其本旨，却不敢背，庶以存其真旨。

俗冗事杂，日不暇给。是书于百忙中偷暇录之，词旨浅薄，不暇润色。博雅君子，不足一噱，汗颜无已。

译者　识

---

① 《东洋将来大势论》：今译为《东亚将来大势论》。

第一章　绪言

邦国之盛衰兴亡

横览载籍，沈沈冥冥①，上下五千年，纵横九万里，其间建邦国于世界之舞台者，亦复何限。而永保尊荣，子子孙孙，自一世二世以至万世者，果何人乎？此兴彼仆，此盛彼衰，东西古今之青史，莫不一辙矣。埃及、巴比伦、希腊、罗马，岂非古之文明强盛之国，而今之凭吊故墟俯仰胜迹者，仅存幻影于图画之间。秦汉唐元之隆盛，亦不过史臣载笔，纪其巍峨之伟业，供后人之读者赞叹考证而已。虽然，邦国之废兴治乱，亦莫不有由来。苟一溯其原因，未有不可推而求之者。沉思冥索，端绪可寻。

东亚文明与西洋文明

世界文明之脉络，不外于二大潮流，所谓东洋文明与西洋文明是矣。二文明之发端，虽同源于中亚细亚，而东西分驰，不相触接者，其由来已久。至于今日，膨胀之力，互相交通。昔者东洋文明之进步，速于西洋之文明。今也西洋之文明，远驾于东洋文明之上。其盛衰兴仆之势，若有大

---

① 沈沈冥冥：沈沈，音 tán tán，深邃的样子。通"沉沉"。《史记·陈涉世家》："涉之为王沈沈者！"冥冥，幽暗深远。

相殊绝者，冲突之结果，尚不知何所底止。而所谓支那帝国者，岌岌乎有累卵之危。而彼四万万酣睡之夫，尚冥然而不之觉。而白皙人种之将为之代主，而彼亦若安之若夙者。此吾人之大惑不解者也。虽然，此中之原因，亦有无足怪者。

支那帝国裹危之厄运

所谓支那帝国，自古建邦国于其地者亦颇不少，然亦不尽出于汉人之种。若土耳其人种 译者按，代至中国者并无土耳其人种。著者误以辽人与土耳其同种，故云。 然辽实出于托落古种，又谓之匈奴种，实与土耳其殊族也。 若蒙古人种，若满洲人种，亦曾代主其国。盖支那本为革命易主之国，历史已习惯见之。所谓灭国者，不过以上数种人之王朝，灭汉人种之王朝而代之。而为司命之主权者，亦莫不同出于亚细亚之人种。

支那帝国灭亡则东洋文明亦泯

今则登世界争竞之舞台者，不在亚细亚之人种，而出于欧罗巴之人种。苟使支那帝国，一旦灭亡，则东洋之文明，亦将随支那帝国泯焉以渐于澌灭。岂东洋之文明，果终逊于西洋之文明欤？予以为就科学之发见者而论之，其发达之基，所谓形式上之文明及形而下者之事业，东西比较，则东洋诚逊于西洋。然属于思想道义之界，精神上之文明及形而上者之道德，则东西两洋，孰优孰劣，必求其比例，则亦殊难判断也。夫优等之文明与劣等之文明两相触接，则优必胜于劣者，亦世界自然之公理。然东洋之文明与西洋之文明对峙，形而下者，吾固逊之，若形而上者，未必果能相让。则支那帝国或不至于灭亡，则东洋之文明，与之关系者亦颇不少。竟谓东洋文明与支那帝国相维系，亦不得斥之为妄言也。

支那帝国灭亡与日本国民之关系

要而论之，三千余年间亚细亚人种所建立之支那帝国，一旦而几于灭亡，钟簴①迁移，河山破碎，危乎黍离麦秀之景象，吾人将目睹之矣。我日本之国民，袖手而坐视之，竟一无所感悟耶。同处于亚细亚之地，国境相接，盈盈一衣带水之间耳。以云种族，则又同属于黄色人种。即文明之事业，彼我相师。我日本之与支那，唇齿辅车之形势。盖有自天而合之者，则今日支那帝国之灭亡，我国民安得视同隔岸之火而不一援手耶。则吾今日所谓支那问题者，不独支那之所注意，即我日本国民亦不容忽视者也。

---

① 钟簴：即钟虡，音 zhōng jù，饰以猛兽形象的悬乐钟的格架。《周礼·考工记·梓人》："若是者以为钟虡，而由其虡鸣。"《说文·虍部》云："虡，钟鼓之柎也，饰为猛兽。即谓赢属之兽。"

第二章　支那与塞外诸种族之关系

支那者世界之乐国支那于国国之盛衰兴亡

亚细亚之大陆，莽莽苍苍，建一完全之帝国于其中者，非以支那为首屈一指乎？其土地之广大，气候之温和，物产之饶多，人数之生息，实地球上之最可歆羡者，无过于支那者也指支那本部而言。其面积一百五十万方里，有欧罗巴面积之半。有黄河、扬子江之二大水域，经纬于其国中，以资灌溉。平原万里，陇亩纵横，鳞次栉比者，弥望皆是。其丰沃既如此矣，气候则跨温带热带之间，万物芸芸，产于其地者不可胜计。其食料则米，其饮料则茶，其服料则绢帛与麻，其山则有木材矿物之富，其海则有盐藻鱼介之利。民之生于其间者，一切物品，皆取之于内府而无事他求。故支那帝国者，与古代之印度、埃及，共称为人类滋息之区。故其建设邦国为最早，而文明之发达，亦与之同。故当时之建此邦国者，所谓支那人种，即汉人种也。然其土地之丰沃殷富，既已如此，而他种之人，即因之而生其羡望，而启他种侵占之原因。

野蛮人种之侵略并吞

每当国运衰微之时，常为居住西北部之塞外种族所侵略蹂躏，即所谓土耳其人种、蒙古人种、满洲人种者，即乘间而据之焉。如西晋以后，则有匈奴、卑鲜、突厥，于五代于宋则有契丹、辽、金、蒙古。此等塞外诸种族，并生息于中央亚细亚，并北部亚细亚之广漠与高原，游牧为生，逐水草而转移。其垂涎中华之殷富与文明，亦固其所。故乘支那国家衰弱之际，于是此等种族迁移于中国，而遂建国于其地者亦颇不少。如西晋以后，五胡云扰于中原。至于宋代，则辽原注土耳其人种。译者按，此著者之托托也。辽非土耳其种，前已辨明不复赘，金满洲人种与支那本部，共为三国鼎立之姿。然不过割据之势，尚未有以他种人族，竟能统一支那全部者。有之，则自蒙古人种始。彼蒙古人种，以猛勇刚劲之铁骑，席卷中央亚细亚之版图，蹂躏欧罗巴之西部，并吞支那本部，而建一前古未有之一大邦国于地球之中，建其国号为元。而支那全部之人，莫不蜷伏慑息①于其下。元朝代之，未及百年。一旦瓦解，而支那本部，复归于汉人种族之手。为三百年，而满洲人种，复起而统一之，今日所称大清帝国，是为清朝之国家。

野蛮人种侵略统一支那而为支那文明所征服

虽然，所谓塞外诸种族，如土耳其人种、蒙古人种、满洲人种等，乘支那国家衰弱之际，逞其侵略蹂躏之手段，或分据其土地，或统一其全部。其表面之势力，固为他种所征服矣。然而他种既入汉土，习惯汉种之风俗，历之未久，往往逐渐推移，无不与汉种同化者。究而论之，则彼朴野刚健之气象，反不敌中华文雅纤弱之风。以故塞外诸种族，一入中原，则其骠悍雄鸷坚忍劲肃之气，不数十年，而不知消归于何有。优柔浮靡，尽失其本来面目，而琼裾玉佩，文质彬彬，俨然一王谢陶阮之贵胄子弟矣。盖其势力之表面，虽足以征服支那，而既与支那之文明触接，则又因之薰陶渐染，反为支那之社会所征服。其结果也，则反失其刚健之美质，

---

① 慑息：读音是 shè xī，是指因恐惧而屏息。

而陷于文弱之弊习者，于是复别有强者起而倾覆之。辽、金、蒙古之往事，是其历史之可证者。盖彼等文明之域，尚自居于劣等，一与高等之文明相触接，则有不能不为其薰化之势，亦事理之当然也。加以支那社会之性质，其同化力，有非地球各国之所能比，决非代主者之所能移易。元之成吉思汗，用兵如神，其兵略武功，震于寰宇。史家之所称述，谓其不让于拿坡仑。其孙忽必烈者，亦不世之英雄。用兵之略，施政之才，迥非寻常兵家政治家所能及其万一。而既统一支那建设国家，不及二百年，颓然瓦解，复偷息于冰天雪窖之区。即如清之圣祖、高宗二帝，亦世界历史上最不易得之君主，而亦不能大行改革，划其柔靡文弱之风。虽以外族代主，而一切制度，亦因之于前代，而不能以其强毅英鸷之俗，以转移社会之习惯而变更之。盖建设邦国于支那者，亦必随附其俗，而后可以抚驭其人民，亦情事之有不得不然者。

野蛮人种为支那文明征服之理由支那之立国不能分治

支那之文明，自四千年以来，锻炼完固，其势已久。文明之轨则，其缺陷者虽多，即其思想道德改治文学等，亦多破坏。然其人民保守执拗之性质，则有确乎其不拔者。况其土地之大，人数之夥，于现今世界上，即数十小国之面积，亦不足以包括其人口。故统制支那者，苟非善体会其文明之程度，与人民之性质，及其版图之广大，则决不能驾驭抚绥永保其和平之幸福。故其历代革命代兴之主，往往法令简易，因其习惯，以蹈袭其故制，亦有出于不得已者。故元之世祖即忽必烈，清之圣祖、高宗二帝，莫不沿其政治习惯风俗等，因即支那之情势以抚驭其人民。盖深知其非如斯之举措，则决不能维持其国家也。故泰西之体察支那之情势者，莫不倡言曰"支那者，可以易其国号，可以易其君主，而其人民之习惯，则决不得而易之。而后可以统治而驾驭抚绥之也。"是言也，决非皮相者之所能道，非深察支那之实相者不能为此言。然其原因，盖亦有所由来。其建国之初，系由无数之小邦，积渐而成为统一。其历史之事实，尚可详考而知者。统一之后，蔚然大国，独立于亚洲大陆之中。平原漠漠，无此疆彼界之分。其人民亦皆同种。又无帝国之并立，天险四塞，绝无外交。虽有革命易主之事，无非其同一种族之稍强悍者，代统其众，遂易其朝代之名。其习惯风俗，本无所更。同此一族之人民，自无庸别立一永定之国号以表异。习之既久，而他种之崛起而代之者，骤易其国号，而彼蚩蚩之众，亦因积久，懵然而不自知，恬然而不相怪。惟其习惯，则自古无起而易之者，故其保守执拗之性质，独富于地球各国也。

西洋人种之侵略

虽然，支那之邦国，遂创建于汉人之种，建国以来，一兴一仆，一盛一衰，几经革命易主，然其握主权者，亦皆出于汉人。及至中古之世，国势衰弱，而塞外诸种族，遂乘间而入之。如土耳其人种、蒙古人种、满洲人种，骎骎屡入其内国。至于近代，遂至统一支那之全土，如蒙古人种之为元，满洲人种之为清。然而溯厥源流，莫不出于亚细亚之人种。檀君旧国，箕子所封。冒顿之先，降由夏后[①]。其色同黄，其发同黑，其文明依然东洋之文明。故一种谓支那邃古以来，其统治者，同为一种，亦何不可。今也西洋之文明，风潮渐播，将为倾覆东洋之文明之萌芽。碧眼卷发，隆额深眶，长目皙颜，高颧浅鼻之欧罗巴人种，将屡入支那帝国而剖割之而统治之。而其国民，亦徒保守其历史之习惯而不加察，可不谓之大哀欤。

---

① 见严复《原强》："今之满、蒙、汉人，皆黄种也。檀君旧国，箕子所封冒顿之先，降由夏后，客何疑乎？"檀君，朝鲜建国神话中的人物；箕子，名胥余，殷商末期人，纣王的叔父，官太师，封于箕，在商周政权交替与历史大动荡的时代，因其道之不得行，其志之不得遂，"违衰殷之运，走之朝鲜"，建立朝鲜，其流风遗韵，至今犹存。

第三章　支那问题之由来沿革

所谓支那问题之意味

天险四塞之国，溯其建国之始而言耳，秦汉以还，逼压支那之疆域者，其劲敌多在于西北部之广漠平原。今也西北之陆路，东南之海路，四方逼处矣。古之所称为外敌者，同属于亚细亚人种，同为黄色人种。今也则为欧罗巴人种，则为白皙人种。支那之问题，于是乎起。所谓支那问题者，支那将来之运命何如？包括四百万方里之疆域统附属及领土而言，统一四亿万人之民众之老大帝国之前途何如？其王朝之兴废与东洋文明之关系果为何如？

洎^①夫王朝兴废之义，支那原为革命易主之国，则王朝之兴废，亦其历史之数见不鲜者。故自建国以来，成败兴衰，殆如置奕，无所谓支那之问题者。虽蒙古人种、满洲人种灭亡其王朝而代之，然亦同为黄色人种，同为东洋之文明，亦无所谓支那之问题者。今则白皙人种，或分割之，或统一之，则东洋之文明，亦必因之而永堕。而全球世界，将全入于西洋文明之势力范围。则数千年东洋文明之基础，亦将如埃及、巴比伦、希腊、

---

①　洎：音 jì。洎的基本释义是到、及，往锅里添水。

罗马以及秦汉唐元之故辙。仅供后人之凭吊唏嘘[①]，吾人可不注意乎！

支那问题之起源西洋各国与支那之接触

详考此问题之原因，在二三百之前，西洋诸国之白皙人种，与亚洲大陆交通贸易之始。机轮巨舰，渡海而来，以逼东方之老大帝国，即为吾人今日所谓此问题者之胚胎。若夫中央亚细亚及西部欧罗巴与支那交通贸易于北部之陆路者，自古有之。然当此时代，并无所谓支那问题者。洎夫明末以降，葡萄牙、荷兰、英吉利、法兰西诸国，相继通商于海路，实为欧罗巴与南部支那相触接之初。当是时也，西洋诸国，互竞于航海殖民之事。其人民研究商业者，凌波涛，犯瘴疠，历万险，经百折，遍于世界以试其交通贸易之手段焉。彼等稔[②]闻支那之土地，丰沃无比，称为未开之宝藏，其垂涎已久。既至其地，于是蜂拥蚁聚，相率而来。

西洋人与支那人思想道德之招本的之差异

而支那人民之性质，则与之相反。歌斯哭斯，以生息于其国土，保守其"邻国相望、鸡犬之声相闻、老死而不相往来"之野蛮陋习。而其国本为富壤，衣服饮食，以至日用一切，无不取之于内府，无俟越国鄙远而求之。其性质尚俭寡欲，不敢希望文明世界之新奇珍异之物品。日中为市，聚族而居，已足以自给而有余。故其通商之始，支那人民本无所需于西洋，而西洋诸国强迫之。当时所贸易者，实以印度鸦片为一大宗。既而宣教师至，其所举动，则与支那人民道德之基本，社会之观念，多有相背而驰者。彼支那人民之宗教，墨守其二千年前孔孟之道，锻炼容冶，已若

---

① 唏嘘：本意是哭泣之后不由自主地急促呼吸。这里指中国将如埃及、巴比伦、希腊、罗马一样，有衰亡的危险性。

② 稔：读音 rěn。原义指庄稼成熟，延伸为对人很熟悉。

性成。

其社会之组织，悉根源于家族制度。其道德以孝亲为根本，恪守崇拜祖先之风，忠君之义。亦本于孝亲，则又因当初建国之时之习惯而遂成为道德者。译者按，建国之始，无不由家族而成。其始也，皆由于部落。部落之中，必有酋长。所谓部落，即当日团聚一族之人而成。所谓酋长者，即一族之长也。故于酋长有尽孝之义焉。既而部落建为国家，酋长变为君主，而移孝作忠之义生焉。不独支那惟然也，后世合无数之家族为一国统治者，不必尽在于一族之人。即或出于同族，而代远年湮，感情已薄，而欲以此道绳之难矣。支那人虽亦主天立说，而其宗旨则专重于现在，其宗教亦以人伦五常为基础。而宣教师之宗旨，往往与支那人之思想观念，迥然而殊。宣教师则专唱个人制度为社会之基本，其议论主义皆足以骇支那人民之听闻。又复排斥崇拜祖先之野蛮遗习译者按，崇拜祖先亦出于报恩之义，不可排斥者。惟吾国崇拜万有之恶习，何时扫荡而廓清之。故与支那人民之习惯性质，若冰炭之不相容，亦事理之所必然者。

支那人与西洋人之冲突支那人之败北

加以支那人民仍复保守其上古独立亚洲大陆之习惯，妄自尊大，而鄙恶嫌贱外人之性质未尝少改。自称则曰中华，又曰中国，其称他人也，则曰蛮夷，则曰戎狄。其于外交，则以怀柔远人德化普及为主义，事事宽待优遇，以为天朝大度包荒之举。西洋诸国，既于支那相接，其思想之扦格，感情之冲突，如前之所述。既已如此，而支那人民则以为必西戎之国，土地瘠薄，衣食不足，故远涉重洋，以求通商互市，以度其生。既而见其鸦片而毒害，与宗教之相殊，则又谓其蕞尔小国，敢以有害之物品，输入中华，而易我有益之财货。又复传播异教邪说，以蛊惑民心。其居心之险狠，殆不可测。苟听其蔓衍，将为国家之大患。不若大张挞伐，以绝其根株。由此种种妄念，懵然而不知外情。于是骤生冲突，遂启鸦片战争之举。嗣是以后，又以民教之争，迭次起衅。而支那帝国则无役不败。即以香港割让于英吉利，又以次开放无数之港口，益以通商条约之缔结，治外法权之条款，税权限制之条款，宣教师特权之条款，情见势拙。而支那帝国，其孱弱之形状，始表襮于全球。呜呼！彼支那人民，本不欲与外人贸易，而西洋诸国强之，遂以为西洋诸国无故而攘我利权。又以其宗教为异端邪说以蛊惑我国之民心，种种妄因，遂结谬果，竟欲攘臂而应惩之。而国力不足，屡为西洋诸国所败北。至其结果，竟至大受西洋诸国之桎梏，几至不国于地球。岂非外交之始，懵然外情之所致欤。

俄罗斯之吞食西洋诸国之观支那

英吉利、法兰西，即由海道而来，以逼其东南。同时，而俄罗斯，又由陆路以逼其西北。彼鲁立克之种族，当蒙古之盛时，俯伏拜跪其马前而为之臣妾者。一旦乘蒙古之衰运，遂脱其羁绊而崛起。至于彼得大帝雄才大略，手定宏远之基，士马日精强，版图日广大。今后乘清朝之衰运，欲以报复其先世之屈辱，以复九世之仇。黑龙江北一带之土地，乌苏里河、松花江以东之土地，亦遂归其蚕食。而支那西部之属所边疆，为其所侵略者亦复不少。试读其近代历史上之事实，所谓堂堂之支那帝国，有令人慨喟不置者矣。东南则英吉利、法兰西之交逼，西北则俄罗斯之交逼，国土日削，国势日危。支那帝国之衰弱，全球万国无不灼其底里者。然而西洋诸国，甲午以前，犹震其土地之大，民众之夥，物产之饶，犹为全球各国无足与之比较者。故有佛兰金仙之怪物之譬。又谓之为睡狮，盖以为今日之情形，诚为衰弱，譬之酣睡之夫。黄粱未熟，黑甜之趣味方浓，一旦奋起，世界之望国，无足与之抗衡。故彼西洋诸国，虽以贪婪无厌之心，犹未敢公然逞其伎俩，且前且却，鼠窃狐疑。支那帝国赖以保全而不剧行分割者，实由于此。

中日战争结果及影响列国对支那之人侵略

夫中日战争之结果，于是支那问题，亦与二十世纪之新世界，同有更换之景象矣。西洋诸国，无不哑然相顾，谓此老大帝国，竟为彼平日所轻蔑之倭人①所败北。预决其腐败之势，万不能振起。于是始认识日本之实力，于是又移其向日轻视日本之心以轻视支那。轻蔑鄙贱之势，与昔日互相比例，有不可以道里计者。彼等始犹以怪物睡狮视支那，今则直以行尸走肉视支那。瓜分之图，悬布四境，剖割之说，万口同声。非徒高唱以恫吓也，实已征之于实事。德意志则占领胶州湾矣。俄罗斯则占领旅顺口、大连湾矣。英吉利则占领威海卫及香港对岸之土地矣。法兰西则要求广州湾及海南岛，意大利则要求三门湾。其他则铁道敷设权，矿山采掘权，以及土地不得割让他人之特约，彼等无不肆意要求。而支那帝国之主权，一任其践踏蹂躏。亚洲大陆之土地，公然称为彼等之势力范围。所谓独立帝国之领土，殆无异附属之殖民地。支那之衰运，亦至于此乎。彼等逼迫支那之势，如蚁之附膻，水之就下，麕集鳞萃②，任其肆夺而莫敢谁何。支那帝国之国体，岂复有存于地球者。然彼四万万神明之胄，聪秀之民，岂无慷慨激昂敌忾悲愤之志士，目击国耻，欲奋起而雪之者？逼之太甚，则反动之力，由之而生。洎夫庚子，大局岌岌。东南半壁，开化颇早，识时之士，蜷伏草野，其枕戈待旦，抚髀③兴叹者，随处而有。而西北民智未

① 倭人：中国人对日本人的鄙称，亦如日本人鄙称中国人为"支那"。

② 麕集鳞萃：成群结队的集合。

③ 抚髀：以手拍股，表示振奋或感叹。"抚髀"这个典故出自《九州春秋》。刘表邀请刘备饮酒谈天，言谈之间刘备抽身去厕所，发现自己大腿肌肉松软、身体发胖，感到非常伤悲。回到座位后不禁潸然泪下，刘表非常惊讶，问何故？刘备长叹一声解释：过去骑马征战，腿上的肌肉硬梆梆的，现在长年闲居无事可做，大腿松软无力，想到自己转眼即老而一事无成，所以悲伤落泪。现在用"抚髀"来描写岁月易逝，功业未成。清吴伟业的《两败俱伤生行》记载了这个典故："将军听罢据胡床，抚髀百战衰病。"

开，徒愤于外人之逼，而不知所以抵制之道，而徒为野蛮之举。于是果有义和团者，一旦蜂起，专以排外为主义，不惜破坏流血以殉之。而又不知国际之礼法，人道之公理，无智无谋，土番野蛮之举动，诚所不免。而其精神热血，洞微之士，未尝不怜而恕之译者曰：义和团之暴举诚为野蛮，然出于爱国之愚诚。此国民万不可缺之性质也。惜其学识不足，事败身戮。世之君子，不但怜之恕之，而且馨香而尸祝之。若夫祸匪之罪魁则借义和团以行其私者，此罪不容诛者也。论庚子之事者，必先辨夫此。而后可与论世，而后可言知人。而彼西洋各国，其平日之肆行无忌，于二十世纪文明新世界过度之际，明目张胆，攫人土地，夺人利权。其入内地之宣教师，恣睢横行，挟其国势，以睥睨一切者，何可胜道。则其积怨所至，其无礼无义之暴举，亦有迫而出于不得不已者。虽其围使馆，杀公使，戮外人，以动世界之公愤，而此事之原因，谁复钩深索隐而谅之。既而联军既至，毁大沽之炮台，破天津，长驱直入，以救使馆。神京既破，拳民瓦解。各国所指而目之者，莫不注意于支那帝室。而翠华西幸①，万乘蒙尘，虽经烽火之仓皇，而銮舆无恙。所谓长安自古帝王都者，已早驻跸而称行在矣。列国之联军既入，非罗致代表支那之主权者，则此战争，决无结果。苟悬军万里以蹑其后，则支那帝室，北则可以走新疆、蒙古，西则可以直入成都，版图寥廓，道路崎岖，行军之难，自古所悉，旷日弥久，则又有全国土崩之虞。各国联军，其不敢穷追深入者，盖实以此。于是一变其昔日分割之主义，向之所谓势力范围之论，则绝口而不道之。更大唱保全领土安泰帝室之甘言，以诱致支那之代表者。今日和局已成，金瓯无缺。自其表面而视之，诚所谓支那帝国之幸福。然来日大难，隐忧曷亟。

---

① 翠华西幸：唐罗隐诗《酬丘光庭》有"祸生有基妖有渐，翠华西幸蒙尘埃"之句。翠华，天子仪仗中以翠羽为饰的旗帜或车盖。本文的翠华西幸，指八国联军进京，慈禧出京西逃。

茫茫后顾，税驾①何所。此亦吾人研究支那之大势者，所不能忽焉者也北清事件大局虽有着落，而满洲问题之结局未知底止。自著者测之，亦终归于俄罗斯占领而已。

———————————

① 税驾：读作"tuō jià"，指解下驾车的马，停车，有休息或归宿之意。出自《史记·李斯列传》："物极则衰，吾未知所税驾也。"

第四章　支那之将来

支那之不免于天已

所谓支那问题，其过去之事实，已如前者所述矣。吾人冥思苦索，其将来之大势，果为如何？呜呼噫嘻，果分割乎，抑保全乎？是二者夫岂易言。必求支那将来之结局，无论何人，又谁能确然断定者。然而察往知来，因其大势之推移，亦不难揣摩预测。盖支那帝室之衰运，倾颓已久。康熙、乾隆，是其最盛之时代。自此而后，国运已非。外则强敌日侵，内则政纲日坏。驯致今日之衰运，其由来已非一日矣！虽或中兴之英主特出，励精图治，以冀有所挽回。而其社会上政治上腐蚀朽败之现状，而欲望其维新更张，迥非易言者。吾人征其历史，支那之建国者，其统一政治之时代，国祚之短者，则或不及百年。而所谓亿万年有道之长者，不出三百年而止。今清朝之享命，垂将三百年矣。国势凌夷，至于此极，安能望其挽回。子舆氏①之言，终亦必亡而已矣。然则将有豪杰之士，崛起于汉人种族中，以代清朝而创一新纪元，以为中华之司命。果能如此，夫岂不善。然而支那今日社会上之腐败，安能望此，此亦不可必得之数。要而论

---

① 子舆氏：复姓，周诸侯陈烈子生子沮舆，为子舆氏。见《世本》："陈桓公生子石难，为子舆氏。"本文指孟子，孟子，字子舆。

之，支那未来之命运，分割之势，必不能免矣。瓜分豆剖，分隶于宇内强国之间，亦犹西晋之后，五胡割据之故辙，重演支那历史之旧剧，于二十世纪新世界之舞台乎。

俄罗斯人种有统治支那之能力

然则分割之后，其将长此终古乎？此亦吾人之一大问题也。吾则以为分割者一时之势，其结果也，亦必终归于统一。所悲者，继而统一之人，非复亚细亚之人种矣。地球各国，善于驾驭抚育支那人种者，莫过于俄罗斯人种。盖俄罗斯人种，既与欧罗巴人种，不无少异，而与亚细亚人种，近在比邻。其容貌骨格，姑勿论之，而其思想气象，与亚细亚人种，尤为酷似。其气味之相近，有令人不解其故者。自彼得大帝以来，确守其一定不变之国是，日日欲逞蚕食东亚之野心。其雄大之气象，坚忍之精神，又别具统治异种之能力，迥非地球各国所能比拟。若彼俄罗斯之征服异种也，其对异种之政策，绝不强迫异种之人，从其本国之政教制度风俗，而惟施其钳制压抑之手段。虽欲脱其羁绊而不能，而其表面，则又绥抚化育其人民，以自归顺于其国，而后从而鱼肉之。此其伎俩，固俄罗斯之别具能力者。一旦并吞支那，则其抚育支那人种者，亦必以此道行之。元之世祖，清之圣祖、高宗之治绩，岂非以西北塞外之种族，而统治支那者乎？欧洲各国，或谓日本亦具有统治支那之能力者。然吾征我日本过去及现在之国势政治，日本果有如斯之能力否乎？

分割之势终归于统一

虽然，列国竞争嫉视之现状，一若地球各国，舍俄罗斯之外，惟日本足以制服支那之死命者，此论则姑勿辩。而支那分割之厄运，既不能免，则列强虎视，谁肯居人之后者？然吾前者所谓分裂之后，其结果也，亦必终归于统一合同。此盖其历史上事实，历历可按藉而考焉。周之末也，分为七国，而终于秦，至汉而又统一。五胡之分裂也，而终于隋，至唐而又统一。五季之割据也，至宋而又统一。辽金南宋之鼎峙也，至元而又统一。盖支那之土地，团结联合，天然之势，已有如前所述者。而其种族之习惯，彼此相同。盖其地理上之关系，人种上之状态，绝不容永远分裂割据之势焉。况彼拉芝人种与枯梭人种，不克具有统治支那人之能力，则有不待智者而知之者。彼西洋各国之人，其精神的基础，既与支那人迥异，精神的基础既有差异，则其方向必不能划然而同。其相去也，有不啻霄壤者。而欲其调和混同，恐亦如蒸沙之不能成饭，磨杵之不能成针也。彼支那人种富于保守执拗之性质，而彼西洋人种亦同富于保守执拗之性质，不见香港、上海及其开放之各港口乎？西洋人种与支那人种，比邻而居，庭户相望，而各保持其各国之风俗习惯，或数百年葡萄牙之据澳门四百余年矣，或数十年，卒无有变更其旧俗者。西洋人种所以凌驾乎支那人种者，不过其形式上之文明。至欲并其精神上文明亦欲凌而驾之，殊非易易。而欲支那人种心服归顺，是亦不明可必得之数矣。即如兰拉西人之经略交趾①，其成功之目的，此时尚不可知。而英吉利人之统治印度，与其经营香港，历时之久，其成功究果何如。印度人种之智力体力，并其文明之程度，试与支那比较，则支那人种远占高等之数矣。香港一岛，不过弹丸黑子，附于海滨，而经营之久，不过如此。则彼枯梭人种与拉芝人种，其足以征服支那者，除形式上之文明之外，至于精神上之文明，而欲以西洋各

---

① 交趾，即今越南。交趾本是中国古代地名，先秦时期为百越支下骆越的分部，初期范围为今越南北部红河流域。秦朝以后，在此设交趾郡，东汉时更名为交州（南交），最大范围及其文化遗迹包括今广东省至越南的北部。法兰西，即法国。19 世纪中叶，法国开始侵略蚕食越南。1885 年，中法战争结束，清政府与法国签订《中法新约》，放弃了对越南的宗主权。越南沦为法国殖民地，阮朝名存实亡。法国的印度支那联邦总督则驻扎西贡（1902 年后改河内），对越南、老挝、柬埔寨进行殖民统治。

国之思想以征服支那，恐亦徒属妄想而已矣。

预想分割后之状况予故以为支那今日衰颓之运，虽达极点，一旦果为列强分割，以分据其领土。然此分割之形势，亦终不能久远。其结果也，仍必终归统一，以统治于最适当者之手。此势所必至，理所固然。吾人研究指南问题者，无庸疑焉者也。

预想分割后之状况

然其今日之形势，大势所趋；分割之实相，万不能免。既经分割之后，其情将果为何如。十八行省之沃壤，将升为百五十万方里之乐国欤。吾人端居多暇，何妨预想而虚测之。吾以为既分割之后，则形式上之文明，必发达于支那大陆之上，有可断然者。铁轨纵横，汽车络绎，电悍森矗，蛛网盘旋，地不爱宝，山不匿财，金溢于途，煤填于地，黄河扬子江之水域，樯帆奔驶，汽笛呜呜。制造之场，遍于陬澨，烟管之高出云表者，极目如林，黑云蔽空，彩旗飘漾。预计此时，则支那形而下者之文明，固显然已为西洋所征服矣。然其结果之情状，谓其长此终古，竟为西洋各国，永分割之。万生万劫，永远沉埋。则为此说者，殊未深察支那之实状，与今日世界大势之所趋。不知支那虽经分割，而列国对峙竞争之势，必不能久。吾前者所谓终归统一，以统治于最适当者之手，及夫此时，则支那之运命，又将一变矣。

支那最后之命运盖盛极必衰，分久仍合，亦世数之常，况所谓文明之极点者，皆属形而下者之事。故表面之文明，虽极发达，而人民实受其惠者。不过利用厚生之一途，至其人心之腐败，元气之销磨，既经分割之后，而复有形式上之文明以欣动之。则愈不知牛马奴隶于异种之为耻，而反驳于表面之震烁而淡焉若忘。吾一观夫今日之波兰、印度，其人民欢悦奔走于异国之宇下，欣欣然不知其亡国之恨者，吾未尝不代为之痛心疾首也！呜呼噫嘻！所谓国家者，其人心既腐败，元气既销磨，则虽铁骑如蜂，兵轮如鲫，形式上之文明若何发达，究亦何所用之？吾试问希腊之文明如何，其极点非为马克多尼亚之亚历山大所灭者乎？罗马之文明如何，其极点非为日耳曼所灭者乎？西洋各国对峙竞争之势既败，则支那全部之大势，仍必复其旧壤。形式之文明，则诚美备。而所谓精神上之文明，较之今日之支那，有不知低缩无量度矣！则列国既衰之后，分割之势，又不能行。丁此时也，岂有顽冥固陋之支那人种，而能复仇雪耻，以脱其羁绊者欤？前所言之文明皆属于形式之上者。人心愈腐败，元气愈凋残，则精神上之顽冥更有甚于今日矣。可不大惧欤？吾人亦知此说，殆如东坡说鬼[1]，明知其决无事，姑妄言之耳。若必深究其实际，则其历史之往事，将重演于后日之舞台，且更加剧焉。昔之统一支那者，犹出西北部之同种。后之统一支那者，则属于北方骠悍强悍惨酷压抑之异种。蹂躏破碎之后，乃囊括而统一之。则所谓支那人种者，将永坠地狱，历万劫而不复。而东洋旧日之文明，亦随之渐灭，不其痛欤。

日本国民对支那问题之使命

我日本国民于支那问题，漠不加察。其地理，则同洲也。其人种，则同黄也。其文明之关系，同属东洋之文明也。而竟如越人之视秦人之肥

---

[1] 东坡说鬼：北宋文学家苏轼（1037—1101年），说鬼很有名气。叶梦得《避暑录话》卷说他被贬黄州和惠州时，喜欢和人聊天，遇到不善言谈的人就互相说鬼的故事。清人纪晓岚写完《阅微堂笔记》，自题两首诗，其中一首说："平生心力坐消磨，纸上烟云过眼多。拟筑书仓今老矣，只因说鬼似东坡。"说自己一生蹉跎无成，最后只能像苏东坡一样说鬼的故事作消遣。

瘴①，决无痛养相关者，宁非大惑欤。我日本国民于支那问题，吾则谓若天职之使命，不容轻忽焉。何以言天职之使命也，支那问题之着落，其责任舍吾日本之国民，谁复足以肩之者？我日本之国民，岂独注意于我国盛衰之大势乎！

---

① 越人视秦人之肥瘠：典出韩愈《争臣论》，"视政之得失，若越人之视秦人之肥瘠，忽焉不加喜戚于其心"。比喻痛痒与己无关。

第五章　支那问题与日本国民之关系

推移日本国民之大势不克抵抗而经营支那亦无保全支那之力量

支那问题之真相，研而究之，而后知其所关系，良非浅鲜。文明之冲突，人种国之竞争，皆与支那之盛衰，若有相因消长之势也。往者泰西诸人遂唱"黄色难"之语按，黄色难，又译之为黄祸，言黄种之人将为白种之祸难，而凌灭白种，故云。我之国民，聆其夸大诡诶之谬语，夷然自足，而不知"白色难"之日逼吾黄种，且削且弱，且将底于灭亡。我黄种之国民，宁可轻心忽之。我日本国民之于支那问题，实为莫大之义务。盖所以研究支那问题者，即我国民自卫之道，即为我国家独立自存之本。支那之与日本，古所谓唇齿辅车之势，实为两国今日之的论也。支那帝国，若果能独立于亚洲，则我日本不啻因之为外廓为障壁焉。故我日本国民之保全支那帝国者，亦义务之所不容辞。虽然，大厦将倾，讵一木所能支拒；江河溃决，岂聚灰所能堵防。虽曰同洲同种同文之谊，固不能坐而视之。然我日本国民，汲汲而求所以抵抗之道，具伟大之力量，以挽大势之推移者，其手段果为何如？果能乘支那新受大创之时势，佐其实行政革，以保全支那帝国，并其今日之满洲朝廷金瓯无缺乎？果能鼓舞指导支那之豪杰志士，以革新其政治，挽回国势乎？我日本国民之力量，于此二者，果为如何？夫保全支那帝国者，乃我日本国民亟应努力之第一义务，不容旁贷者。惟我国民之力量，其果克挽救大势以完全我日本国民不容旁贷之义务否乎。此吾人今日有不容不疑问者也。

日本国民不克为支那之代主者

支那帝国既不能望其保全，然则我日本国民其将奄有四百余州而为中国之代主者，亦如蒙古人种之于元，满洲人种之于清，轰轰烈烈，而建一大国，以与欧洲列强争逐乎？吾人征之于我日本国民过去现在之实力，我国民不必存如斯之妄想。我日本之国力，究其果如何，夫岂不自知！泰西列强，或见中日战争之结果，大唱谬说，谓我日本国民将步蒙古人种、满洲人种之前轨，津津而称道之。不知此等议论，亦如黄色难之谬语，不过夸大诡谀之词，以为彼白皙人种之警戒。我日本国民，乌得而自足耶？

日本国民应觉悟日本之国势

支那帝国既不得保全，我日本国民又不得为支那之代主。然则我日本国民之计画，果为如何？横览世界之大势，滔滔汩汩，支那帝国之领土，不至于分割而不止。当此之时，我日本国民，乘此机会未至之时，亟共泰西列强，参与分割之案。盖参与分割者，亦国家自卫之道所不容已者耳。我国民乘此之时，遵养时晦，以保全其固有之元气，徐求所以富强之途。徐徐时势，以与泰西列强共分陈平之社肉①，此亦不容已之一策也。然吾人考察我日本国民今日之状态，试问支那帝国分割之后，我日本之前途，又果何如？则当尚未分割之前，又不容不预先计画者也。

---

① 陈平之社肉：见《史记·陈丞相世家》，"里中社，平为宰，分肉食甚均"。父老曰："善，陈孺子之为宰！"平曰："嗟呼，使平得宰天下，亦如是肉矣！"说的是汉初三杰之一的陈平少年时在家乡分割社祭后的肉，没有私心，非常公平，受到乡亲称赞。

乐天的毋自满自足

由斯而谈，则吾人亦国民之一员，潜考默察，我国民之前途，不禁歔歔欲绝，郁郁幽思，又增无限之悲观矣。我日本国民过去及现在之实相，缺恨固多，此固无俟乎言者。虽然，悲观者亦不可沉郁颓败，以放弃其义务，而乐天者亦不可夷然自足。此尤不可不慎也。要之凡我日本国民，不可不自觉悟，不可不自奋勉而已。古语有之，知己知彼，兵家之要。呜呼！我日本国民，其可夷然自足，鼾睡而不一觉耶。亦曾研究我日本国民对外之事实，自古何如。则吾人试即我日本国民过去及现在之事实，观察之，研究之，其实相果为何如。

日本国民对外之力量

外国交通贸易之关系，姑勿论之。吾一征我国民对外之历史之沿革，而默探察。其由来，神功皇后之征伐三韩，是为我日本对外动之起点，功勋赫赫，载于简册。我国民进步于亚洲大陆之始。然自是而后，迭经神佛之争，豪族之轧轹①，不能再继其盛轨。我日本对外之实力，其始则已如此矣。朝鲜半岛，煞费经营，宜偿其愿矣。然至天智帝之朝，尾大不掉，其计画之失败，已兆其征。至今数百年来，我日本于朝鲜半岛，未获寸土一民之实际。弘安之役②，此我国民之所自诩者，然亦不过盖防御之力量耳。当彼国步艰难，土崩瓦解，我国民果有伟大雄毅之武勇，竞胜争烈之元气，则彼又乌能抗之。我国民际此之时，不能表彰进取的膨胀的之人种，其实力又可见矣。足利之末世，于朝鲜之交涉，于支那沿岸之交涉，

---

① 轧轹：音 zhá lì，辗压，滚压；倾轧，欺凌。

② 弘安之役：是元朝皇帝忽必烈与属国高丽在 1274 年和 1281 年两次派军攻打日本而引发的战争，都以北九州为主要战场。当时元朝舰队是世界上最大规模的舰队，由于种种原因最终元朝入侵失败。

所谓倭寇者，虽曰发扬我国民骠悍刚勇之特性，然其遗留之结果，果为何等？滨田弥兵卫之于台湾，愤和兰官吏之强迫，激而为聂政①之举，快则快矣。虽在三百年前，于日本人之高妙事业，不无少补。今寻其迹，殆已不可追。求其稍强人意，差足自慰者，山田长政之于暹罗②，丰臣秀吉征韩之役③。我国民铺张扬厉，以为历史上莫大之伟业。

中日战争以后之状况

然平心观察，亦不过黩武于海外已耳。其计画究何所为，今日所获之利益究属何等。中日之役，可谓神功皇后征伐三韩之后一大战争，足以表彰我国民膨胀的进取的之运动矣。然其结果，又果何如。非得之于锋镝之间，而失之樽俎之际？乘天佑之拥护，以侥幸于一胜，泰西列国，遂从而煽动赞赏之。我国民夸然自负，热心狂喜，以为可以表彰于地球，上下一辙，如醉如狂。而所谓深谋远虑，无复计及之者，徒经营其战后所获区区之利益，而无复远大之谋，竭力以饰外观，以增国民奢侈骄矜之习，以求与泰西各国齐驱并骋。其结果也，吾恐府库空乏，财力竭尽，历时稍久，将降为世界之贫国相等，非复今日之状态矣。是役之所获，不过一海面之台湾小岛。我国民之经营者，亦既有年。所谓殖民地之政策，进步何似。以如斯丰沃无比之美丽岛而不能完开拓启发之效绩，安望其更有进取膨胀

---

① 聂政（？—前397年），战国时侠客，韩国轵（今济源东南）人，以任侠著称，为春秋战国四大刺客之一。

② 山田长政（1590—1630年），日本战国时代末期由武士转型的商人，通称"仁右卫门"。暹罗，是中国对现东南亚国家泰国的古称。

③ 丰臣秀吉（1537—1598年），日本著名政治家，近代首次以"天下人"的称号统一日本。他统一日本之后，萌发了建立亚洲大帝国的野心，企图首先征服朝鲜、再征服中国、后征服印度。文禄元年（1592年），丰臣秀吉率兵20万征伐朝鲜，明神宗派遣辽东总兵李如松为提督，率兵4万于当年12月26日跨过鸭绿江，进入朝鲜抗击日军。在明军和朝鲜三道水师提督李舜臣的部队反击下，日军攻势遇阻，3月20日丰臣秀吉遂与明朝和谈。

乎。马关之条约，所得于中国商工业上之便益，所得几何，其得与西洋诸国均霑者又几何。我商人动辄诉政府之保护不厚，徒抱怨于国家，是无异以儒子自待，而徒望父兄之扶持。不见英国人之气象乎？彼等在世界之上，所至无不迈往勇进者。或经营殖民之事，或经营商业上之发达，无不先由其国民已有成局，而后政府乃保护之。此英国之常态，已成习惯者。独我之国民，其对英国人也，既不能与之比较，而复庞然自大，自称为膨胀的进取的之国民，毋亦自誉过甚欤。他如与支那所交涉之事实，其结果究有把握否？福建不割让他人之条约，厦门专管居留地之经营，即此二端，果能达其目的与否，吾恐徒以一纸空文，虚张声势而已。观于我日本国民，终非进取的膨胀的之气质，依然未脱岛人之性根。故吾人于支那之问题，一预察我国民之前途，唏嘘欲绝，郁郁幽思，增无限之悲观者。亦实有不得不然之势，而欲于支那未分割之前，参与支那分割之案。以与泰西列强，得分羹染指之惠，吾恐其前途未必有如是之事也。

维新之鸿业由于太和魂武士道精神的文明变革之征候

遐想维新中兴之鸿业，地球各国，矩目咋舌，所惊叹弗能措者。我国亦以此夸耀于中外，是诚然矣。以二千五百年来闭塞孤栖之岛国人，俄然文明发达，以与泰西各国相触接，采彼之长，补我之短。彼之制度兵备教育之事业，数百年来，几终渐积锻炼，而始有今日。而我国未及四十年，步趋之，模仿之，而遂与之齐驱而并驾，谓为我日本国伟大之盛业，远迈于彼，亦非自矜自傲也。虽然，我日本国民之有今日，亦曾思其远因之所自来乎。我日本维新革命之成功，亦我国民数百年来之所百炼而成者。我日本国民之元气，非所谓武士道与太和魂者乎？我日本维新革命之成功，亦我国民数百年来之所百炼而成者。我日本国民之元气，非所谓武士道与太和魂者乎！武士道之由来，盖因封建制度之余光，故于中日之战役，得成赫赫武勋震烁全球者，盖由此之结果也。太和魂者，则养之于国初以来，亦依封建制度，几经培养，与武士道磅礴勃郁，弥满于神山三岛之间。惟此精神的势力之发动，而后有王政维新之伟业，而后有明治中兴之成功，而后有中日战争之大捷。所谓西洋文明之东渐者，不过形式之文明，采择蹈袭，取其形而下者，渐次发达而已。既而精神上之文明，所谓形而上者，亦因之而渐变革，非复我日本国民旧日固有之习惯矣。夫采彼之长，补我之短，亦事理之所当然。然我国民之特性，较之改革以前，亦有变本加厉者。我国民薰染泰西各国之风俗，往往不复辨别善恶良楛①。举旧来之事，一概扫除而涤荡之。洞微之士，默察潜窥。西洋文明之输入，形式的文明，固臻臻进步，而精神的文明，果进步否乎？西洋思想之东渐，其所长吾固采择之矣；而其所短者，无亦有并焉移入者乎。所谓功利之学，拜金之教，非与国家之元气相冲突者耶？非与武士道太和魂之修养相伤害耶？文臣爱钱，武臣惜命。利巧互竞，轻薄相尚。而所谓时流，所谓杰士，反从而扬赞称道之。颓风所扇，举世靡然。吾人预想我国民之前途，税驾何所，不禁仰俯天地，长太息而不忍竟言矣。

国家之盛衰兴亡

国家之盛衰兴亡，与国民元气之隆污消长相关系。所谓国民之元气者，果何在乎？非所谓坚强不屈刚毅不挠之性质耶！此我国民固有之性质，虽或斥之为野蛮力，然此固国民万不可缺者也。罗马之盛也，非恃此野蛮力乎？既而渐渐销磨，乃为北狄之所灭。若元若清之统一支那非亦恃此野蛮力乎？既而渐渐销磨，成吉思汗、忽必烈汗之伟业，一旦销归于无何有矣。今则老大帝国之命运，夫何待言。故欲涵养国家之元气，亦必保

---

① 楛：音 kǔ，一种植物，茎可制箭杆。粗劣，不坚固，不精致。

存此野蛮力，而后可立竞争之舞台。乌可忽而不察也！

民之元气隆污消长相关系

夫世界万国，自建国以来，历数千年，长保尊荣，而无废兴存亡之感者。惟我日本自神武开基①，永戴金瓯②无缺之帝室，其民克忠克勇，内患外侮，亘古不闻。皇统连绵，以至于今日，此我国民自诩于世界者也。

国民元气之销沉

虽然，当航海之业未发达以前，我日本闭塞孤凄之状态，与人无患，与世无争。故其外部之刺激压迫者亦绝少。今日以后，时易势殊，以东亚一弹丸黑子之国，驱之于世界列国竞争之舞台之上。岂犹二千年间之神山三岛，弱水环之，罡风护之，不许尘世之人涉足其间耶！竞争之局日烈，优胜劣败，此世界之公理。故处今之世，非亟图富强以制驭他人，则人将反而乘之。我不制人，人将制我，讵可鼾然酣睡而不醒悟耶！维新以来，我日本国运之表面，固兴隆矣。而我国民所谓固有之元气，所谓固有之野蛮力，如太和魂武士道者，至今犹有存焉者否耶？以云时势，既如此矣；以云国势，又如彼矣。而欲护持永远无穷之国祚，我国民之责任，亦不可谓不重大矣。吾人旷观我日本今日社会之情状，我国民之风俗，殆有不期骄而自骄，不期侈而自侈，浮靡轻荡之习，渐增渐长。而所谓固有之元气、固有之野蛮力，亦销磨剥蚀于不觉者。吾一溯夫若罗马、若元、若清之前辙，前鉴往古，后顾将来，兴言及此，唏嘘欲绝。不禁搁笔而潸然矣。吾请申告我国民曰：吾前之所言，国家之盛衰兴亡，与国民元气之消

---

① 日本自神武开基：据《古事记》和《日本书纪》记载，日本第一代天皇神武天皇于公元前660年建国并即位，即位日相当于公历2月11日，因此日本把这一天定为"建国纪念日"。

② 金瓯：金的盆盂，比喻疆土完固。

长相关系，此亦世界之公理。今日者惟有保存涵养我国民之元气而已。又请正告我国民曰：我日本自古以来，以武建国。勇武者，我国民捍御外侮之特性也。今日者，敌国之来，惟持一种侵略之特性，我国民亦惟振作磨炼武勇之特性而已。然则国民之元气，如何而后保存涵养；武勇之特性，如何而后振作磨炼，此则当世之政治家军人教育家等之责任。果何以研究设施以臻其实际。吾人不过国民之一员，不敢肆论横议焉。惟有尸之祝之，仰望之，馨香之，以无负我国民之期望，他非所敢言矣。

国民须大奋发大飞跃

呜呼噫嘻！上下五千年，纵横九万里，其间建邦国于世界之舞台者，亦复何限。而永保尊荣，历二千五百余年，而无盛衰兴亡之遗憾者，独我丰苇原瑞穗国_{日本初建国之名}，俨然屹立于世界史上，为地球绝无仅有之一国耳。今者我同洲同种同文之支那帝国，突遭倾覆灭亡之厄运。呜呼，霜雪既下，坚冰将凝，烈焰已腾，燎原将及。我国民当此之时，犹不警醒觉悟，自观自察，自省其所居之情实，而大加激励奋发乎！不遇疾风，焉知劲草。苟非岁寒，宁识松柏。我国民非遭遇此绝大之危机，谁复度其力量，而知今日如此之重且大之责任乎？乘此危急未迫之际，以亟谋抗拒抵制，则今日犹属国运发展之坦途。愿我国民决心尽力以亟图之，而崛起焉，而奋兴焉。毋忽于近，毋囿于小，毋浮华，毋轻躁，毋怯懦，毋委靡。不见夫普鲁士之兴隆，不见夫俄罗斯之盛大，非由彼等确立一定不变之国是，而明君贤相拳拳服膺以守之，以致今日之国运勃兴乎？为国民者，必为如斯之国民而后已。愿我国民，深察焉，努力焉，而步之趋之也。

读书家与实际家之责任

有所谓读书家者，鉴古今，审东西，观察事物自然之大势。有所谓实际家，振精神，鼓气志，策画事物结果之目的。质而言之，风潮所趋，积重所至，此读书家之所观察也。砥柱狂澜，支拒颓厦，此实际家之所策画也。口瘏音瘁①，忾叹哀吟，以披沥其所见，此读书家之责任。吾人忝备国民之一员，所不能已于言者也。若夫世之政治家、军人、教育家、实业家等，当此危急之局，果何以设施策画，以支持此繁杂困难之事？所谓实际家者，其亦各尽其责任乎，经营扶殖支那者果如何。探检调查支那之内部者果如何，振作教育者果如何，扩张贸易者果如何，兴起实业者果如何，满洲之问题果如何，朝鲜之问题果如何，内之如何，而后涵养国民之元气，发扬武勇之特性。兵制何以改革，教育何以改良，产业行政何以振作。社会上政治上果何以警戒而更革之。如前所述，各等之事业，国家果何以确立大目的大计画。示以一定之标准，合一国之团体，以团结黾勉，互相勖励，互相警策，同心合力以图之。毋举此而遗彼，毋轻此而重彼，以立于亚洲之上，以立于世界竞争之舞台。至其结果，纵使支离决裂，而国家之大目的大计画，无阻碍焉，无滞顿焉。此则当今之实际家，所焦心苦虑，经营惨澹，不遑安枕者乎！我国民亦从之以尽其责任，有所指挥者，有向导者，矢志努力，以求践彼所谓黄色难之实语，以保存我东洋之文明，此则我国民之所希望者也。呜呼！当头一棒，喝醒痴迷，午夜警钟，惊残噩梦。我日本之国民乎，毋坐视支那帝国之厄运，如隔岸之火，而谓不能燎及吾之庐舍也。吾人忝备国民之一员，能钳口结舌而守三缄②之戒哉。

---

① 口瘏音瘁：一般作瘏口哓音，犹言舌敝唇焦。形容说话之多，费尽口舌。语出《诗经·豳风·鸱鸮》"予口卒瘏""予维音哓哓"二语。

② 三缄：三缄其口的省略语，形容说话谨慎。典出《太公金匮》："武王问：'五帝之戒；可得闻乎？'太公曰：'黄帝云：予在民上；摇摇恐夕不至朝。故金人三缄其口；慎言语也。'"

最近扬子江之大势
原名《扬子江航路记》

［日］国府犀东　著

赵必振　译

应国斌　翦甜　校注

最近扬子江之大势序

一国文明进步之迟速，恒视其河流通达运输便利为转移。观于罗马希腊，印度之于殑竟河①、恒河，埃及之于尼罗河，其国政文野之差率，莫不仰给于河流之赐焉。河流者，其一国之呼吸血管乎！通之则健全，塞之则萎病；通之机也，国之系也！

然则吾国中部之扬子江，殆吾国全土之生命乎。商务所骈阗②，民生之富庶，其地势磅礴于汉巘之表，委蛇于潇湘洞庭之间。南北有限也，而为之通其源。有无因地也，而为之易其利。土地寒暖，民种性质，莫不藉此而调和剂美之。浩浩乎，扬子江之河流乎！主吾国者宜如何宝之也。而乃百务废弛，国政萎靡，行政理财诸大道，曾不知所措理之。呜呼！土地不能自治，财权不能自振，外人焉得而不觊觎之。

自甲午以来，欧人之注意于吾国，欲择肥而噬之者，莫不经营方略，立说陈词，而殷殷焉于扬子江畔，谋广植范围之势力矣。噫！如此国土，如此富源，如此繁庶之人民，如此膏腴之土壤。己不能治，而人欲治之；己不能谋，而人代谋之。遂举数千年之古国，黄帝之子孙，而为之轭之、塞之、沦陷之，为他人掣其项，绝其生机焉。前途茫茫，岂堪问乎。

---

① 殑竟河：即殑伽（qíng jiā）河，古印度东北之大河。
② 骈阗：聚集在一起。

观于日人国府犀东所著《扬子江航路记》，于最近大势，言之綦详，可见东邦人士又斤斤此土也。吾又赵君曰生译而述之，其有心于吾国者，意至深矣。山河如昨，陨泣新亭；卧榻嚣然，任人鼾睡。我国民岂独能恝然乎。

壬寅（1902）九月，贲隅汤钊序。

第一章　航行水程

昆仑地顶，万流所萌，自西藏高原，倾于东北。崇山蟠结，百川浍凑，遂出而为扬子江。经四川云南之境，三峡之水，附而益之。裂巴蜀之群山，洋洋东下，而贯于东南大陆之沃野，以直泻于太平洋。其本流之延长，绵延实计三千哩，其通舟楫者，有三分之二所经过之区。连亘于云南、四川、湖北、湖南、江西、安徽、江苏之七省，而甘肃之南境，陕西之东境，以及贵州、广西，皆有发源之枝流而集注于本流者。其流域居于支那本部之一大部分。枝流之通舟楫者延长又一千哩。其全流域之航行水程，亦有三千里之延长。又有长距离之延长而平原丰饶，物产殷沃。考其流域之所包括，如此其广阔也，如此其殷繁也。世界之大河流，未有一能及扬子江者也。

北美之大河西斯西比者[①]，水路之延长，已称冠绝于宇内，然并其米斯锁利之枝流，不过二千里之航行水程。而离其河口五百哩之上流，水落之时，往往涸渴不见滴水也。独至扬子江，其同距离之上流，至一秒时，尚有二十一万立方呎之水量。每岁五月至十一月之际，水势涨溢更十倍

---

① 西斯西比：今译密西西比河，全长为6020千米，长度仅次于非洲的尼罗河、南美洲的亚马孙河和中国的长江，是整个北美大陆的第一长河。

之。在重庆者增水至九十呎，至三峡之间，江势逼狭，常增水至二百呎以上者。若南群之大河亚马林①者，其流出大西洋面之水量，与扬子江流出太平洋面之水量相较。其相距颇不远也。至其流域之大，航行水程之延长，其不及扬子江也远甚。故扬子江者，谓为世界无比之广大流域，修长航路，亦无不可。

扬子江之本流，或称之为长江，或称之为大江，以为冠世界之大江也，自古已然。今合地球较之，诚为第一之江流也②。然古之所称为长江为大江者，考其本流之范围，自重庆以上不与焉。目为扬子江之本流者，自重庆以下，至于上海。其间上流之开港场，与下流之开港场，皆在本流之流域，实为扬子江之航行水程之最重要部分也。故扬子江之航行水程，以此间之本流当之为谈航路者最适当之论也。

上自四川之重庆，下至江苏之上海，其间之航行水程，实际一千四百哩。其中段骈连于鄱阳、洞庭之二湖，并其枝流多通水道，延及于支那本部之大部分。于其江幅，或有激滩，然不过五分之一哩。及其下流，或在十三四哩以上。而其所贯流之诸省，皆以丰饶殷富称。独至交通机关，最为罕见，而实则实为富源。宜欧罗巴人指此流域为不亚于印度，盖实世界之第二宝库也。

第一节　长江之航程

今自上海之重庆渝州，其长江之航程，便宜上，宜分为三区，今特假

---

① 亚马林：今译亚马孙河，全长为6400千米，位于南美洲北部，是世界上流量、流域最大、支流最多的河流。

② 长江又称扬子江，在当今世界大河长度排名第三，排在尼罗河和亚马孙河之后。

其命名如下：

一、沪汉区_{上海—汉口}间，延流，六百哩。

二、汉宜区_{汉口—宜昌}间，延流，四百哩。

三、宜渝区_{宜昌—重庆}间，延流，四百哩。

更就以上三区江流之小变化者，列举如下：

（一）沪汉区者，有上区、下区之别。下区者，自吴淞至通州、泰兴，皆近滨海之地，水道支歧，既至江阴，江势乃大相迫，为长江之第一关。是为上流，上区也，江势难扩迫，大概其幅不过一哩。

（二）汉宜区者，亦有上区、下区之别也。下区水底概浅。上区即荆州河口之上流，水底亦多浅溢。汽船之航路，必遵中流，其江幅平将大概一哩。满水之时，则往往有似湖形。

（三）宜渝区者，分峡外区、峡中区及滩区。峡外区以"比较的"开阔诸地方，若归州、巴东、巫山、夔州、云阳、万忠州、酆都、涪州、长寿、重庆等，诸府州县所在之地方也。峡中区连峰峨峨，挟江崎立。其地方以峡名者凡五，然两岸纻壁，实际皆峡者，共十三所。滩区，自无为滩下流为始，共历三十六滩。是上海、重庆间航程之概要也。

第二节　长江之水量

长江之水量，每年有迟速之差，大概初春之前，则多涸，中秋之前，则多溢。重庆于千八百九十七年及九十八年，水量最低。二三两月之间，水量标之零点以下七及九吋。其最高者，在七八两月，约七十六及百零一呎也。芜湖于千八百九十七年及九十八年之最低水量，在二月，水量标零点以上四呎六吋，及三呎六吋。其最高者在十九两月，二十七呎六吋及二十一呎六吋也。汉口二十年间之最低水量，于千八百八十一年一月二十五日，水量标零点以下十吋，其余大概在二三月之顷。是年之最高水量，在七月者十四次，八月五次，九月二次，十月一次，其中水量大增者，或至五十呎六吋。而汉口水量标之零点，在汽船锚地者，大概十二呎之深。千八百九十九年十月二十二日乃至二十五日，九江、汉口、宜昌之水量，九江三十五呎，汉口二十八呎，宜昌二十二呎六吋。而宜昌汽船锚地，当时之深者，不过十六呎。故锚地在干涸时之零点，其水量标大约六呎六吋之割合也。水量标之零点，以何标准为决定，年月既久，不复能详。要之依于江底土沙堆之剥复，又支流河川附近湖治之涸溢，与风浪流水之顺逆，以著水量之影响。上海以下各海关之参考水量者，皆从事于该航路之船员，依一定之海圈与一定之水深表，以操纵其船舶。在沪汉区者，则注意于九江之水量。在汉宜区者，则注意于汉口宜昌之水量，以互参考。经验积至数年，该航路始得上下自由。是该航路之船员所宜注意者也。

今于长江之航程，其水量增减之状，略约言之。在沪汉区者，水量增加之时，如俄国义勇舰队之汽船吃水二十四五呎者，尚能上下自由。至水量减少之时，如吃水十呎之汽船，则动易搁浅。至宜渝区，则江流概多急激，汽船之吃水，比汉宜区者加一呎余，尚能行之。

第二章　沿岸产业之概观

长江之沿岸，即扬子江流域所为之地方，土地膏腴，物产饶富，人口繁殖，冠绝于宇内。此欧罗巴人所指为"亚细亚"亚于印度之宝库是也。至其甚者，则以扬子江与黄河比之于阿非利加之拿伊尔河^{拿伊尔河当泛滥之时，}_{细泥沉淀其流域，留肥料而去，与黄河、扬子域之水域，其肥料相同。故引之以为比。}然黄河当泛滥之时，坏庐舍，没人类。渐水之后，其流域所经，化为沙砾之荒野。其住民失产者多离散于远东与西北利亚一带，其害多利少，迥非其比。若扬子江则反之。当其泛滥之区域，增水退减，芦荻繁茂，水流增加者，其膏腴益甚。与黄河之流域，迥然而殊。其肥料所止，皆为耕地，以助耕地之资。比之为拿伊尔河，诚无相让。其助田烟而获丰收者在此。

就其农业观之，禾麦二大宗，以面积而比较，一段地之收获，较之日本五亩地之收获为略少。然日本之用肥料甚多，农业亦研究有得。彼则任天然之物产而已。彼之耕作事业，尚在幼稚之程度，其结果已如此。其土地之丰饶，决非日本所能比也。其棉花决鲜栽培，任其野生。虽略种植，其培育法之幼稚，程度太远，实足令人失笑者。亦人功之不尽，非土地之罪也。耕作最盛者，以江苏、浙江、安徽各地方，则多使用水牛。江西湖北之东部，水牛陆牛则混用之。湖北西部地方混用驴马。其耕作亦幼稚，故收获甚少。以湖北西部之例，则地租一亩_{日本则为七十余坪}四百文_{日本四十钱}，及贡米前后纳五百文。其余之地方税、所得税、登记税、印纸税及公私之义捐，名目繁琐，而胥吏又从而鱼肉之。一朝凶歉，则家人离散，漂流他乡，而为饿莩与流氓者，不知其几。又或卖其子女，成为风俗，恬不为怪言之骇异。此其一般农民之常态也。耕于天与丰饶之沃土，而其富裕则实反之。几有今人不解者，而不知皆由其耕作之幼稚，故其收获之少也。

又有扬子江之影响所及，不容忽者，夫天与之沃土，固推扬子江为第一矣；而江水泛滥，亦受其殃。享其赐而不御其殃，惟利用其天然之赐。数千年来，筑堤防凿沟渠，皆依赖旧式，是治者与被治者未竭人事之罪也。若夫善教其民，完其设施，其农事更加进步，耕地之广阔愈渐丰饶，安有凶歉之惨。目之为拿伊尔河流域，夫岂逊之。以天然之大沃野进步之业，非可混之。

于其流域将来产业之发达，姑置勿论。姑论其物产之致，盛见于现在者，亦中国之全部无有其比例者也。农产于米麦之外，其余之杂谷、棉花、茶、烟草、麻等，若蚕、桑、蜡、木油，若牧畜，若伺鸟，若养鱼者，皆极其盛。至于矿物，则铁坑、金银坑、天然曹达、石炭、山盐、锡铅、曼支摩尼。在工艺品，则四川之锦，荆州之缎，汉口之天鹅绒与纱，南京之絴与缎，四川湖北之竹与绳，湖南之茶、纸、竹、木，汉口之吸烟器，九江之锡银器，景德镇之陶器，南京之装饰品等，亦甚多。凡长江之流域，于中国固有之物产工艺，仰于他方者甚少，而供给他方者则更多。即就此点，亦足以见其膏腴富饶也。其耕作，则幼稚而不完全，收获不过割合之多。茶业蚕业，亦不见于杂乱蒙蔽，惟其工艺品，则各国有之特长输出海外者良不少。现时彼等奖励输出之法，生丝之制丝所之在上海附近者，已数十所。又力防遏海外之输入。于是纺绩之纺绩所在上海附近者亦有十六所。而武昌亦有一所。其余之织物工场，在苏州杭州者亦不少。此产业工业之勃兴于该流域者之实事也。其将来之殷阜富饶虽可谅哉。

夫物产之多，产业工业之勃兴，固其流域当然之结果也。而随伴其生产力同时，又有巨大之购买力可预测而知也。长江本流之所贯流于重庆上海之间，既跨四川、湖北、湖南、江西、安徽之五省，合其面积，得日本之八百万一千十方哩，当日本全面积之三倍三割余。其人口一亿七千九百六十一万七千有余，当日本人口之四倍。人民如此其多也，每五年间，以一人使用洋布一匹，亦要三千五百九十二万三千四百匹。换算五十匹之洋箱，共计七十一万八千四百六十八箱。而此五省者，必为将来印度、日本及本国之江苏、浙江诸纺绩之竞争场。以其三分之一，供给日本，每年应输入二十三万九千四百九十六箱。其余供给多数人民之物品，而互为竞争者。其巨额更在意外也。

将来其流域，更有增进中国人生计之程度者。若洋布之要需，达其高等程度之日，我日本之诸纺绩会社，必赖其三分之一以为供给。而于中国之要需所应准备者，果何以支障而图进步乎？! 彼等之开化，虽觉迟迟，而我日本对之，仍瞠乎居于列国之后。以方今之状态，不能不存希望者，亦理之所然也。该流域将来之开发，其生计程度，日进高等，亦讲求实业者最急之务也。

依中国海关之报告，于其流域之诸港，其贸易发达，每年皆有进步之倾向。即入港货物之增加，尤甚著者。其航程汽船之吨数，亦相伴而增加。其流域之航路，固足以雄视全邦。凡船舶之吨数，其输送货物数，有剩余于场合者，运货者则下落之。若有不足，则运货必腾贵。若该航路之船舶剩余颇优，故运货亦随之而低廉。而其航路之所使用，多有侵入中国帆形船之区域，货物亦多载搭者。今日中国之帆形船，其数虽夥，然将来汽船之数日增，而侵入此等之营业区，将无余地。其航路他日汽船之运送业前途之所希望者，可推而知也。

不独其航路他日汽船之运送业前途之所希望也，其枝流及湖水之汽船运送业，亦莫不同一理由，将来船数益益加增。方今我日本之从事于该航路者，除大阪商船会社之长江航路外，但述其苏州、杭州、上海之间，从事于运河航路，如大东汽船会社者是也。至今，今年，湖南汽船会社之设立，将航于汉口、岳州、长沙、湘潭之间，是所谓洞庭航路之开始。而扬子江本流及其运输水路之漕运，渐见其盛。至若扬州之运河，鄱阳湖之水路，汉江之水路，太平之运河，其余注入洞庭之沅澧二水等。我日本之航路线，渐次延长于扬子江之流域。我日本之水上经营者，稍臻完备之域而得进达也。至其流域于日本之贸易，亦伴汽船运送业而发达。而中国人生计之程度，亦伴之而渐高。其将来如何之昌隆，亦可预测也。

第三章　沿岸之诸港

于长江沿岸所有之开港场、停船场及其附近之都会，即为其流域之主要地。而将来殷阜繁盛之各中心也。

沪汉区

开港场（七港）：上海、吴淞、镇江、南京、芜湖、九江、汉口。

停船场（十港）：通州、天星桥、江阴、仪征、大通、安庆、武穴、蕲州、黄石港、黄州。

沿岸附近之都会（约四府、二州、十五县）：宝山、泰兴、靖江、瓜州、扬州府、六合、江浦、和州、太平府、宁国府、繁昌、铜陵、桐城、池州府、泌红、东流、望江、彭泽、湖口、大冶、武穴等。

宜汉区

开港场（三港）：岳州、沙市、宜昌。

停船场（二港）：新堤、荆河口。

沿岸附近之都会（约二府、一州、六县）：武昌府、汉阳府、嘉兴州、临湘、监利、石首、松滋、枝江、宜都等。

宜渝区

开港场（一港）：重庆。

停船场：无。

沿岸附近之都会（约一府、三州、五县）：归州、巴东、巫山、夔州府、云阳、万忠州、酆都、涪州、长寿等。

所谓停船场者，停止汽船以待船客之上下也。

今就该航路之最主要，而有干系者，试就各地开港场之梗概而略述之。

一 上海

上海港者，在北纬三十一度十四分，东经百二十一度二十八分。属江苏省松江府上海县，人口约五十八万六千人。

输入品之主要者：棉布、棉丝、石炭、石油、钢、铁、铜、锡、砂糖、米豆、豆饼、机械、鸦片、药材、木材等。

输出品之主要者：棉布、棉丝、棉花、陶器、茶、麦秆、绀、皮革、纸、油、苎麻、生丝等。

招商局、麦边洋行、鸿安公司等之轮船主，并置本店。太古洋行、怡和洋行，则有经理支那航海会社印度支那会社等。名义上则为本店在英国而实事上之本店，皆在本埠。大阪商船会社之支店，亦在此。其余外国行之汽船外国行者即言行走外国之意也。凡言某某行者准此，自日本邮船会社之支店始。比阿沃耶北美之各汽船会社，北德意志汽船会社等，亦皆经理店。若船渠、铁工厂、仓库、栈桥、纺绩所及其附近上海者合算之，共十有六。其余制丝所，大小约数十。又若水道、瓦斯电气灯及苏杭之曳船航路，崇明岛之海门航路、吴淞航路等，至小汽船之航通曳船会社，水先人组合，百般之设备，一无所缺也。

二　镇江

镇江港者，在北纬三十二度十二分，东经百十九度二十七分，位置于江苏省镇江府丹徒县，人口约十四万人。输入品以上海为主。

招商局太古、怡和、麦边鸿安、大阪商船会社、及琼港丸之取扱店，与外国店，居留地，皆在焉。此地经长江而达扬州、淮安、清江浦，又期节而入运河，以达常州、无锡、苏州，皆有小蒸汽船航路，为船客之上下者必要之港也。何以故？盖此地为自浙江省之杭州经扬州通北京之大运河，位置于与长江之会流点也。又为中国之第一产盐地，自淮安输出之盐，送致于该运河者，当其主要之市场。其商业逐日殷盛，有由来矣。

输入品之主要者，外国并日本杂货为最：金巾西洋品、手巾、浴巾、洋灯、洋伞、海产物以上日本品、石炭、棉布、棉丝、铁、石油、砂糖、烟草、鸦片等。

输出品之主要者：米豆、杂鼓、落花生、油、山羊皮、牛骨、草筵、镇江绸、纹绫。

就中产额最多者：绸缩缅、纹绫，与南京所产者，其盛名冠于全国。

今举其贸易之额如下。

年度	贸易额（两）	税关总收入额（两）
1896	23950209	855804
1897	24145341	810977
1898	23143548	714281

三 南京

南京港者，位置约在北纬三十二度五分，东经百十八度四十五分，属于江苏省江宁府江宁县，在长江之南岸。其通商码头，称为下关沿长江一带之地是也。合本部之内外，人口约四十万人。南京者，对北京之名称也，中国人举其古雅者曰金陵。其地势据丘陵，临大江，在长江之沿岸，不亚于江阴形胜之地。城郭周围二十余哩，逶迤相连。旧为六朝以来之首都，城内外名胜古迹甚多，南京总督驻于此。现任总督刘坤一①是也。

现时南京寄港之汽船，载卸货物于该地者，以招商局为最。其余外国之汽船会社，为他日之设备，多购入土地，以先位置者。而比之招商局汽船所载搭输出入之货物及其人口，则不及远甚矣。盖因开港日浅，购买力未能发达。自来外国品之输入，以镇江为主。即由中国之形帆船，转而输入，此其习惯也。直输出入之道初开，故未能膨胀云。南京自太平天国陷落以来，概归荒废。至于今日，渐有回复之机。其商人概为绢物商，其计算细微，酷似我日本西京之商人。然该地之输入颇少，实有未足计较之域。所输入，有在上海者，有在镇江者，今其大部分，尚在镇江也。

输入品之主要者：棉布、棉丝、鸦片、石油、砂糖、海产物等。

输出品之主要者：绸缩缅、缎、纹绫、天鹅绒、药材、皮革、羊毛、鸭毛、麦、胡麻类等。

---

① 刘坤一（1830—1902年），字岘庄，湖南新宁人。晚清军事家，政治家，湘军宿将。1855年参加湘军楚勇与太平军作战，擢直隶州知州。1862年升广西布政使，1864年升江西巡抚，1874年调署两江总督。1875年授两广总督，次年兼南洋通商大臣。1891年受命"帮办海军事务"，并任两江总督。1901年与张之洞连上三疏，请求变法，提出兴学育才、整顿朝政、兼采西法等主张，称"江楚三折"，多为清廷采纳。1902年提出兴学"应从师范学堂入手"的主张，却于当年10月病逝，接任者张之洞循着这一思路精心设计，创建了三江师范学堂。有《刘坤一集》传世。

其最著者，在输出品中，则为绸缎、纹绫。南京缎子之名，久已震于日本，其盛名可想而知。且该地之贸易额，虽不在计较之程度，然自大河口，经六合、瓜州，至镇江，皆有小蒸汽船之航通。其于镇江之交通，益益频繁。凡经镇江之外国品，皆为南京需要之习惯，所依赖者甚重也。要而论之，南京之贸易，将来较之于他港，若何殷盛，此固不容疑问者。

四 芜湖

芜湖港，在北纬三十一度二十分，东经百十八度二十一分。属安徽省太平府芜湖县，在扬子江之南岸。港湾适在弯际，易避风波，为安徽省中惟一之港场。然不在河川合流之要地，且于商业上之地位，亦非要枢。人口并县城之内外，约八万七百五十人。

惟其非在商业上之地位与河川合流之诸港，故该地居留地之外国人，仅见二轩。该地搭汽船之船客，有多数皆乘筏者。乘筏之船客，有远至四川而来者，以木材组为大筏。其大筏之上，多建六七户之假家屋，家鸡、家鸭、猪猫狗之类，皆饲养之，俨然一小部落。自长江下降，至沿岸之都会，皆随处碇泊焉。及至卖却其一部分，以芜湖为终点。此地之搭汽船者，多上长江，以就归乡之途，比比皆然。近来苏杭之曳船最殷盛者，称戴生昌，以当地为根据，经梁山、太平府、和州、乌江，而达南京之下关。近闻其计画小蒸汽船之航运，其后之着手与否，尚未可知也。

输入品之主要者：棉布、棉丝、砂糖、石油、鸦片等。

输出品之主要者：米、豆、生丝、绸、缎、烟草、麻棉、鸡卵、鸟毛等。

就中之米谷，以附近该地之安徽省，为中国产米地之一。南北两岸地方，皆多直接使用汽船以运送者。

五 九江

九江港，在北纬二十九度四十四分，东经百十六度八分，属江西省九江府德化县之附村，人口约五万五千。拥鄱阳、浔阳之二大湖水，负匡庐山，扼其鄱阳河口，兼控制扬子江之中坚。长江以南，江西全省及江西、福建之境，货物皆集合于此。凡输送于上游下游者，该地适当其要冲。鄱阳湖以此地为根据，湖内之姑塘、吴城、南昌间，皆有小蒸汽船航运者。居留地外国人之居住者，仅埠头之一小街。该地置设领事馆，督励商业者，独英国一所。别有砖茶制造所三所，闻系俄人所经营者。该地后负匡庐山，故风景佳绝，匡庐山之溪间，尤宜避暑。沿岸居住之外人，多营别庄，以为夏日避暑者不少。

输入品之主要者：棉布、棉丝、鸦片、石油、砂糖、人参、海草等。

输出品之主要者：茶、纸、麻布、水蓝、烟草、棉、扇子，及景德镇之淘磁（陶瓷）器等。

茶贸易者，在当地商业之第一位，其贸易额最多。其次者为纸，江西省之万载、新昌、奉新、万安四县之所产，供给中国全国所用之半。以九江为输送之中心点，其额极大。景德镇之淘器，独有盛名于中国，更有输出于欧洲诸国者。北京政府，每特派人，监督斯业，为贡产云。

六 汉口

汉口港，在北纬三十度三十二分，东经百十四度十九分，属湖北省汉阳府汉阳县汉口镇，人口约八十万人。隔长江遥对武昌府，是为湖北之省城，湖广总督之所驻也，人口约二十万人。又隔汉水则为汉阳府，人口约十五万人。三者有鼎足之势，占长江沿岸最枢要之地。商况之殷盛，亦冠于沿岸之诸港。

（一）汉口之商业

汉口之位置，在长江、汉水合并之会流点，又上游即滨于洞庭湖口。舟楫之辐辏，货物之集散，其盛不亚于上海，其余则尚未能比类也。

一　米、粟、石炭，自南省而来者集于洞庭，经岳州出长江而达汉口。

二　茶、鸦片，其余之药草，自四川而来者，沿长江而下达汉口。

三　茶、兽皮、药材，自陕西、河南，更有远自甘肃来者，自襄阳、樊城而下汉水。

四　药材、棉布、海产物日本品、人参、樟脑等，经上海而来者，溯长江而集汉口。

世之指汉口为九省之会者，决非溢美可知也。其贸易之年额，除上海外，长江沿岸之诸港，无有出汉口之上者。

输入品之主要者：棉布、棉丝、棉花日本品、织布、铜、海产物以上皆同上、石油、砂糖、纸、烟草、人参及其余药材、樟脑、洋伞、磁器、漆器、玻璃器、杂货等。

输出之主要者：绿茶、红茶、皮革、油、漆、豆、豆饼、生丝、麻布、鸦片、棉布、棉丝、苎、五倍子、白蜡、药材、铜、铁、石炭等。

以上贸易品中者：

茶——其业最盛，利益最多。每年四五月之时，市价每日变动，日甚一日，有二三次相场之升降。中国人与外人之业投机者，凡在此间者，皆博巨利云。

药材——其业称中。四川省所出之麝香、人参，其余多自山西、河南、陕西、贵州来者。

织物——又称花边栏杆，日本所称女带地襦子是也。其出四川者不少，中国人用以缘饰妇女之衣裳。

竹木——自湖南、贵州来者为最多，自四川来者亦不少。

海产物——自外来者以日本为主，自本国者，则广东、福建、浙江之诸省。

砂糖——来自广东，亦有自印度经香港而来者，称为最品。

烟草——自甘肃经陕西、河南之境输入者。

桐油、米、木炭、石炭——皆自湖南来者。

漆——自云南、贵州、四川而来。

纸——自江西九江而来。

帽子——自苏州而来。

靴——自北京而来。

水陆并集于汉口，更散布于各地，其商势之盛，固云至矣。千八百九十八年，其贸易全额，五千三百七十七万一千四百四十五两。该地税关所收之总收入，输入、输出及沿岸之贸易以上三者除鸦片税合鸦片税、吨税、长江航路船舶、沿岸贸易、通过税、鸦片厘金等之诸税，在二百十九万四千四百十二两余以上。中国全贸易港中，除上海之六百九十余万两之外，更无其匹云。

（二）汉口之工业

关于工业者，则汉口不及汉阳、武昌之有大制造场，但该地竹木金银之细工，颇极精巧，声价亦甚啧啧。是不独其工业也，而工业已可见之。汉口之工业，在砖茶制造所，磷寸即火柴制造所之二者，并共汉口隔水之汉阳、武昌相近接者，若汉阳之铁政局、枪炮局，武昌之纺纱局，一并详之。

一　砖茶制造所

汉口之砖茶制造所，其数凡六，皆协同俄国官民所设立者，其旺盛足以雄视全汉口，皆在俄国之居留地。

砖茶者有红、绿之二种，用红茶之粉末以造者，为红砖茶；用绿茶之标叶并茎者，为绿砖茶。多供俄人之需用者，盖住北部寒带之俄国人，深好砖茶。亦犹中国人之于鸦片，同视为与衣食皆为必要之品。俄国之经营该制造场者，亦为之也。而此等六所制砖茶之"砖茶工场"，其输出中国内地诸港之外，或以俄国义勇舰队输出浦盐，或经海路而输出于欧罗巴之俄罗斯，或经天津恰克图由西比利亚而送于俄都①，或自汉口溯汉水而至樊城，由陆路而经陕西，自蒙古西比利亚以送致俄国。砖茶工场之使役与工人，大约二千余人，昼夜不休其业。

二　磷寸制造所

汉口之磷寸②制造所，为上海燮昌磷寸制造所之分工场。在日本居留地北邻之地续。以千八百九十八年一月，其业开始，资本金约十万两，系由中国商人之起业。制出之磷寸，无论其销于何部分者，颇为扩张，且磷寸亦易于发火。磷制红头者，与轴木小函用材者，经由上海以供给于日本。其药料则取之于中国各地，调药亦中国人自当之，其调合秘密。日日之制出者益高，有入七千二百箱者，若五十与六十箱者。使用之男工，约百五十人。匣张（装）之女工，凡五百人。制造所一日之经费，约银九十两余。凡双狮印、人鱼印之磷寸，即该处所制造也。

三　铁政局、枪炮局

于汉阳有铁政、枪炮二局，共在大别山（龟山）下，沿汉水之右岸而建设，为政府所管属，资本金一千万两。制造之高者，一日铣铁六十吨，铢铁四十二吨，铜铁三十吨。铁政局者，盖造铁板、铁轨，以备船具

---

①　西比利亚即俄罗斯的西伯利亚，俄都指俄罗斯首都彼得堡。
②　磷寸：火柴。下文的"双狮印""人鱼印"为"火花"（火柴）的商标。

者也。

枪炮局者，大炮小铳，其制造皆仿德意志最新式铳，以供给总督部下步工兵诸队之用者。其规模颇大，较之日本若松制造所，尚过其半。以原料之铁矿为主，资于湖北之大冶矿山，并山西之铁矿。其石炭则以用日本产者为主，而去武昌之十哩马鞍山之石炭次之。

四 纺纱局

于武昌之纺纱局，在文昌门外，长江之南岸，亦政府之所经营。所制出纺绩并绢织物，所用之石炭，亦仰之于日本。三菱之船舶，为此等之供给，其上下于长江者，不绝也。机数一千一，每一台以二日织成一匹。纺绩之锤数，三万六千，每锤一昼夜制纬系六十刃。男女两工，昼夜并计，约三千六百余人之多。其技师，与铁政枪炮二局，皆用欧人。以比较的未见其优。近日将约日本安田善次郎氏协同以经营该局。安田氏试往协商，为调理其约款，卒以议不合而中止。

（三）汉口之居留地

欧罗巴人以汉口为通商港，占最多利益之地点。其唱道最早者，首推法人熙沃打氏。既而中国政府为白人所迫，竟以千八百六十一年开放为贸易港，是该地通商之始也。英国先占其街市之南端，在长江之沿岸，划定其租界。俄法顺次并占其北东。德意志又次之。二十七八年之役，三国以干涉之报酬，更于北东之沿岸，又获其租界。日本亦以最后马关条约之结果，于最东北之场末，亦得居留地焉。

一 英租界：沿江岸二千五百尺，奥行亦二千五百尺一里千八百尺，较之我日本五町十六间六八，于各租界中占最广大良好之地位。其道路平坦坚牢，于江岸之两侧，列植树木，并附铁栏，以护岸基，浇以铁锁，庭围屋宇，无不整备。

二 俄租界：沿江岸二千尺，奥行千二百尺。连英租界之北东，六所制茶场，领事馆等。在树林之外，枕其江岸。亦有铁栏以护岸。屋宇颇多，道路亦竟其工事。惟诸般之设备，则多未完。

三　法租界：沿江岸与俄租界同，邻于俄租界之东北江岸。其道路亦整然。街衢颇多，屋宇亦整洁。他勒铎破离路、法兰西银行支店，皆突立于江岸。日本领事馆，邮政局，共远在法租界江岸之场末。借赁法人所有之家屋而居也。

四　德租界：沿江岸与俄法租界同。毁通济门以开街路。其街路亦平坦。其中央街路，两侧列植梧树八千株。其通江岸者，列植樱树八千株。苍绿映途，以铁栏护之。遥连江上之护岸，筑造之家屋，有三分之一。其中央道路，盖为将来位置卢汉铁路之要枢。

五　日本租界：沿江岸仅二千尺，奥行千二百尺。尽德租界之护岸，而邻其东北江岸。并无护岸，且无为居留地之设备者。凡德租界所逐下等无赖之中国人，并不洁之矮屋，皆在于是焉。

统其全体而观之，惟英租界独形整备，其余皆有不完备之状。但日本租界地，位置最近于卢汉铁道之假车店。苟能经营，将来之繁荣，未可量云。

（四）汉口之日本人

日本人在汉口营商业者，仅大阪商船会社之支店及东肥洋行二者。大阪商船之支店，在中国街之江岸马王庙，于各国汽船会社中，居最西端。与招商局汽船会社相邻，占最枢要之地位。三层楼之建筑，翼然有压江岸之势。江岸之石坛，通之以栈桥，设备逗船 Hnlk 一通。东肥洋行，在汉口河街，对于英租界。贩卖日本杂货。其主要者：陶器、磁器、日本卷烟草、英大小衣类、毛布、玩具、纸，其余诸种杂货类，以卸卖类为主。

日本人之在汉口者，除大阪商船会社支店之事务员，东肥洋行之管理者之外，于法租界之日本领事馆、邮政局、领事、邮政局长以下之事务官，及其家族，其数不过三十余人。

（五）航路接汉地

于商业上，汉口本为重要之地，正当上海、汉口之航路线，与汉口、宜昌县之接续地。凡从事长江航路者，其汽船会社，皆置支店于此地。所为之汽船，亦皆以此地为接续点。自上海来者，凡船客货物，皆接装于别汽船。别汽船者，更以此地为起点，向宜昌以发程。大阪商船会社未置支店于上海以前，已置设支店于此地。故于航运上得占接续点之枢要也。大阪商船会社以下诸外国之汽船会社，则不赘焉。

（六）卢汉铁道

卢汉铁道之名，脍炙于人口。该铁道自北京城外卢沟桥，横断中国之中原，以汉口为终点，是为一大干线。今日彼之工事，尚未着手。将来自武昌之南，而出广东省，与汉粤铁道相接续，是为白耳义之俄质加度与俄清银行之财主所经营。北京保定间之工事，早已竣工。因中国义和团之乱，为所破坏，至今缮修工事，渐渐回复其半。又为匪徒所袭，故此间之工事，尚未全通也。

自汉口起点开始之工事，尔来着着渐收其效。于信阳地方，架设之材料，运搬用之列车，往复不绝。其出河南而与保定接续，已不远也。

该铁道之用材，其置场置于汉口日本居留地之东北邻，假车站所设之处也。铁道之广轨，与列车之大小，亦遵之。假车站至德国居留地，与法俄两居留地之北，其基础道路，既已筑造。惟铁轨尚未敷设耳。汉口之大车站，置于俄法两租界之北，其停车场尚未筑造。而大车站则早晚将见竣工也。汉口除长江水路要冲之外，更抗陆路之咽喉，实为中国第一位之要地也。

七 岳州（附：城陵阜）

岳州港位置约在北纬二十九度三十分，东经百十三度零二分。属湖南省岳州府巴陵县，人口未详，约二万人。其贸易码头，隔岳州府四海里，在扬子江洞庭之合流点城陵阜①，共岳州府，皆在洞庭入江处之东岸。

岳州之开港，在光绪二十五年即我日本明治二十二年十一月十二日，为日尚浅。诸般之设备，皆未完全。税关已置设在城陵阜，其余亦有筑造之洋馆。若大阪商船会社，亦以三十四年明治，买入该地地所。当洞庭长江之合流点，为将来湖南各地方之交通运输重要之地点，可毋庸疑。凡贸易品以经由汉口为习惯，如于南京之必由镇江，其一例也。而欲一朝一夕而改之，直转移于岳州，殊不容易。即就现时经由汉口之输出入品，可测而知也。

输入品之主要者：棉布、棉丝、海带、石油、砂糖等。

输出品之主要者：鸦片、油、漆、纸等。

其输出品，概由他方之接续者，于该地未有要重之商业地。湖南汽船会社，既已设立于此，则将来为湖南贸易之中心点，亦不容疑。然其详细，则就别册说明之。

八 沙市

沙市港，约在北纬三十度二十分，东经百二十度十分。属湖北省荆州

---

① 城陵阜：即城陵矶，与南京燕子矶、马鞍山采石矶并称"长江三大名矶"，长江中游水陆联运、干支联系的综合枢纽，长江八大良港之一。位于岳阳市东北15公里的长江与洞庭湖交汇处，距市中心区7.5千米，隔江与湖北省监利县相望。《水经注》载："江之右岸有城陵山，山有故城。"

府江陵县，在长江之北岸，人口约七万三千人。有日本领事馆及日本之邮政局，其距荆州，不过一哩许。本荆州之附庸也。

荆州为古来之要害，四通八达，难守易侵之地。又古来称荆州为用武之地，特置重镇，于兵略上诚为要害之最著者。而于贸易上，不失为枢要之地。隔江为太平运河便河，经常德而通洞庭，四川、云南、贵州、陕西、湖南之贸易，皆集合于此地。英国夙着眼于该地，屡屡逼清国政府，促之开港，未果。既而马关条约，渐渐结果，始允该地之开港。而附近人心，一时动摇，不免有暴动之举。尔来开港场，渐渐占其重要之地位。如上经宜昌，至重庆，下达汉口之中心点。

输入品之主要者：棉布、棉丝、毛织物、染料、胡椒以上外国品、海产物、棉、铜、洋伞、杂货类以上日本品、石油、砂糖等。

输出品之主要者：皮革、白蜡、五倍子、棉花、鸡卵、胡麻油、漆、黄丝、荆州锦、绸、缎等。

荆州锦者，著名于中国各地方。其产额颇多，然究不如绸缎等，该地为棉产出地之中枢。棉织物等之工业，将来之所希望者不浅，不识何人承认也。

九　宜昌

宜昌港，在北纬三十度四十四分，东经百十一度十八分，属湖北省宜昌府东湖县，在长江之北岸。人口约三万四千人。

（一）蜀楚之境

四川、湖北两省，于长江上流之分界处，更在宜昌之上流，巴东县、巫山县之中间。四川出入之船舶，自重庆而下者，自长江而上者，皆于此上游，以经三峡之险，故必以此地为寄港。至于以贸易港而论，则非重要也。不过为四川输出货物之变装地，船舶之继替所，为通四川船舶辐辏之要冲。于航路上，此地为四川湖北之分界点，凡出入四川之货物必于此地一停顿，而觅船舶之继替者焉。若三峡之上，得以直下长江，则楚蜀之境，洋洋顺下，此点亦为无用之地矣。

（二）汉宜航路线之终点

从事长江航路者，凡汽船会社，皆以宜昌为汉宜线之终航点。于其上游，为超三峡之险，汽船之构造使用皆异，故不能不至此而止。凡货物之搭置四川船者，由重庆而送致于此。自宜昌下流而来者，则于此地货物上陆。故无论何国之汽船会社，从事于汉口宜昌间之航路者，无不以此地为其终点。即从事长江航路者，实际虽不以宜昌为终点，而随帆帕凑幅于此地者亦极多。各汽船会社所有之汽船，汉口以上之开航路者，亦皆以此地为寄港。举凡小蒸汽船、支那形帆船所出入四川者，亦无不以此地为寄港。其终航站之集于地，大概皆然。则该地不独汉宜航路线之终航点，又长江航路之终航点，亦无不可。若宜昌以上至重庆之航路，今日始开。苟极其盛，则长江航路之终点，又移于是矣。

十　重庆

重庆港，在北纬二十八度三十三分，东经百零七度零二分。属四川省重庆府巴县，在扬子江之西岸，涪江之合流点，人口约三十万人。

（一）小蒸汽船

现时小蒸船之至重庆者，除英人里兹多叔氏之利川号外，不过同氏筑造之轮船一只。其后英国之港波多二只，武朵也兹枯武朵已夥枯上下于重庆宜昌间，以输送邮便物。德国船一只，以三十三年_{明治}上下于该航路。触礁破损，尔来大加修理，今尚航行于重庆、宜昌间。其余法人之小蒸汽

船，从事于此航路者，亦尝上下于其间。又于曳船并搭载货物之船舶，是
为该航路之开始。

（二）重庆贸易之范围

外国人着眼于四川之贸易，其设施于重庆者，其贸易范围，极其广
大。现将重庆之输出入者，单就重庆地方，不过其附近之合州、定远、遂
宁之几部地方。于四川省之贸易，其狭隘不至于此，盖初开之始则然耳。
以重庆为中心，则全省十一府、九直隶州、十一州、百十二县、二十七部
落，皆包括于其范围内。又于长江之本流，与利用支流之时，更可以扩张
贸易于云南、贵州之几部，甘肃、陕西之几部。此外国人所以重置于重
庆也。

重庆者，以马关条约①始开为贸易港。置日本领事馆以专管居留
地，以三十四年明治所划定。而日本人之在该地者，领事以下，不过
十数人。又如日本之海产物输送至如此之远，其所望必奢，故无容疑。
以三十三年明治四川提督丁鸿臣受总督奎俊②之命，东渡日本，于日本
之干系，乃有应接。将来四川省与日本之交通，渐次日盛，固不待言。
四川者，在中国十八省之中，人口最多。其物产之丰饶，迥非各省所
能及。外人之留意于此，故所当然。日本人之不敢轻视重庆，亦有
由也。

---

① 马关条约：1895 年 4 月 17 日（光绪二十一年三月二十三日），中国清朝政府和日本明
治政府在日本马关（今山口县下关市）签订的不平等条约。中方全权代表为李鸿章、李经方，
日方全权代表为伊藤博文、陆奥宗光。《马关条约》的签署，标志着甲午中日战争的结束。根据
条约规定，中国割让辽东半岛（后因三国干涉还辽而未能得逞）、台湾岛及其附属各岛屿、澎湖
列岛给日本，赔偿日本 2 亿两白银。中国还增开沙市、重庆、苏州、杭州为商埠，并允许日本在
中国的通商口岸投资办厂。

② 奎俊：瓜尔佳·奎俊（1843—1916 年），字乐峰，清末满洲正白旗人，蒙古族。京城四
大财主之一、荣禄的叔父。清朝大臣，书法家。历官福建按察使、山西布政使、山西巡抚、江
苏巡抚、四川总督等，后历任刑部尚书、吏部尚书、内务府大臣。宣统三年（1911 年）责任内
阁成立时，为奕劻内阁弼德院顾问大臣。清帝退位后，解职归里。

　　输入品之主要者：绵布、绵丝、海产物等。

　　输出品之主要者：鸦片、白蜡、羊毛、猪毛、鸟毛、皮革、黄丝、野茧丝、绢布、四川绸、麻、漆、药材、香料、砂糖、烟草、五倍子、蜀锅，及云南之锡、铅等。

第四章 长江之汽船

一 汽船开航之沿革

长江汽船航运之开始，颇未能详。自占据上海为根据，傍及天津、广东等之航海，进而为长江之汽船。咸丰七年之顷，以美商公正洋行开其始，次之者则置根据于上海。以从事海运者，则为英商广隆洋行。其营业孰永，及其船数船名等，今则无由知之。其后同治七年之顷，美商旗昌洋行_{上海物语，千八百六十二年所创立}，以"快也坚""俾物乐""飞似海马""杭州""河南""气拉度"等之轮船，开长江、天津、广东等之航路。当时自上海至汉口，下等舱之船寄_{甲板客悉序舱，故云}运赁五十两。绵一包之运赁，三两。南京之艀船赁，三串文。旗昌洋行，一时乃大发达。招商局当其事业扩张之时，迄收买之，遂称极盛云。

次之者，同治十年之顷，英商太古洋行，以"北京""汉口""上海""宜昌"_{以上皆轮船名}等之轮船，从事于长江之航运。创立于同治十三年，至光绪元年始开业。至若招商局，其同局当时之资本，实皆官吏数人之放资，其额三十万两，又自政府借入三十万两，以都合六十万两之资金，购"洞庭""汉阳""永宁""福星""永德""富有""利运""日新"_{以上亦轮}

^{船名}等八轮船，开天津、长江、广东之航路。光绪十年前后之顷，旗昌洋行之船舶，全部收购之时，又于其翌年，增加资本金二百万两。此近来之事，是招商局成立之概况。次招商局而起者，则为麦边洋行，光绪二年之顷。次麦边洋行而起，则为怡和洋行。光绪三四年之顷，又有鸿安公司，光绪十七年^{即千八百九十一年}十月之创立，原称和兴公司。至光绪十九年一月，乃改称鸿安公司。

上文所述者，沪汉区之航运也。汉宜区之进轮船者，为英商立德洋行。其开始在光绪四年，有轮船号"彝陵"。其翌年，招商局之轮船号"江通"者回航，乃借"彝陵"为招商局之借船。其借货料^{即租金}每月六百两。然不过小形船，其昂如此。至光绪十二年，上海道某氏所有船号"广济"者，又回航，亦招商局之取扱。

其翌年，号"宝华"者，又回航。乃谋上溯于重庆，大起四川人民之激昂，竟起交涉。其翌年，遂为中国政府所购买。以其轮船，付之于招商局。光绪十五年，怡和洋行之轮船号"公和"者；十六年，太古洋行之轮船号"沙市"者，怡和洋行之轮船号"昌和"者，皆回航。招商局之号"快利"者，亦于光绪十九年回航。大阪商船会社之"大元丸"于明治三十二年^{即光绪二十五年}亦回航。怡和洋行之号"福和"者，是年八月又回航。是为长江轮船开始沿革之大概。

二　现在之汽船

（一）沪汉区

沪汉区之航运，其现在之汽船录之于下：

轮船公司名	汽船之名
招商局	江裕、江孚、江永、江宽
怡和洋行	元和、瑞和、吉和
太古洋行	鄱阳、大通、安庆
鸿安公司	德兴、长安、益和、宝华
麦边洋行	华利、萃利
大阪商船会社	大贞、大利、大亨
桥本喜造	琼港
瑞记洋行	美有、美利、美大、美顺
美最时洋行	美有、美利、美大、美顺①

等是也。

沪汉区于明治三十二年以来，汽船之增加，德商美最时洋行亚诺尔德卡巴之汽船二艘，瑞记洋行蔑利支耶士之汽船四艘，大阪商船会社之新造船三艘。当时之"天龙川""大井川"亦并航行焉。

自来二年之间，外国诸会社之新造船，亦无增加者。其余亦未有增加船舶者。

（二）汉宜区

汉宜区之航运，其现在之汽船，录之于下：

招商局　　　快利　固陵

怡和洋行　　昌和　福和

太古洋行　　沙市

大阪商船会社　大元　大吉

瑞记洋行与美最时洋行共通一支，吨数未审。

---

① 原文如此。下文有记载，瑞记洋行与美最时洋行共通汽船。二者同为德商，可能共用汽船。

汉宜区于明治三十二年以来，汽船更迭增加。德商美最时洋行蔑利支耶斯之汽船一只，与瑞记洋行亚诺尔德卡巴一只，共通供用。其航通于沪汉区者，未审其为何艘。又加大阪商船之大吉丸。其外有怡和洋行之号德和者。太古洋行之号新堤者，既已落成，乃交换昌和沙市之二只。以昌和沙市为使用广东省之西江云。

（三）宜渝区

宜渝区，现在航通之汽船，唯光绪二十三年，英国立德洋行之小轮船号利川者，溯航于重庆。于急滩，则加用人力，以曳扬之。当时之航通宜渝者，惟此一艘。既而英国长江，专用炮舰号乌德曲克者，于明治三十二年初夏，溯航至途中之新滩而止。是年晚秋，又溯航至于归州。尔来乌德曲克、乌德支亚克两炮舰，航于此间，往来不绝。寻而德国之炮舰继之，而法人亦从事于此。

现时专以中国之形帆船以营航运者，其数三千只左右。有各种帮_{各帮者，各自组合之意}之区别。重庆帮大江旗船七百余只。万帮大白旗船六百余只。忠州帮红旗船三百余只。瑞州帮船_{旗色不详}三百余只。黄陵庙帮蜈蚣旗船八百余只。宜昌帮蜈蚣旗白带船一百余只。各帮船约三千余只。一年往复之数，约五千次云。

宜渝区于明治三十二年以来，航行之汽船，英商立德洋行之汽船，载货一百吨，速力十五浬，长百八十呎，幅三十呎，深十呎，吃水最轻六呎六时之一只。立德之计设，颇有效。德商蔑支耶士，其形相同，亦筑造一只。今之航行者，此外英国炮舰二只，常上下于此间。法国炮舰，亦闻有航行此间者。

（四）各汽船会社汽船表

从事长江航路者，就各汽船会社使用之船舶，记其梗概，并及其英语对照之船名，及登录吨数列为一览表于下。

上海汉口线

汽船会社	船舶	吨数（吨）
大阪商船会社 （日章旗）	大利丸	2247
	大亨丸	2243
	大贞丸	2712
招商局 （黄龙旗）	江裕	2227
	江孚	1468
	江永	1037
	江宽	1030
怡和洋行 （英国国旗）	吉和	2200
	瑞和	1931
	元和	1331
太古洋行 （英国国旗）	鄱阳	1892
	大通	1882
	安庆	1719
鸿安公司 （英国国旗）	德兴	937
	长安	789
	益和	519
	宝华	434
麦边洋行 （英国国旗）	华利	782
	莘利	672
美最时洋行 （德国国旗）	美有	吨数未详
	美利	同上
	美大	同上
	美顺	同上
瑞记洋行 （德国国旗）	瑞泰	同上
	瑞安	同上
桥本喜造	琼港丸	289

汉口宜昌间

汽船会社	船舶	吨数（吨）
大阪商船会社	大吉丸	2200
	大元丸	1695
招商局	快利	879
	固陵	约350
怡和洋行	昌和	696
	福和	764
太古洋行	沙市	811
	洞庭	约200

三　长江汽船之特质

（一）长江汽船之构造

诸汽船会社长江使用之汽船，大抵模仿欧美之河蒸汽船式，使用于香港、澳门、广东间，及西江之梧州航路，并上海、宁波之航路者，皆为同一之式。或铁或钢制，其外形无日本之利根川淀川之河蒸汽船酷似。然其外形轮船者绝少，大抵双暗车船。其容积总吨数不过三千吨，吃水量甚浅。若使用于沪汉区者，普通吃水量，最深者十一呎。使用汉宜区者，普通吃水量，最深者七呎。

其吃水量之浅，既已如此。在减水之后，江幅之大者，如鄱阳湖口，动遭浅搁。而宜汉区中如荆河口之上流，在减水之候，日中之航运者，遇江幅阔大水底平浅之所，每用小汽艇前行，以探泠筋，徐进而过。而浅搁之事，仍不能免。

船内之式，其最下层与第二层，多为荷物舱即货舱也，第三层为客舱。

其配置之法，于船首设为洋人上等式，其次则中国上等式，即所谓官舱也。又其次则为中国中等式，即所谓房舱也。于船尾则为中国下等式，即所谓统舱也_{现称大舱}。乘组士官_{即船主室}，多设于第四层。然洋人上室，又间有设于第四层者。又房舱亦或设于第四层，无有一定。但招商局之船，房舱之数颇多，盖中国之妇人，除家族之外，不与他人同室。欲望船客之多数者，惟以妇人之搭载者愈多为愈。盖妇人多一人一房舱，而随从之人又多故也。

（二）船内食事

长江之汽船中，颇极混杂。有赇食务者，其食事分洋食与中国食二种。洋食者，赇长之所关。中国食者，买办之所关。乘组船员，各自办之。分二种类。

赇长所关之洋食，供洋人与上等船客及洋人水先人与乘组一等士官以上之所用者。船客赇者，日三食，三元，乃至二元。乘组船员，就船客同桌者，一月一人三十元。就二等食桌之乘组士官，一月一人二十五元。

关于买办之赇，以供官舱、房舱、统舱之船客。其赇费请负其运赁之一割。部下之赇，由买办之支给。

其外乘组船员之自炊者，水夫赇、火夫炭夫赇、油差水番赇、舵手、水夫长、木匠、灯番赇、中国水先人赇等，各自依其给料之高低，其赇之程度相达，与之等，其赇所即厨房也之混杂，几不可片刻立于其地。

供给上等船客之赇，记其概略：朝则波列西、鱼、皿物三品，冷肉二品，果物、咖啡、茶；昼则斯敷、鱼、皿物三品，冷肉二三品，果子、果物、咖啡、茶等。曹达水、希里泊，无论何等船，皆无其料。即如太古洋行之船，而葡萄酒亦无其料。此外朝则烧面包、茶、咖啡，午后三四时顷，又供果子及茶、咖啡等。是其例也。

中国食者，有普通之二食，除官舱房舱者，此外则供粥。食事之皿数，官舱五六品，房舱四五品。统舱者，则除盐菜之外，或二三品。据所闻者，统舱一食之价，尚不足三十文云。

四　长江航业之必要

（一）长江章程

长江之汽船航运之业者，别定长江之章程。经由领事之手，必受免状。此其大略也。

（二）船渠

对于长江航运所必要者，船渠、铁工、石炭、油脂、食料、饮料、水夫、火夫、给仕等之供给。

船渠，制铁于上海，有三所，旧船渠，新船渠，东洋船渠等。其长大概三百七十四尺，乃至三百八十五尺；其幅五十二尺，乃至七十五尺；其深十四尺，乃至二十一尺。其料三日间二千吨以下者，一吨付七十七仙位。铁工之业，造船、造机、造罐等，皆备之。

（三）石炭

石炭者，本产于中国，开平、汉口、宜昌、四川。除开平之外，皆不适船舶之用汽罐者。然开平亦有硫磺质之多量，恐其发火，故长江航运之全体，皆使用日本炭。当于上海市场，随时收买，以备不时之需。其价依日本之时价，而加运赁之诸费而已。

（四）油脂

油脂亦取于上海市场。使用美国机关油者为多。又中国所榨之豆油，及脂、系、属等，亦皆收买，以备其用云。

（五）饮料水

食料于所至之港口，以安价相安之价值也收买之。饮料水，则于上海取使用水道之滤过水，其余如长江之浊水，则用明矾沉淀之，更滤过以供饮料用明矾者，用炭砂滤之，最无害也。

（六）水火夫给仕

给仕水火夫，于上海则最易得。于汉口虽可觅之，然不如上海之容易。航海业者，以上海为雇人之必要区也。

五　长江汽船之运赁及定期日

（一）船客运赁

长江航客之水脚，即运赁也。大阪商船会社，在该航路汽船回航以前，明治二十七年，经三公司之协定，现今之官舱、房舱、统舱，价皆低廉。至明治三十年，大阪商船会社于长江航路决定汽船之回航，经招商局、太古洋行、怡和洋行、麦边洋行、鸿安公司，协商之下，俄然运赁增加。盖为后日置造竞争之场合余地云。增加运赁之后，乃揭示大阪商船会社之运赁表，加入一剖一分一厘一毫。招商局、太古洋行、怡和洋行之运赁，定额与麦边洋行、鸿安公司之运赁，皆与大阪商船会社之运赁同。

（二）货物运赁

汉口、宜昌间之运赁，无论何社会皆同。然官舱之运赁，各会社所实行者，多与房舱同额，其计算相类也。

自上海至汉口，荷物一部之运赁，麦边洋行、鸿安公司之所定者如下：

品目	镇江	芜湖	九江与汉口
洋反物每担	65	78	104
绵纱丝每担	78	104	170
绵花每担	30	48	58

续表

品目	镇江	芜湖	九江与汉口
洋钉每十万个	23	30	38
火柴每函（五十个入）	65	78	91
洋糖每吨	175	234	351
煤油每函	1（从约）	2.34	3.51
昆布每担	14	17	17
灵柩	11.76	11.70	17.55

　　运货之单位者，两也。招商、太古、怡和三公司之运赁，以比较之，则高一割以上。以商船会社之运赁比较之，则低一割。然各会社之割引步戾，其实际每有种种之变化也。

　　自汉口之上海，荷物一部之运赁，再录如下九江芜湖行者皆无之。镇江行者亦仅少许。其运赁与上海为同一之目的，不过稍有取舍之异耳。

品　目	汉口—上海
茶	从约
灵柩一柩	23.40
豆每担	156
豆饼每担	143
黄白丝每担	3.25
漆每担	65
五倍子每担	26
牛皮每担	26
麻每担	52
鸦片每担	325
绸每担	195

自汉口至宜昌，荷物一部之运赁，录之如下：

品　目	汉口—宜昌
灵柩一柩	15.6
海带每担	26
绵纱绵丝每担	1.56
砂糖每担	26

自宜昌之汉口，荷物一部之运赁，录之如下：

品　目	宜昌—汉口
灵柩一柩	19.5
麻每担	39
黄丝每担	2.6
桐油每担	26
鸦片每担	26

汉口宜昌间之运赁，各社同额。沙市、汉口间之运赁，三公司与汉口、宜昌将同额。然大阪商船会社，与他公司比较，则减价二割余。其运送及割引步戾等，与上海、汉口间相同。总之中国运赁之高价，欲望割引之多额，惟在于问屋取、问口钱委托贩卖者及真实之货主力推广之不可荷船证书运赁之记入至于荷主。

（三）出港定日

各公司轮船各港之发着于汉宜区者，若大元丸、大吉丸，独于洋历二日，自汉口拔锚；洋历八日，自宜昌拔锚。此其定期。招商、太古、怡和三公司，则无定期。在沪汉区者，三公司之轮船，一周内之发者，其发沪定日，录之于下：

招商局	礼拜一	4
太古洋行	礼拜三	6
怡和洋行	礼拜二	5
麦边洋行·	礼拜一	5
鸿安公司	礼拜三	6
商船会社		

又其发汉之定日录之于左：

招商局	礼拜三	6
太古洋行	礼拜二	5
怡和洋行	礼拜二、一	4
麦边洋行	无定期	
鸿安公司	礼拜一	6
商船会社		

第五章　长江之汽船会社

一　各轮船公司

（一）招商局

招商局，名与实相应者也。其总局在上海，店员数十，船舶二十八只，约四万四千六百七十八吨。船员监督二人。政府助以保护补给之下付金，惟利益达于六分之时，则以补足于政府。今日则其政府征收其御用金，以补足其利益。然自北京之回美与其余政府干系之运搬物产，皆必委托于招商局，是为持典。今日之资本额，共四百万两。每年配当之利益，区别为四分与六分，共计配当成一割，以为仓库、栈桥、地所、家屋、趸船等之代价。船舶代价者，必居上位者，且财产高有之人，始得于实际详算之。

（二）支那航海会社　太古洋行

支那航海会社者，名义上之本店，则在伦敦。其大株主即股东之代理店，一任之太古洋行。太古洋行之本店，又在香港。仅对船舶事务，事实上之本店，则在上海。船舶事务之主任者，在上海店支配人之次席书记，其补佐手代四五人，船员监督二人。汽船四十六只，支配八万五千六百三十六吨。其配当之利益，在一二割间之上下。然其决算报告，不公于世。故不能详稽之。

（三）印度支那航海会社　怡和洋行

印度支那航海会社者，名义上之本店，亦在伦敦。其大株主之代理店，一任之怡和洋行。怡和洋行之本店，又在香港。仅对船舶事务，事实上之本店，则在上海。船舶事务之主任者，在上海店支配人之次席书记，其补佐手代三人，监督一人_{机关部}，汽船三十二只。支配六万零五百十四吨。

其配告之利益，在一割之左右，或至无所配当之时，则赖怡和洋行主、太古洋行主、支那航海会社，以佐佑之。故印度支那航海会社之株主，不能分配利益之时，则小株主以其株券_{即股票也}以"放弃的安价"卖却之。而其大株主，则握其权利于一手，其野心不可测度。故印度支那汽船会社，不能见其利益者，其真相实令人难测也。

（四）麦边洋行

麦边洋行本一行主，以石油、烟草、商业之片手间。

汽船二只。其登薄吨数，不过一千四百五十四吨，故为三公司之附属船。其评定之船价，对于冠船价者，受一割八分五厘之配当而止。

（五）鸿安公司

鸿安公司之汽船，其出货者，为招商局、太古洋行、怡和洋行之买办，及亲善之报关行主者，为共同体。其船数四只，其登薄之吨数，不过二千六百七十九吨，故亦为三公司之附属船，评定其设备上陆之船价，受一割八分五厘之配当。故麦边、鸿安，现在船舶之增长，与杳积之增加，及筑造新船等，皆与三公司有誓约云。

（六）瑞记洋行

瑞记洋行者，今得其详细之调查，为德商之所经营。千八百九十年以来，从事于该航路者，于诸汽船会社中，为最新进者之一也。其使用船舶二艘，不知其名。其吨数、速力等，亦未能审其实数。

（七）美最时洋行

美最时洋行，亦德商之所从事，与瑞记洋行，同时而起，亦最新进者之一也。其使用船舶四艘，其船名未详，今不能得其详细之调查，是吾人之缺点。德国人之于该航路，渐次扩张。故其注意不息，为调要之必要者。

（八）琼港丸

琼港丸者，本桥喜造氏之所有，借入石油商梶原伊之助氏，又货与中国商某君。然其航海及长江，终未能永续云。

依借主中国之所言，现时所雇之船员，全部以中国人组织，而为乘组员，其大致必得货主之承诺，以永续其借贷期限，并增加其借货料。然外国人颇多嫌恶之，试考其理由，其船长既不解英语，且威容不扬。其余之船员，夏日裸体，并显其腰部以下，毫不知耻。是以船客嫌恶之，多避之云。又闻牛庄领事报告其外务省云，谓其船员既不注意，其个条犹言条款之最重者，则谓中国人之虐待及醉乱，且逢夏期裸体等。

各公司于明治三十年，大阪商船会社开始长江航路之期，乃准备其竞争。船客货物之运赁，共至二割余。又闻三十二年大元丸汉宜区航路开始之期，各公司乃大解其专局渝重庆贸易店之来缚。各公司以渝宜区为共通之航路，于货物接续上，荷主货主也乃得非常之便利。其例于宜昌之招商渝，每月六次之船便。而太古渝每月不过三次之船便。至三十二年，各渝共得十二次之船便。是年八月以后，又增怡和洋行之号福和者。于是各渝有十五回之船便。上海宜昌之运送，亦短缩其数日焉言近数日之程。其所以如此者，各公司以一面昂便之运赁，有害于货主之感情，故必短缩其运送之时日，而货主亦得其利焉。

（九）大阪商船会社

大阪商船会社者，其从事于诸航路之中，为最重要者之一。该航路之开始，递信大臣与同会社之所创。同会社以明治三十一年一月一日，为该航路之开始。其始于该航路之着手，先置支店于汉口。仅大井川丸、天龙川丸之二只，泛于上海、宜昌间。既而新造大元丸，遂为汉口、宜昌间之使用。

其使用于长江航路者，船舶之状，前已述之详矣。丸吃水之浅，有一种之特性，日本多有不知其前者，故同会社其筑造船舶之造船所，苦心惨淡，调查先进诸会社之船舶。甚至派其技师，凡一区所，皆秘制测量。先成大元丸，既而大利丸工竣，于是又筑造大亨丸。至明治三十四年，更加新造船二艘。更置支店于上海，及设备沿岸重要之寄港地。及诸般之陆上，在后进之地位，其运之盛，隆隆有压于诸会社之势矣。

近来同会社，更于上海之中心，以从事于长江航路，而接续于南清之航路，经画已久。若此等经画，果能实行，则马航路之相待，其隆运已进而不可已，可无疑也。然在南清之航路，不免与支亚典马林汽船会社相竞争。若竟驱逐之，而专注于商船会社，则于长江之航路，其雄视一切，亦不远矣。

二　各汽船会社之设备

（一）本支店经理店之配置

各轮船之公司，于上海、镇江、芜湖、九江、汉口、宜昌等，皆支配本支店与代理店。又于开港场之停船场，称为洋棚，以安置取及人。

系洋人所经营之支店，与代理店者，不过以一二洋人唯总括其店务。其事实之执务，全部之内，一任店内之买办。

各轮船公司本支店、代理店之配置表如下：

招商局

	上海	镇江	南京	芜湖	九江	汉口	沙市	宜昌
本支店	本店	支店	支店	支店	支店	支店	支店	支店
代理店								
趸船执务								
洋棚								

太古洋行

	上海	镇江	南京	芜湖	九江	汉口	沙市	宜昌
本支店	支店	支店				支店		支店
代理店								
趸船执务								
洋棚			洋棚					洋棚

怡和洋行

	上海	镇江	南京	芜湖	九江	汉口	沙市	宜昌
本支店	支店						支店	
代理店		代理店					同	同
趸船执务								
洋棚						洋棚		

大阪商船会社

	上海	镇江	南京	芜湖	九江	汉口	沙市	宜昌
本支店			支店					
代理店		代理店			同	同	同	
趸船执务								
洋棚						洋棚		

（二）码头 _{日本名波户场}

码头者，即波户场也，筑造于居留地，如上海、镇江、九江、汉口等，皆是也。中国政府之所筑造者，则为芜湖、沙市之附近海关 _{宜昌、岳州} 之码头亦中国政府所筑造者。为轮船公司所筑造者，若汉口之招商局、太古洋行、大阪商船会社等。其一部自己改筑者，则为镇江之怡和洋行栈桥，宜昌之招商局、太古怡和两洋行等。

汉口之居留地，以系定之趸船架之，而为栈桥，以备码头之使用料。其例一年纳一千元于居留地会。

于上海之码头，留系函船与本轮船者，如镇江、南京、芜湖、九江、汉口等。其定系趸船之码头，则架栈桥以连络趸船于码头。

（三）趸船仓库船

趸船者，即仓库船，迅速授受货物而藏之。堆栈者，即仓库，授受荷物藏之以待比较的之所。于仲仕赁藏之仓库者，有十二文与五文之差异。除上海之外，于长江各港，其趸船排列之顺序者，自上流而数之，表之于下：

镇江　一怡和　　二太古　　三麦边　　四招商

南京　一招商

芜湖　一鸿安　　二招商　　三怡和　　四麦边　　五太古

安庆　一招商

九江　一麦边　　二怡和　　三太古　　四招商　　五鸿安

汉口　一琼港　　二商轮　　三招商　　四太古　　五麦边　　六怡和　　七鸿安

沙市　一招商既烧失

宜昌　无　待大阪商船会社之设备

汉口三公司趸船番人之给料，依光绪二三年之调查，表之于下：

公司	人员给料	趸主	买办	照仓	发筹	头名水手	水手	木匠	水面看更	岸上看更	起吨老头	老吨长工
招商	人员	1	1	2	2	1	6	1	4	2	1	60
	给料	120元	不详	不详	不详	91元	同	同	20元	16元	500两	同

续表

公司	人员给料	趸主	买办	照仓	发筹	头名水手	水手	木匠	水面看更	岸上看更	起吨老头	老吨长工
太古	人员	1	0	0	0	1	5	1	2	2	1	40
	给料	18元				10串文	19串文	12元	10串文	11串文	260串文	同
怡和	人员	1	0	0	0	1	4	1	4	1	1	不定
	给料	不详				8元	20元	12元	20元	7元	20元	每吨6仙

其余至年终时，另有赏赐酒资，归公司完与头老经手发给。

（四）驳船_{艀船}

驳船者，即艀船也，浮于函面，若定系于趸船之港。外观殆属无用，其实则否。其例如有煤油者，设一定之运赁，其授受货物，由于土地之习惯，专从其随时之契约以运送之。其工费甚短，较为节约于本轮之授受者。故直接授受于本轮与油厂之间者，必以驳船搬运之。

驳船之货物，皆自轮船而卸之。若轮船载搭之货物，必请各海关之登录，而后登录于驳船，则称为登录之驳船。

趸船之所定系，唯依于驳船以备荷物之积卸，如沙市宜昌者是矣。

沙市宜昌驳船之数，沙市四只，宜昌四十五只。宜昌之驳船，以新旧两者组合，属于旧组合者二十七只，属于新组合者十八只。旧组合之驳船二十七只者，以备积卸荷物；新组合者，则招商局与太古、怡和两洋行所创设。该组共四千两_{或云二千两}无利息，货与二年。新造十八只云，其登录之驳船，一只之载力，大者洋系一百五十捆，小者百捆之左右。造船之代价，或五百两与四百两。当时筑造于湖南，迥航费不过二十两。登录驳船之组合，分立新旧两者，其内部之经济，仍共通云。

于宜昌者，为扬荷之迅速，大阪商船会社，亦仿三公司而设之。而造船之资金，以无利息而不能货与，故驳船之数不增，何以故？岂彼此之轮船，皆一时辏辐于场合。自组合而成之驳船，自厚于三公司而薄于商船会社，此自然之情势也。

各港登录之驳船荷物一个之运赁定额，表之于下：

上海	镇江	南京	芜湖	九江	汉口	汉口日本租界	沙市	宜昌
	1 分		1 分	1 分	12 分	12 文	15 文	12 文

于汉口之日本租界，驳船货之高价，独别于汉口者，因其下流鲜租界之同船。而卢汉铁道之用具，又从陆上而过。沙市之亦高价者，则以荷物甚少之故也。

（五）堆栈仓库

堆栈者，即仓库也。航运长江之汽船，其各汽船社会，于各港皆充分以设备之。而各港之设备，有大小。各会社所有之船，约二礼拜内，可以荷扬该港全部之藏置，如其容积之目的。盖长江之各港，其荷扬者藏置于船主之仓库内。荷主于二礼拜内，可随意取受之。仅二礼拜之日间，自其社船所荷扬者，保官上陆而贮之于仓库。其例盖因其社船之自己港来者，二礼拜内，得有四次于此为寄港。每次所运六百吨，计得二千四百吨之荷物。故定其期，则无壅滞仓卒之虞。盖乙港之仓库，无容积亦仅收容二千四百吨故也。

趸船虽补仓库之用，前纪之计算，虽全对扬荷者而言。然积迁在数日以前，则请取之。对此等之仓库，亦复如此。于实际上，则扬荷积荷仓库之任务者，与趸船不免混用之。然仓库建设之目算，扬荷者指陆上之仓库，积荷者则指趸船，其大致相似也。各会社于镇江、九江、汉口、宜昌设备仓库者，皆由右之目的。南京南京之准备除太古怡和两洋行所收买之地所、安庆，仅招商一局而止。沙市亦仅招商局与大阪商船会社代理店之设备而止。

于芜湖，则三公司之设备，比较的稍大。实因其所属，皆沿岸之航海船，有直接积取米谷之起原。

于上海，三公司之设备颇大。除长江沿岸两航船扬荷以外，一年之中，于数月之限期内，由配船之都合，以取积适宜之荷物运送之。契约亦依例行之。若运送牛庄豆于厦门汕头，其契约必定以长期。如封河之后，则自上海再送于汕头与厦门。此随时必要之物，故设备广大之仓库以贮之也。

三公司各港之堆栈，表之于下大阪商船会社之设备，后另陈之。

公司之名	仓库港名	上海	镇江	芜湖	九江	汉口	宜昌
招商局	仓库栋数	48	8	2	3	6	3
	仓库坪数	20036 坪				1100 坪	
太古洋行	仓库栋数	21	3	阙	2	6	2
	仓库坪数	11300 坪			1130 坪		
怡和洋行	仓库栋数	35	3	4	2	6	2
	仓库坪数	8722 坪			1440 坪		

（六）从来之堆栈代用船

各轮船公司，争推广大，仓库之设备，继之而起。盖中国者夙为商业发达之邦国，有会社之仓库，又有个人之假库，又有商人一己之仓库，依于轮船公司之仓库以营业者，有不可思议之概。当轮船回航以前，其景况何如，姑置勿论。盖中国商业之习惯上，若开行者，则称庄，又或称厂，皆有假库，又称店者，亦有假库。

所谓庄者，如医庄、油庄、米庄皆是。所谓厂者，多为制造所。所谓店者，则贩卖店之总称。

数千年来中国之商人，其商业发达者，运搬货物之接续，物品买卖之授受，亦有用仓舶者。

彼等又有假仓库以为仓库之代用。其自来船舶之使用，多用帆船以搬运荷物者，今尚仍之，即以船舶代仓库也。

中国之谚，辄谓南船北马。于北部之人，运搬荷物者，悉使用马驴骡骆之类。于南部之人，漕运之货物，悉由船舶。若使用驴马之地方，其余各站，势必用仓库以贮之。由船舶者，其接续之交，则必自船而移船。其荷物之授受，悉得以船舶行之，其用仓库者颇少。加以长江之船舶，不出外洋，其乘组人，悉以一家族而组织，是其例也。盖其主人即船长，其妻即舵夫，长男次男则为水手头与水手，长女次女，则为炊夫头及炊夫。船员之组织，大抵如斯。所至之港口，即为问屋之代用仓库。虽费用时日，而彼成习惯，亦无怨言。故与敏活之轮船，启碇有定期限者，不能不为仓库之设备，其势大异也。

（七）土地之买收

各轮船公司欲建广大之仓库，亦起于营业上之必要。其土地之价格，当时在四五年前，其价相安。故彼得为广大之设备者，殊为容易，此其一大理由也。

千八百四十三年，于现时英租界，收买其一部土地者，当时之时价，一亩一万五千文乃至三万五千文，或五万文乃至六万文，乃得收买之。其一亩之时价，十五弗乃至三十五弗，或五十弗乃至六十弗之价值也。

于现时之沙市，日本居留地之价值，一亩日本二百十坪之左右之价，一级地百元，二级地八十元，三级地五十元。道路敷地者言敷设道路之地，一级二十元，二级十六元，三级十元。

三十二年明治，大阪商船会社之报告，岳州居留地之地价，当时之预算，一亩之地，一级五六十元，二级二三十元。一亩者，当日本二百零六坪。而竞争入札之结果，一亩自五百弗至百五十弗。南京下关现时之地价，泸州之地，一亩三百两云。于是南京之投机者，先行买占，以十数倍之价卖之。盖其时之价格如此。

于宜昌，光绪三四年之顷，立德洋行买收现时店铺之敷地，一亩五十串文，即五十弗之左右。时宜昌对岸之地价，一亩之地五十两乃至十两也。宜昌之一亩，当日本二百七十七坪。

宜昌之立德洋行，一亩之地价，约三十六两五钱，乃得收买。三十二年，大阪商船会社买收之土地，宜昌之三亩十三方^{即日本之八百七十坪百方为一亩}，^{一方方十尺}总价一零零四百两。实则一亩之价，三千三百十三两一钱也。以立德洋行所买收之地价，与同会社买收之地价相比较，当费九十七倍余之高价。故长江之运航，对新设新入之轮船公司，其陆上之设备，与既设诸公司相比较，盖有非常之不利焉。而且困难之状，尤难言也。

第六章　大阪商船会社之事业

日本之汽船会社，从事长江航路者，唯一大阪商船会社也。该航路者，日本递信省命令定期航路之一。同会社初当第九六一号，明治三十二年六月二日，改正追加之命令书，为当第六二九号。是为该航路之开始。命令书之第一条，向同会社自明治三十一年一月一日至四十年十二月三十一日，此十年之间，为邮便物及旅客货物之运搬，概得从事于该航路。既定其年限，则此十年，日本苟于该航路之贸易上，有益密接之干系，则必附加修正该命令书，以延长其年限。自不待言。

其命令书，又向同会社指定该航路业务之范围，及旅客货物之运搬。其余从事于该航路者，同于旅客货物运搬之外，更持指定邮便物之运搬，皆由该命令书之规定。同会社凡关于该航路者，代受航行补助金。凡邮便物，若无赁者，不负运搬之义务也。又不关于邮便物之运搬者，与负担诸种之义务，及于必要之场合，使用御用船之义务，皆不负担也。此等非独大阪商船会社于该航路为然，凡受补助金之航路，不论其为同会社之所属者，与其余之会社，即为命令指定之航路，一切负担同一之义务者也。

所指定业务之范围，既已如此。凡受其如此之保护者，即负担如此之义务。是大阪商船会社于长江事业之范围也。日本于扬子江上之经营，同会社之所实行者，若此。同会社于该航路，诸般之经营，诸般之设备，不难详之。至若中国内河之航路，日本势力线延长之意味，不可测其盈缩也。要之从事于该航路，不独大阪商船会社之事业，当以日本之事业，概观而注意之。

从事于长江航路之指定线，为同会社业务之范围，依其所指定以为同会社之基础。则诸般之设备，以求经营于该路，亦固其所。而其所负担之义务，与邮便物搬运之任务，其主要皆业务之一端，亦当然之事也。今于同会社于该航路之事业，示其一斑。先就邮便物之运搬，以陈其梗概。而后及其余一般之业务与诸般之设备，皆概言之。顺其序以记之云。

一　邮便物运搬

往复长江之沿岸，以运搬日本一切之邮便物。凡关于邮便物者，皆有负担诸般之义务。此大阪商船会社于该航路所指定业务之一也。而就其所谓邮便物者，于命令书第九条，已说明之。所称邮便条例，小包邮便法、邮便条约，其余将来发布之法律命令，取扱邮便物，以及运搬诸器具等是也。而就邮便物运搬关于所负担之义务者，表之于下：

一　无赁递送之邮便物

二　无赁供与邮便吏员之乘船船室寝食及食料等

三　船内所设置邮便室及邮便函

四　邮便物之取扱

五　递送邮便物之限制

六　船积之邮便物关于陆扬费用之负担

七　邮便物纷失毁损之责任

八　于支店代理店供给陆扬船积邮便物之用端艇

九　或违难及其他事故有不能递送邮便物于场合，则负担其递送及递

送之费用

十　或违背命令递送其余船舶之邮便物于场合，则负担其费用

负担是等之义务者，此大阪商船会社于长江航路从事邮便物之运搬，其所指定之业务也。若其余之航路命令，及诸会社之航路命令皆同。

二　航路补助金

于长江航路运搬邮便物之义务之外，同会社更有负担必要之场合与御用船之义务，皆由命令书所规定。而支给关于该航路之航行补助金。

一　于命令书有效期中以左之割合支给航行补助金。

一　上海汉口线　年额金十六万九千六百九圆八钱。

二　汉口宜昌线　年额金五万九千百四十四圆五十二钱。

二　前项之补助金，每月对于航行者支给年额十二分之一。

三　规定之航行，每依数而减。

一　于上海汉口线一次付年额六十四分之一。

二　于汉口宜昌线一次付年额三十分之一。

四　以规定之船舶指定所航行各地减缩其航行里数以左之割合以减其补助金。

一　上海汉口线一海里付金二圆二十八钱。

二　汉口宜昌线一海里付金二圆六十七钱。

五　以规定之船舶于指定航行之各地以外有增加航行之里数者则必支给补助金。

而命令书之附则，关于对上海汉口线之补助金，于该命令书实施以前，规定支给之割合及减额之割合。该命令书之有效期限，自明治三十一年一月一日至明治四十年十二月三十一日。依十年之规定，既追加修正以

期实施，而支给补助金。今于同会社从事于该航路，溯自该命令书实施以前，揭其要领如左。

一　命令书改正追加实施之日，以后对上海发航之船舶，由本命令书规定之割合，以支给实施之日。对上海发航之分者，依左之割合以支给。

上海汉口线年额金，九万四百二圆六十四钱。

二　命令书改正追加实施之日，上海发航之船舶，航行规定之各地，有减缩航行里数者，则亦减其补助金。

上海汉口线，一海里，付金一圆二十二钱。

在该命令书改正追加实施之后者，依其前述之规定，以支给其补助金。今自明治三十二年以后航行补助金之比较表，录之于下：

航行补助金比较表

种类期别		上海汉口线	比较增减	汉口宜昌线	比较增减
明治三十二年	上半期	45201318 元		4928710 元	
	下半期	43788777	减 1412541 元	24643550	增 19714840 元
明治三十三年	上半期	46613863	增 2825086	24643550	0
	下半期	63590388	增 16976525	25629292	985742
明治三十四年	上半期	84804540	增 21214152	29572260	增 3942968
	下半期	67668732	减 17135808	30948255	增 1375995

续表

种类期别	上海汉口线	比较增减	汉口宜昌线	比较增减
合计	351667618		140565617	
明治三十年合计	88990095 元		29772260 元	
明治三十三年合计	110204251	增 22214156	50272842	增 20500582
明治三十四年合计	152473272	增 42269021	60520515	增 10247673
总计	492233235 元			

三　收支概算

　　大阪商船会社，自长江航路开始以来，已阅四年，今又居于五稔矣。其初也，不过于该航路在诸会社之中，立新进之地位。凡所设备，有尚不及整顿者，无诸会社比较，不免有不备之憾。至明治三十二年以后，诸般设备，乃渐着手。尔来业务，益益扩张。嗣后再经二年，其盛运亦非昔日之观。然其收支，尚未能出入相偿。故与其余外国诸会社不能比较者，职是故也。苟使日本于长江沿岸之干系，更进步武，于其密接之度，自增倍蓰。自与其余外国诸会社立于便利地位之事情，其将来之盛运，必臻绝顶。是又可推测而知者。

　　今就其收支比较表观之，每年之差引损益，收入皆未能相偿。其收入虽每年增加，而于损失之额，经费之多，诸般设备之结果。三十四年与三十三年相较，不见其减。既而倾向盛运，亦不争差引损益之微末者。该航路之将来，其势日上，则同会社之事业，逐年进步，亦固有彰明较著者。

四 诸般之设备

于扬子江上，与其余外国之诸社会相比，固不免在新进之地位。然大阪商船会社之实际，虽未能凌驾外国诸会社之上，其地位之渐进。实自明治三十三年以来始，凡诸般之设备，自是渐启其整备之端。业务之扩张，船舶之筑造，皆于是年，乃改其面目。至三十四年，新造之船舶，增置之支店，建造之仓库，买收之所有地，制造之趸船，及其余必要之设备，或改造，或新设者，于长江同会社之面目，俄然革其旧态。今除中国人之从事于招商局汽船会社者，彼英国之诸汽船会社，皆有比肩之势。今于明治三十三年一月，同会社之增资经画之概算表之于下：

明治三十三年一月增资概算表

金 250 万元	扬子江航路设备费
内译	
金 162 万元	扬子江航路用汽船新造费
内译	
金 65 万元	汽船二只新造费
金 30 万元	千六百吨汽船一只新造费
金 37 万元	三千吨汽船一只新造费
金 38 万元	百吨乃至二百吨汽船十只新造费
金 88 万元	陆上设备费

明治三十三年一月吨数表

吨数一万九百吨	扬子江航路用汽船总吨数
内译	
四千八百吨	制造著手中者二只
一千六百吨	未著手者一只
三千吨	同上 一只
一千五百吨	同上 十一只百吨乃至二百吨

该所经画，皆见实行。至三十四年，此等经画之结果，若增加船舶，增置支店仓库所有地虾奴枯等。沿岸所在，若新造若改设，同会社之面目，俄然一变。自三十四年达三十五年同会社之盛运，蒸蒸日上。此三十三年增资经画之结果也。将来之盛运有不容疑者。

（一）陆上设备

甲 二大支店

命令书第二十条，大阪商船会社于规定线路之寄港地，从递信大臣之指定置设支店与代理店。乃于长江规定之航路，先置支店于汉口。

汉口支店

汉口支店者，在汉口之夏口厅马王庙河街之沿岸。招商局汽船会社支店之西邻。码头虾奴枯仓库贮炭所及支店社宅皆具备。

港口者，当上海汉口线、汉口宜昌线之接续点。该二线路之开始，大阪商船会社，先于此地设置第一支店，固当然也。同会社在上海未设支店以前，实以此地之支店为中心。以其关于二线之航路，凡事务与取级，皆甚便故也。

将来以汉口为起点，更敷航路于洞庭，则湖南汽船会社，其业务之开始，即在旦暮矣。则汉口支店更居重要之程度与湖南汽船会社相俟。其隆昌日盛，不待言者。

上海支店

上海支店者，在上海之法租洋泾浜第四号，于隔江有建筑仓库之敷地等。设置以来，日虽尚浅，然诸般之设备，已得半功。

上海未设支店以前，凡大小之事务，皆托于日本邮船会社之上海支店以取级之。以邮船会社之横滨上海线，而接续于长江之航路，其支店占于最要之地位，故托之也。既而业务扩张，虽以汉口支店为中心，而于长江航路之全线，凡事务与取扱，犹有不便。况于上海一切事务，而依托于邮船会社之支店乎。故上海之支店，其设置有不容缓者。盖为长江航路接续于本国之见，最重要之急务也。以三十四年十月，准备着手，是年十二月一日，乃竟功。其同会社之报告，又称支店为出张所云。

设置支店于上海，则汉口支那，有附隶于上海之势。盖汉口虽为长江航路全线之中心，占最枢要之地。而较之上海支店，不免逊之。故上海支店既设置，则为第一中心。而汉口支店则为第二中心矣。于该航路大体之设备，有必要之理也。至将来同会社之经画，更开上海福州线，以接续福州台湾及香港，仍以上海为中心。既从事于此等南清之航路，则上海支店，益为枢要，固不待言。而汉口支店，又有接续于湖南汽船会社之航路，则该航路之接续者，又以上海支店为中枢，必然之势矣。上海之支店，诚重要哉。

乙　代理店

命令书第二十条，既会同会社设置支店，又命设置代理店以扩张之。今举明治三十四年末日现在沿岸荷客与扱店所地于下：

上海汉口线（十四店）：通州、张黄港、江阴、天星桥、镇江、仪征、南京、芜湖、大通、安庆、九江、武穴、黄石港、黄州。

汉口宜昌线（四店）：新堤、岳州、沙市、宜昌。

合计　十八店

是等皆合命令书规定之地点，于寄港地与停船地所在者。寄港地者，依命令书共往复寄港之命令；停船地者，依停船之规定。

上海汉口线

甲　寄港地：镇江、芜湖、九江。

乙　停船地：通州、江阴、天星桥、仪征、南京、大通、安庆、武穴、黄石港、蕲州、黄州。

张黄港，亦为停船地规定之所。蕲州亦为规定扱店之所。此二地者，将来配置扱店，于业务之便宜不少。

汉口宜昌线

甲　寄港地：沙市。

乙　停船地：新堤、荆河口。

荆河口者，在洞庭湖口扬子江之北岸。湖口与岳州之城陵阜相对。以此为停船地，而扱店则设于岳州。此地与命令书规定之停船地一致。

丙　码头及库船

大阪商船会社，陆上设备之所经营，如码头亦其一也。若趸船仓库船，以其性质在水上陆上两设备之中间，遂附属之于码头。

一　码头

寄港地之主要者必设码头或新设或改筑表之于下：

上海　长三百十五尺　中四十尺

镇江　芜湖　九江　三处无

汉口　长二百五十尺　中五十尺

沙市　无

宜昌　长百九尺　中四十八尺

二　库船

寄港地之库船，为必要之务。虽设码头之所，亦必有此等之设备。

上海　无

镇江　利安　系留　千五百八十三吨

芜湖　亨安　系留　三百六十一吨

九江　贞安　工事中

汉口　元安　系留　千三百五十吨

沙市及宜昌　无

三　仓库

陆上设备，以仓库贮炭所为必要，同会社之仓库。若新设主要之地者，仅二三所。

上海　一栋　其余敷地划定

镇江　　　敷地划定

芜湖　　　同上

九江　　　同上

汉口　六栋　其余贮炭所等敷地划定

岳州　　　敷地划定

沙市

宜昌　一栋

岳州之仓库敷地，后之所加者也。

丁　所有地所

陆上设备，必先就预备地，以为仓库贮炭所建物之敷地。上海、镇江、九江、汉口、岳州，既划定区域。然岳州敷地，尤宜注意，该地虽为最近之开港，而占湖南之中枢。

沿岸地所明细表（明治三十四年下半期）

所在	坪数（坪）	摘要
上海	270000	仓库建筑敷地　老白途
上海	70000	建物共货付所　十六铺
汉口	30100	仓库并贮炭所敷地　马王庙
岳州	30000	仓库建筑敷地　岳州
宜昌	85000	仓库及其余敷地　道台行台隔壁
镇江	50000	仓库并建筑物预备地　镇江
九江	4489	仓库并建筑物预备地　九江
合计	539589	

开联于地所者，于沿岸诸地陆上之设备，更为建物之明细表，揭之于下：

建物明细表（明治三十四年下半期）

所在	材料及构造	坪数	摘要
汉口	瓦葺炼瓦造　建二阶	4133	货物仓库
同	同　建三阶	17030	事务所及仓库社宅物见台
同	同　平建	5833	货物仓库
同	亚铅葺木造　平建	3733	素仓
同	同　同	1733	同
同	瓦葺炼瓦　同	700	税关官吏出张所
同	同　同	520	仓库番人结所
同	同　同	550	仓库番人部屋
宜昌	瓦葺石造　平建	18775	仓库
合计		53007	

（二）使用船舶

使用之船舶，命令书于吨数、速力、只数，皆加一定之制限。兹据命令书之第三条，录之于下：

上海汉口线：本线之总吨数，在二千吨以上。平均速力，一时间十一海里以上。用船舶二艘。

汉口宜昌线：本线之总吨数，在六百吨以上。平均速力，一时间十一海里以上。用船舶一艘。

所制限者，仅示最少数之限度，其只数从递信大臣之指定，不得自行增加。同会社于现在，虽出该制限以上者，盖因三十二年，既已改正追加其命令书。其后既经三年，乃知此点为必要之理由。于是其规定又加多少之修正。如此等只数之限制，亦其主要之一也。兹就现在从事于该航路之船舶，表之于下：

船名	船材	总吨数（吨）	登薄吨数（吨）	公称马力
大贞丸	钢	271183	168133	185
大利丸	同	224696	131480	185
大亨丸	同	224346	139094	185
大吉丸	同	207609	128717	125
大元丸	同	169467	105070	110
合计		1097301	672494	

长江汽船明细表

船名	总吨数（吨）	契约类（元）
大利丸	224696	315000000
大亨丸	224346	336500000
大吉丸	207609	264500000
大贞丸	271183	365000000

船名	总吨数（吨）	契约类（元）
合计	927834	1281000000

船名	附加工事及其余	船价（元）
大利丸	21159055	336159055
大亨丸	20643693	357143693
大吉丸	6120960	270620960
大贞丸	12268519	12268519
合计	60192227	1341192227

船名	仕拂济类（元）	残类
大利丸	336159055	0
大亨丸	357143695	0
大吉丸	270620960	0
大贞丸	377268519	0
合计	1341192227	0

上列大利大亨，明治三十三年所建造，大贞大吉，明治三十四年所建造者也。而共大利大亨之建造者，则有大井川、天龙川二艘，以为濑户内日本地使用。大利大亨者，以为上海汉口线航行汽船使用。汉口宜昌线者，则用大元丸。既而大贞大吉竣工，自明治三十四年下半期，加大贞于上海汉口线，加大吉于汉口宜昌线。

一　上海汉口线　三艘　大利　大亨　大贞

二　汉口宜昌线　二艘　大元　大吉

今于明治三十二年以降，各船之修缮费，表之于下：

明治三十二年上半期以降各船修缮统计表

船名比较	船材	明治三十二年		明治三十三年		明治三十四年	
		上半期（元）	下半期（元）	上半期（元）	下半期（元）	上半期（元）	下半期（元）
大利丸	钢					1604990	1554870
增减						增 1604990	减 60120
大亨丸	同				182000	762090	1466610
增减					增 182000	增 580090	增 704520
大贞丸	同						83320
增减							增 83320
大吉丸	同						27650
增减							增 27650
大元丸	同	450	2257450	7466130	10335010	6755430	646290
增减			增 2257450	增 5208680	增 2868880	增 3579580	增 6109140
合计		450	2257450	7466130	10517010	9122510	3767800
总计		2257900		17983140		12890310	
全总计		33131350					

五 航路线

长江普通之航路，自上海以至重庆，此世人之所指。兹之所谓长江航路者，自上海至宜昌之间，所指扬子江本流而言。今日从事于该航路外国诸会社所同认许者也。而且载之大阪商船会社递信大臣之命令书，今则自上海至宜昌，分为上海汉口线，与汉口宜昌线，以定同会社从事之航路。今之所谓长江航路者，皆指此二线之全体而言。

上海汉口线：于本线往复镇江、芜湖及九江等各寄港。而通州、江阴、天星桥、仪征、南京、大通、安庆、武穴、黄石港、蕲州及黄州，皆得停轮。

汉口宜昌线：于本线往复沙市寄港。而新堤及荆河口，皆得停轮。

是皆命令书之所指定也。故大阪商船会社，以该二线为从事该航路之定期线。而寄港停船地，亦从该命令书所指定者。

该航路指定之船舶，于上海汉口线，则为大贞、大亨及大利三艘。于汉口宜昌线，则为大吉、大元之二艘。今特述该航路之定期日，并运赁之业务，以供该航路船客及荷主之参照。

（一）定期日

该航路航行之船舶，与其航行度数，而递信大臣之命令书，明以指定，命令书第三条，及船舶之吨数，皆此航行度数所规定者。

一　上海汉口线　于本线，每年自三月一日至十月末日，八阅月之间，每月六次。自十一月一日至翌年二月末日，四阅月之间，每月四次。上海汉口两地，同日发船。

二　汉口宜昌线　于本线，每年自四月一日至九月末日，六阅月之间，每月三次。自十月一日至翌年三月末日，六阅月之间，每月二次。汉口宜昌两地，皆同时发船。

该所规定，定同时之船数。上海汉口线者二艘，汉口宜昌线者一艘。航行数如右所指定者，不过示其最少之度数。既而船数加增，上海汉口线共三艘，汉口宜昌线共二艘。大阪商船会社，于所规定之航行度数，一年平均计之，其发程如下：

上海汉口线：每月九次，两地发船。

汉口宜昌线：每月六次，两地发船。

（二）运赁

该航路之运赁，亦由递信大臣之命令书指定，其定额之标准，一任同会社之算定。其第六条对于旅客货物之征收，以调制运赁表，以届出于递信大臣，场合或有变更，亦必由届出者之指命。

就其运赁表，与荷物运赁表（Freight Tariff）之调制。其荷物之种类不一，其运赁亦因之而异。而其种别之多，殆无揭载之余地。姑省而从其略，表其运赁之特殊者。对于中国人之所定，与日本而参照之，以示航行必要之条件。兹特不避繁杂，专揭船客之运赁表，以供一览。

所揭船客之运赁表，皆以中国船客为标准。所谓一等运赁与支拂者，特为欧美人、日本人所设之一等室，而中国人之一等室，二者任其所选也。其于运赁，则大阪商船会社与其余外国之诸会社，麦边洋行、鸿安公司等，其额皆同。是注意者所宜知也。

表附于后

城市	黄州 一等	黄州 三等	黄石港 一等	黄石港 三等	武穴 一等	武穴 三等	九江 一等	九江 三等	安庆 一等	安庆 三等	大通 一等	大通 三等	芜湖 一等	芜湖 三等	南京 一等	南京 二等	仪征 一等	仪征 三等	镇江 一等	镇江 三等	泰江 一等	泰江 三等	江阴 一等	江阴 三等	通州 一等	通州 三等	上海 一等	上海 三等
上海																												
通州																									四百	五十五		
江阴																									二百三十五	三十五	六百九十	九十
泰江																							三百五十	三十五	三百三十五	一百	六百	一百四十
镇江																					三百七十	七十	四百	一百	四百四十	一百四十	九百	一百四十
仪征																			三百六十	六十	五百二十五	一百二十五	五百	一百三十	七百九十	一百六十	一千二百	一百九十
南京																	三百七十	七十	四百四十	一百四十	六百	一百四十	六百	一百四十	八百	一百八十	一千三百	二百零五
芜湖															四百	一百八十	七百	一百八十	七百	一百八十	九百五十	二百五十	九百五十	二百五十	一千二百	三百二十	一千六百	三百二十
大通													五百	七十	七百	二百零五	九百四十	三百二十	九百四十	三百二十	一千一百	三百七十	一千一百	三百七十	一千四百	四百五十	一千八百	四百
安庆											四百	八十	七百	一百八十	九百	二百八十	一千一百	四百	一千一百	四百	一千三百	四百七十五	一千三百	四百七十五	一千五百	五百二十	二千	四百
九江									一百二十	五十	一百六十	九十	三百二十	一千	三百六十	一千四百	四百	一千六百	四百八十	二千	四百八十	二千	五百七十五	二千	五百七十五	五百五十	二千三百	五百
武穴							四十五	三百	一百四十	七十	一百	一百四十	二百六十五	一千	二百六十	一千三百	四百	四百五十	二千	四百九十五	二千	五百二十	二千	五百二十	五百九十五	二千三百五十	二千四百	五百八十五
黄石港				六十	三百	一百一十	四百	二百	九十	二百六十	三百五十	四百五十	四百九十五	二千	五百一十五	二千	五百六十五	二千	五百九十五	二千	五百九十五	六百二十	六百三十	二千六百	六百三十
黄州	三十五	二百	九十	四百	一百一十五	五百	一百五十	一千	二百八十	三百三十	一千六百	四百七十五	二千	五百二十	二千	五百七十五	二千	五百八十五	二千	六百二十	六百五十	二千六百	六百五十
汉口	七十	三百	一百	四百	一百四十	五百八十	一百七十	一千	二百八十	一千	四百二十三	五百二十	四百零五	一千六百	五百七十五	二千	五百七十三	二千	六百二十	二千	六百三十	二千	七百二十	二千七百二十	七百五十

说明：

一等运赁两数以单位记

三等运赁弗数以单位记

二等运赁与房舱较三等运赁增五割

往复切符一等者限以二割引发行

陆海军军人外交官领事官税关官吏及宣教师皆二割引

以上所列诸人取往复切符者即付其割引更付往航运赁二割引

汉口宜昌间外国人一等运赁表

汉口	750 两	1300 两	2400 两	3000 两
	新堤	650	1900	2400
		荆河口	1400	2000
			沙市	750
				宜昌

汉口宜昌间二等运赁表　　上航

汉口	130 两	210 两	420 两	520 两
	新堤	100	310	420
		荆河口	240	340
			沙市	30
				宜昌

汉口宜昌间三等运赁表　　下航

宜昌	100 两	240 两	320 两	400 两
	沙市	160	200	300
		荆河口	70	550
			新堤	100
				汉口

中国人二等运赁为三等运赁之二二倍。一等运赁为三等运赁之二倍半。

（三）船室及食事

船客之所注意，以运赁之等级船室及食事视之长江航行之船舶。其构造一般一律也船内之食事，前已陈之矣。

大阪商船会社，亦与诸会社同。客室者，以备欧美日本人之居室。一等室五房，定员十人。中国人之一等室四房，定员八人。二等室前二者七房，定员二十四人，后者六室，定员二十人。三等室皆中国人，无区别，容五百人以上。其食事一等二等室者为洋食，以供欧美、日本人。其余船内食事之事项，与诸船舶皆一律。前已揭之，不复录。

要之扬子江水域，天然富裕之区也。兹之所陈，仅航路一端云尔。